全过程工程咨询项目关键技术与管理丛书

肖学文 刘京安·主编

设计咨询理论与实务

重庆赛迪工程咨询有限公司／编著

法律出版社
LAW PRESS·CHINA
北京

图书在版编目(CIP)数据

设计咨询理论与实务／重庆赛迪工程咨询有限公司编著．－－北京：法律出版社，2023
（全过程工程咨询项目关键技术与管理丛书／肖学文，刘京安主编）
ISBN 978－7－5197－7311－3

Ⅰ．①设… Ⅱ．①重… Ⅲ．①建筑工程－工程设计－咨询服务－研究 Ⅳ．①F407.9

中国版本图书馆 CIP 数据核字（2022）第 219139 号

设计咨询理论及实务　　　重庆赛迪工程咨询有限公司　编著　　策划编辑 似　玉
SHEJI ZIXUN LILUN JI SHIWU　　　　　　　　　　　　　　　　　责任编辑 似　玉
　　　　　　　　　　　　　　　　　　　　　　　　　　　　　　　装帧设计 汪奇峰

出版发行 法律出版社	开本 710 毫米×1000 毫米 1/16
编辑统筹 法律应用出版分社	印张 22　　字数 335 千
责任校对 朱海波	版本 2023 年 3 月第 1 版
责任印制 刘晓伟	印次 2023 年 3 月第 1 次印刷
经　　销 新华书店	印刷 北京中科印刷有限公司

地址:北京市丰台区莲花池西里 7 号(100073)
网址:www.lawpress.com.cn　　　　　　　　销售电话:010－83938349
投稿邮箱:info@ lawpress.com.cn　　　　　　客服电话:010－83938350
举报盗版邮箱:jbwq@ lawpress.com.cn　　　　咨询电话:010－63939796
版权所有·侵权必究

书号:ISBN 978－7－5197－7311－3　　　　　　定价:88.00 元
凡购买本社图书,如有印装错误,我社负责退换。电话:010－83938349

全过程工程咨询项目关键技术与管理丛书编辑委员会

主　编：肖学文　刘京安
副主编：冉　鹏　丁　震
编　委：

薛尚铃　徐　革　张陆润　邓　磊　王　超
李泓键　王子全　李保群　王尉行　石鹏举
石理平　吴旭怡　蒋　学　贺海洋　杜　聪
程汉雨　吴丽媛　廖丽莎　李　盛　常　磊

总 序

推行全过程工程咨询模式,是工程咨询领域落实新发展理念、深化供给侧结构性改革、推动高质量发展的重要举措,是全面提升投资决策科学化水平和效益、提升工程建设质量和运营效率的重要方向,也是提高我国工程咨询服务专业化水平和国际竞争力的重要途径。

2017年2月,国务院办公厅印发了《关于促进建筑业持续健康发展的意见》(国办发〔2017〕19号),首次提出培育全过程工程咨询的概念,明确"鼓励投资咨询、勘察、设计、监理、招标代理、造价等企业采取联合经营、并购重组等方式发展全过程工程咨询,培育一批具有国际水平的全过程工程咨询企业""政府投资工程应带头推行全过程工程咨询,鼓励非政府投资工程委托全过程工程咨询服务"。该意见发布至今已6年,这期间各地区、相关企业积极开展实践探索,市场上选择全过程工程咨询模式的项目、提供全过程工程咨询服务的企业不断增多,各地配套政策、制度标准不断完善,全过程工程咨询在我国已逐步成为工程项目管理的主流模式。

在实践过程中,行业和企业不断深化对于全过程工程咨询服务核心理念、所需关键技术能力、组织管理系统等的认识,在大的方向上基本达成了共识。

关于全过程工程咨询的核心理念,大家普遍认同工程咨询领域知名专家、同济大学丁士昭教授的观点,全过程工程咨询模式旨在改变工程咨询碎片化的现状,对投资咨询、勘察设计、造价咨询、招标代理、工程监理和项目管理等专项咨询进行整体性治理,把工程咨询整体集成,提供全生命周期的工程顾问服务。工程设计在工程咨询中起主导作用,引导其他工程咨询业务的进行。

基于全过程工程咨询的核心理念,咨询企业的核心竞争力,除了企业已经具

备的专项咨询能力,更重要的是集成整合能力和价值创造能力。工程咨询提供的是智力服务,智力服务的核心竞争力本质上又取决于提供服务的人才水平。改革开放以来,在体制和市场的共同作用下,工程咨询行业形成了投资咨询、招标代理、勘察、设计、监理、造价、项目管理等专业化的咨询业态。与业态相匹配,行业内"一"字型、"|"字型人才储备较为丰富。"一"字型人才知识面较宽,但缺乏深度。"|"字型人才在具体某个专业上造诣较深,但知识结构不够完善,统筹全局的能力相对较弱。借鉴国际咨询顾问大型企业的发展经验,我国发展全过程工程咨询,需要抓紧培养一批既具有扎实系统的专业知识,又具备全局视野和经济、管理、法律等领域知识的复合型人才,即"T"字型人才,为全过程工程咨询业务的持续健康发展和国际竞争力提升提供人才支撑。

与传统工程咨询相比,全过程工程咨询不再局限于单专业或者单独体系的咨询,具有目标多元、主体多样、专业清晰、界面融合、系统开放、管理动态等诸多复杂特征,常规的经验管理、程序化管理体系或系统管理体系已经难以适应全过程工程咨询。这就需要我们借鉴钱学森先生提出的针对融合多学科、多领域工程的管理方法论"综合集成方法论",探索适合全过程工程咨询的综合集成组织管理体系。

只有正确理解全过程工程咨询的核心理念、借鉴国内外优秀工程咨询企业在全过程工程咨询服务中的关键技术与管理经验,培养较多的复合型专业人才,探索建立适合全过程工程咨询的组织管理体系,才能够更好地实现全过程工程咨询服务目标,推动行业高质量发展。

重庆赛迪工程咨询有限公司作为国内工程咨询行业的先行者,多年之前即开始在全过程咨询领域进行探索。2006年在巴布亚新几内亚瑞木镍钴项目中,公司即开展了以项目管理为依托,覆盖设计咨询、施工监理、设备监制、造价咨询、结算审核、投产运行服务为一体的全过程工程咨询服务,成为国内工程咨询企业在国外最早成功开展全过程工程咨询服务的典型项目之一。2014年,赛迪工程咨询公司在宜昌奥林匹克体育中心项目开展的全过程工程咨询服务,为本项目获得詹天佑奖奠定了坚实的基础。

2017年以来,按照国办发〔2017〕19号文件精神,赛迪工程咨询公司加快从传统的工程咨询公司迈向全过程工程咨询企业的转型步伐,入选住建部首批40家全过程工程咨询试点企业,跻身行业高质量转型的领军行列。5年多以来,公司大力开拓,在粤港澳大湾区、长三角地区、成渝地区双城经济圈、海峡西岸经济区、雄安新区、西咸新区等落地几十项全过程工程咨询项目,并成功在印度尼西亚、玻利维亚、刚果(金)等国外项目中推广了全过程工程咨询模式。2022年以全过程工程咨询模式在三个月内高质高效完成中央援港应急医院建设。几年来,公司全过程工程咨询业态涉及项目业态包括医院学校、体育场馆、文化场馆、科技展馆、市政工程、环境治理、军民融合、工业项目等,为行业转型升级积累了成功案例和管理经验。

秉持博采众长的理念,公司积极参与行业交流,在学习实践中追求精益求精。同时也受邀参与标准编制工作,形成了《建设项目全过程工程咨询管理标准》《医疗建筑项目全过程工程咨询管理标准》《全过程工程咨询服务合同示范文本》等一系列具有指导意义的标准成果。

通过这些年的努力,赛迪工程咨询在实践中更加深刻理解了全过程工程咨询服务的核心理念,初步建立起适应全过程工程咨询服务的组织管理体系,培养了一批既懂技术又懂经济、既懂设计又懂采购和施工、既懂商务又懂法律、既能管理国内项目、又能管理国外项目的复合型人才队伍,并且将数字化技术与业务深度融合,创新研发了"轻链"全过程工程咨询业务数字化平台,为推动全过程工程咨询业务的数字化转型作出了新的探索,已经成长为具有行业引领示范效应的全过程工程咨询龙头企业。

本着促进交流,共同提高,共同发展的初衷,我们梳理已经实施的、典型的全过程工程咨询项目,按全过程工程咨询服务内容涉及的投资决策、设计、项目管理、造价、监理、BIM等关键技术和管理要点总结相关案例。本套丛书比较全面地介绍了在全过程工程咨询服务过程需要关注的重点和难点,既可作为高校和科研院所的学习教材,也可为行业广大从业人员开展全过程工程咨询服务提供有益的参考借鉴。我们希望该套丛书的出版能对全过程工程咨询迈向更高质量的发展贡献绵薄之力,也恳请各位读者提出宝贵意见!

借此机会向一直关心和支持重庆赛迪工程咨询发展的大型公建、市政交通、医疗教育、生态景观、环境治理、市政交通、智能制造等领域的企业、平台公司,以及清华、同济、重大等高校致以衷心的感谢。

  丁士昭教授在百忙之中欣然为本书作序。中国建设监理协会前副会长、赛迪工程咨询开拓者孙世杰先生为本套丛书的编著倾注了大量心血。法律出版社似玉女士在本书出版过程给予较多的指导帮助。在编写过程中本套丛书引用了大量案例,得到了诸多项目单位的理解和支持,也参阅了大量文献,引用了部分著作和文献资料,在此一并表示感谢。

肖学文
2023 年 2 月

序

虽然国际上并没有生命周期工程顾问的服务规程(Life Cycle Project Consulting, LCPC),各国工程顾问的组织模式也不尽一致,但对其内涵的理解是类同的:提倡工程顾问服务视需求延伸到工程项目的运营期;提倡以设计为主导,引领生命周期工程顾问服务;工程顾问服务宜尽可能地整体集成。

作为住建部指定的全过程工程咨询的试点企业,重庆赛迪工程咨询有限公司按国务院办公厅《关于促进建筑业持续健康发展的意见》(国办发〔2017〕19号)的精神和参照国际上生命周期工程顾问的理念,近年来在国内外顺利、成功地完成了几十项全过程工程咨询示范项目。赛迪作为学习型工程咨询企业,在工程实践中对全过程工程咨询的项目文化、组织模式、管理与控制方法、信息技术运用等方面作了有益探索,并对在工程实践中积累的相关知识和经验进行了提升、创新和总结。在此基础上,赛迪团队在集团董事长的领导下编著了《全过程工程咨询项目关键技术与管理丛书》。它有助于更好地理解综合型全过程工程咨询企业的组织特点、全过程工程咨询过程需要密切关注的重点和难点以及更好地理解全过程工程咨询的关键技术和管理经验,将有利于推动全过程工程咨询事业的高质量发展。

同济大学教授
2022 年 10 月 26 日

目 录

第一篇 设计咨询理论

第一章 设计咨询综述 ··· 3
第一节 设计咨询的背景与概念 ······································ 3
一、设计咨询的背景 ··· 3
二、设计咨询的概念 ··· 4
三、设计咨询与全过程工程咨询 ································ 10
第二节 设计咨询的依据与原则 ···································· 11
一、设计咨询的依据 ··· 11
二、设计咨询的原则 ··· 12
第三节 设计咨询的工作目标 ······································· 13
第四节 设计咨询的意义与作用 ···································· 14
一、设计咨询的意义 ··· 14
二、设计咨询的作用 ··· 15
第五节 设计咨询的服务范围 ······································· 15
一、设计咨询服务阶段 ·· 15
二、设计咨询管理范围 ·· 16
第六节 设计咨询的新趋势 ·· 16
一、设计咨询服务范围持续延伸 ································ 16

二、信息技术在设计咨询中的应用 …………………………………… 16
　　三、设计咨询专业化发展趋势 ………………………………………… 16

第二章　设计咨询与目标控制 ………………………………………… 18
第一节　设计咨询与项目投资控制 …………………………………… 18
　　一、项目投资控制概述 ………………………………………………… 18
　　二、项目投资控制目标 ………………………………………………… 19
　　三、项目投资控制设计咨询的工作任务 ……………………………… 20
　　四、项目投资控制设计咨询的工作要点 ……………………………… 21
　　五、项目投资控制设计咨询的工作方法 ……………………………… 22
第二节　设计咨询与项目质量控制 …………………………………… 24
　　一、项目质量控制概述 ………………………………………………… 24
　　二、项目质量控制目标 ………………………………………………… 25
　　三、项目质量控制设计咨询的工作任务 ……………………………… 26
　　四、项目质量控制设计咨询的工作要点 ……………………………… 27
　　五、项目质量控制设计咨询的工作方法 ……………………………… 27
第三节　设计咨询与项目进度控制 …………………………………… 31
　　一、项目进度控制概述 ………………………………………………… 31
　　二、项目进度控制目标 ………………………………………………… 33
　　三、项目进度控制设计咨询的工作任务 ……………………………… 33
　　四、项目进度控制设计咨询的工作要点 ……………………………… 34
　　五、项目进度控制设计咨询的工作方法 ……………………………… 34

第三章　设计咨询组织与管理 ………………………………………… 36
第一节　设计咨询组织机构与职责 …………………………………… 36
　　一、设计咨询组织机构的建立 ………………………………………… 36
　　二、设计咨询机构的职责 ……………………………………………… 37
　　三、设计咨询经理的职责 ……………………………………………… 37

四、专业咨询工程师的职责 ··· 38
　　五、综合管理员的职责 ·· 38
　第二节　设计咨询基本管理制度 ·· 39
　　一、基本管理制度建设要求 ··· 39
　　二、基本管理制度建议清单 ··· 39
　第三节　设计咨询工作大纲与细则 ··· 40
　　一、设计咨询工作大纲 ·· 40
　　二、设计咨询实施细则 ·· 43
　第四节　全过程设计咨询流程 ··· 47

第四章　设计咨询过程管理 ··· 48
　第一节　决策阶段设计咨询 ··· 48
　　一、决策阶段设计咨询工作内容 ··· 48
　　二、决策阶段设计咨询工作流程 ··· 50
　　三、决策阶段技术管理要点 ·· 51
　　四、决策阶段设计咨询成果文件 ··· 56
　　五、决策阶段设计咨询总结 ·· 57
　第二节　勘察阶段设计咨询 ··· 57
　　一、勘察阶段设计咨询工作内容 ··· 57
　　二、勘察阶段设计咨询工作流程 ··· 60
　　三、勘察阶段技术管理要点 ·· 60
　　四、勘察阶段设计咨询成果文件 ··· 64
　　五、勘察阶段设计咨询总结 ·· 65
　第三节　设计阶段设计咨询 ··· 66
　　一、设计阶段设计咨询工作内容 ··· 66
　　二、设计阶段设计咨询工作流程 ··· 75
　　三、设计阶段技术管理要点 ·· 79
　　四、设计阶段设计咨询成果文件 ·· 122

五、设计阶段设计咨询总结 ··· 132
第四节　施工阶段设计咨询 ··· 132
　　一、施工阶段设计咨询工作内容 ··· 132
　　二、施工阶段设计咨询工作流程 ··· 134
　　三、施工阶段技术管理要点 ··· 137
　　四、施工阶段设计咨询成果文件 ··· 139
　　五、施工阶段设计咨询总结 ··· 139
第五节　竣工验收阶段设计咨询 ··· 139
　　一、竣工验收阶段设计咨询工作内容 ································· 139
　　二、竣工验收阶段设计咨询工作流程 ································· 140
　　三、竣工验收阶段技术管理要点 ··· 140
　　四、竣工验收阶段设计咨询成果文件 ································· 142
　　五、竣工验收阶段设计咨询总结 ··· 142

第五章　专项设计咨询 ·· 143
第一节　绿色建筑咨询 ··· 143
　　一、绿色建筑概述 ··· 143
　　二、国内外主要绿色建筑认证 ··· 144
　　三、绿色建筑咨询工作内容 ··· 149
　　四、绿色建筑评价基本要求 ··· 150
第二节　海绵城市咨询 ··· 151
　　一、海绵城市的含义 ··· 151
　　二、海绵城市设计审查要点 ··· 152
　　三、海绵城市评价内容与要求 ··· 153
第三节　超限专项审查 ··· 155
　　一、超限高层建筑工程范围 ··· 155
　　二、超限专项审查的主要内容 ··· 158
　　三、超限专项审查要点 ··· 158

第四节 消防设计审查 ··· 163

一、消防设计审查范围 ·· 163

二、消防设计审查内容 ·· 164

三、消防设计审查要点 ·· 165

第五节 建筑信息模型(BIM) ·· 168

一、建筑信息模型(BIM)概述 ···································· 168

二、建筑信息模型(BIM)咨询工作内容 ························· 170

三、建筑信息模型(BIM)咨询工作要点 ························· 171

四、建筑信息模型(BIM)的应用 ································· 173

第六节 其他专项设计咨询 ·· 175

第二篇 设计咨询实务

第六章 深圳医院群项目 ··· 179

第一节 项目概况与项目特点 ·· 179

一、深圳市医院群项目工程概况 ································· 179

二、深圳市医院群项目工程特点 ································· 180

第二节 设计咨询任务与内容 ·· 185

一、项目前期阶段设计咨询 ······································ 185

二、项目施工阶段设计咨询 ······································ 200

第三节 卓越管理总结 ··· 204

一、目标先行 ·· 204

二、计划管理 ·· 216

三、程序化管理 ·· 217

四、经验交流和培训 ·· 220

五、有效沟通 ·· 221

第四节 精细管理总结(设计咨询过程中的提炼) ·············· 223

一、进度管理 ·· 223

二、投资管理 ·· 225

三、质量管理 …………………………………………………… 226

四、信息及资料管理 …………………………………………… 228

第七章　巴布亚新几内亚某镍钴项目 ………………………………… 230

第一节　项目概况与项目特点 ……………………………………… 230

一、项目概况 …………………………………………………… 230

二、项目特点 …………………………………………………… 231

第二节　设计咨询范围与工作内容 ………………………………… 232

一、设计咨询的范围 …………………………………………… 232

二、设计咨询的工作内容 ……………………………………… 232

第三节　设计咨询方案 ……………………………………………… 235

一、设计咨询工作方法与程序 ………………………………… 235

二、设计咨询关键控制点 ……………………………………… 237

三、设计阶段目标控制措施 …………………………………… 241

第四节　设计咨询精细管理总结 …………………………………… 244

一、设计咨询组织机构 ………………………………………… 244

二、设计咨询前期工作 ………………………………………… 245

三、初步设计阶段工作 ………………………………………… 246

四、施工图设计阶段工作 ……………………………………… 249

五、设计阶段投资控制工作 …………………………………… 252

第八章　某民用高层项目技术咨询 ……………………………………… 253

第一节　项目工程概况 ……………………………………………… 253

第二节　技术咨询的目的 …………………………………………… 255

第三节　技术咨询的依据 …………………………………………… 255

第四节　场地工程地质情况 ………………………………………… 256

一、地形地貌 …………………………………………………… 256

二、地质构造 …………………………………………………… 256

三、地层岩性 ………………………………………………………… 257
四、基岩顶面及基岩风化带特征 …………………………………… 257
五、水文地质条件 …………………………………………………… 258
六、场地水和土腐蚀性评价 ………………………………………… 258
七、不良地质作用 …………………………………………………… 259
八、地下硐室(区间隧道) …………………………………………… 259

第五节　工程设计基本情况 …………………………………………… 259
一、建筑专业 ………………………………………………………… 259
二、结构专业 ………………………………………………………… 260
三、给排水专业 ……………………………………………………… 260
四、电气专业 ………………………………………………………… 260
五、暖通专业 ………………………………………………………… 261

第六节　设计图纸复核及优化建议 …………………………………… 261
一、建筑专业 ………………………………………………………… 262
二、结构专业 ………………………………………………………… 270
三、给排水专业 ……………………………………………………… 288
四、电气专业 ………………………………………………………… 289
五、暖通专业 ………………………………………………………… 290

第九章　某石化基地(一期)房屋建筑地基基础设计安全性评价 ………………………………………………………… 292

第一节　安全性评价的目的 …………………………………………… 292
第二节　安全性评价的依据 …………………………………………… 292
第三节　工程概况 ……………………………………………………… 293
第四节　场地工程地质情况 …………………………………………… 294
一、地形地貌——详细勘察阶段 …………………………………… 294
二、现场地形地貌的实际情况 ……………………………………… 295
三、气象及水文 ……………………………………………………… 295

四、地质构造 ·· 296
　　五、地层岩性 ·· 296
　　六、基岩顶界面及基岩风化带特征 ·· 297
　　七、水文地质条件 ··· 299
　　八、不良地质现象 ··· 299
　　九、岩土参数建议值 ·· 300
　　十、场地稳定性及适宜性评价 ·· 302
　　十一、岩土层地基承载力评价 ·· 303
　第五节　地基基础设计情况 ··· 303
　　一、1号公寓楼 ·· 303
　　二、2号公寓楼 ·· 304
　　三、综合办公楼 ·· 305
　　四、综合服务楼 ·· 305
　第六节　对地基基础设计情况的复核 ··· 306
　　一、1号公寓楼 ·· 306
　　二、2号公寓楼 ·· 307
　　三、综合办公楼 ·· 308
　　四、综合服务楼 ·· 309
　第七节　安全性评价结论 ·· 310
　第八节　合理化建议及下一步工作的建议 ··································· 310
　　一、关于地质勘察方面 ··· 310
　　二、关于地基基础设计方面 ··· 313
　　三、关于旋挖桩施工方面 ·· 313
　　四、其他方面的建议 ··· 313

第十章　福建某会展中心项目设计咨询 ································· 315
　第一节　设计咨询的目的 ··· 315
　第二节　技术咨询评价的依据 ··· 315

一、业主提供的资料 ……………………………………………………… 315
　　二、现行有关规范及标准 ………………………………………………… 316
第三节　工程概况 ……………………………………………………………… 316
第四节　场地工程地质情况 …………………………………………………… 318
　　一、地形地貌 ……………………………………………………………… 318
　　二、气象及水文 …………………………………………………………… 318
　　三、地质构造 ……………………………………………………………… 319
　　四、岩土层特征及分布 …………………………………………………… 319
　　五、不良地质作用 ………………………………………………………… 322
　　六、水文地质条件 ………………………………………………………… 322
　　七、场地岩土参数建议值 ………………………………………………… 323
　　八、地震效应 ……………………………………………………………… 325
第五节　地基基础设计情况 …………………………………………………… 325
　　一、酒店 …………………………………………………………………… 325
　　二、酒店裙楼 ……………………………………………………………… 326
　　三、宴会及会议中心 ……………………………………………………… 327
　　四、会展中心 ……………………………………………………………… 328
　　五、开幕式大厅及下沉广场 ……………………………………………… 330
第六节　对地基基础设计情况的复核 ………………………………………… 330
　　一、酒店 …………………………………………………………………… 331
　　二、酒店裙楼 ……………………………………………………………… 331
　　三、宴会及会议中心 ……………………………………………………… 332
　　四、会展中心 ……………………………………………………………… 332
　　五、开幕式大厅及下沉广场 ……………………………………………… 333
第七节　评价结论 ……………………………………………………………… 333
第八节　合理化建议及下一步工作 …………………………………………… 334
　　一、地勘方面 ……………………………………………………………… 334
　　二、地基基础设计 ………………………………………………………… 334

第一篇

设计咨询理论

第一章

设计咨询综述

第一节　设计咨询的背景与概念

一、设计咨询的背景

建筑业是国民经济的支柱产业。改革开放以来,我国建筑业快速发展,建造能力不断增强,产业规模不断扩大,带动了大量关联产业,对经济社会发展、城乡建设和民生改善做出了重要贡献。但是,我国建筑业仍然大而不强,工程建设组织方式落后、建筑设计水平有待提高、质量安全事故时有发生等问题较为突出。设计是工程建设的首要环节,是整个工程建设的灵魂,为达到项目设计先进合理,实现缩短工期、节约投资、提高效益、保证质量的目标,开展建设项目设计咨询是最有效的方式之一。

20世纪90年代,许多设计单位尝试开展了建设项目设计咨询工作,并取得了良好的效益。在调查研究、总结经验和借鉴国外做法的基础上,国家建设主管部门在1999年颁布了《关于开展建设项目设计咨询试点工作的通知》,开始在建设项目中推广设计咨询服务,并逐步在建设项目中试点实施。该通知指出,设计咨询是受建设单位的委托,由具有设计咨询能力的机构,对特定建设项目的设计成果提出优化意见和建议,以及围绕设计工作提供相关的智力服务的活动。

虽然国家颁布了相关政策文件,但是经过20多年的发展,我国的设计咨询业务市场化程度仍然很低,给设计咨询业务发展带来了很多困难。一是市场不足,在工程建设中设计咨询业务未列入基本建设程序,许多建设单位对此认识不足;二是设计咨询收费标准不明确,该通知中只是建议参考监理相关收费标准且未明确,制约了设计咨询业务的发展;三是缺乏健全的行业标准,不利于设计咨询业的规范快速发展;四是设计咨询专业技术强、时效性强、质量要求高,要求设计咨询企业具有较强的综合实力。

随着国家对建筑业"放管服"改革,为满足加快产业升级,促进建筑业持续健康发展,转变建筑业经济增长方式的需要,提升固定资产投资决策科学化水平,进一步完善工程建设组织模式,提高投资效益、工程建设质量和运营效率,2019年,国家发展改革委和住房城乡建设部颁布了《关于推进全过程工程咨询服务发展的指导意见》,鼓励工程咨询企业提供招标代理、勘察、设计、监理、造价、项目管理等全过程咨询服务。设计咨询作为全过程工程咨询服务的重要内容之一,对建设项目设计全过程实施管控,有利于优化设计方案,提高设计质量和水平,能够保证固定资产投资活动取得最佳的经济效益、社会效益和环境效益,全面提升全过程工程咨询服务的质量。

综上所述,在建设项目中开展设计咨询工作,是建筑业持续健康、高质量发展的需要,是提高设计质量和水平的有效方式,是建筑产品质量保证的重要手段。

二、设计咨询的概念

设计咨询是在工程建设发展到一定阶段,人们对建筑产品造型和使用功能要求不断提高的条件下,针对建设项目工程设计引入的一类咨询服务,是全过程工程咨询的重要组成部分。设计咨询属于建设工程项目管理的范畴,服务于具体的建设工程项目,要了解设计咨询就需要先从工程项目、工程项目管理、工程设计谈起。

1. 工程项目

工程项目是指为完成依法立项的新建、扩建、改建工程而进行的、有起止日期的、达到规定要求的一组相互关联的受控活动,包括策划、勘察、设计、采购、施工、竣工验收、试运行和考核评价等阶段。

工程项目主要包括各类土木工程、建筑工程和工业工程,如修建办公楼、住宅小区,兴建厂房,修筑铁路、公路等,它们都有明确的建设目标,在一定的投资、质量、工期、安全、环保等条件的约束下进行建造。工程项目的特点如下。

(1)具有明确的建设目标。工程项目分宏观目标和微观目标,政府注重工程项目的宏观经济效果和社会效果,企业主要注重工程项目的盈利能力等微观财务目标。每个工程项目的目标都是具体的、可衡量的,实现目标的方案、措施是明确的、可操作的。

(2)具有一次性、单件性。建筑产品属于不动产,项目的建设地点、工程量是一次性固定的、具有明确的开始时间和结束时间,建设后不可移动,具体表现为设计的单一性和施工的单件性。

(3)具有不可逆转性。工程项目与批量生产的产品不同,项目的建设不具备试做与失败重新实施的条件,具有不可逆转性,必须确保一次建设成功。因单个项目在特定的条件下,个人和组织的资源有限,一旦失败就失去了重新实施原项目的机会。

(4)具有一定的约束性。具有一定的约束性是指在一定的约束条件下实现工程项目的建设目标。其主要约束条件有资源约束、质量约束、时间约束、环境条件等。

(5)投资风险大、管理复杂。现代工程项目规模大、结构复杂、投资大、建设周期长、投资回收期长;项目参与单位众多、涉及面广、管理复杂、项目实施风险大。工程项目的生命周期长,其质量优劣影响面大,作用时间也长。

2. 工程项目管理

工程项目管理是运用系统的理论和方法,对建设工程项目进行的计划、组织、指挥、协调和控制等专业化活动。工程项目全过程的管理包括决策阶段的管理(DM)、实施阶段的管理(PM)、使用阶段的管理(FM,设施管理),涉及参与工程项目的各个方面对工程的管理,即包括投资方、设计方、施工方、供货方和项目使用期的管理方的管理。

工程项目管理的核心任务是项目的目标控制,包括投资控制、进度控制、质量控制、安全管理、合同管理、信息管理等。通过选择合适的管理模式,构建科学的管理体系,进行规范有序的管理,实现管理全过程的协调、顺畅和高效,达到投资受控、质量可靠、工期满足要求、绿色环保以及安全生产等目标,提高项目的投资效益。

工程项目管理是一项增值服务工作,是为工程的建设和使用增值。工程建设阶段增值主要是确保工程建设安全、提高工程质量、有利于投资(成本)控制、有利于进度控制等。工程使用增值主要是确保工程使用安全、有利于环保、节能、满足最终用户的使用功能、有利于降低工程运营成本、有利于工程维护等。在工程实践中人们往往重视通过管理为工程建设增值,而忽视通过管理为工程使用增值,这就会导致工程建设投资实现了节约,但在后期运营增加了维护费用或降低了建筑产品的功能、使用效率。工程项目管理的特点如下。

(1)任务复杂。建设工程项目的时间跨度长、外界影响因素多,受到投资、工期、质量等多种约束条件的严格限制,其中任何一个约束条件出现问题,都会影响整个项目目标的实现,增加项目管理的不确定因素。项目管理需要具有技术、经济、管理、法律等专业知识的人员组成管理团队,并能综合运用管理团队掌握的专业知识开展工作,及时处理工程实际中发生的问题。

(2)创造性管理。建设工程项目具有一次性的特点。项目管理者在项目决策和实施过程中,必须从实际出发,结合项目的具体情况,采用适宜方法处理和解决工程项目的实际问题。所以,项目管理就是将以往总结的专业知识和管理经验,创造性地运用于工程管理实践。

(3)专门的组织机构。建设工程项目管理需对资金、人员、材料、设备等各种资源进行合理调配,并需要根据项目的进展情况及时进行调整。对于项目决策和实施过程中出现的各种问题,项目管理团队应迅速作出反应,以适应项目时间目标的要求。同时,因各种建设工程项目在资金来源、规模大小、专业领域等方面都存在差异,项目管理组织的结构形式、部门设立、人员配备必然不同,不可能采用单一的模式,而必须根据具体项目设立一次性的专门组织机构。

(4)完备的理论体系。现代项目管理方法的理论体系是多学科知识的集成,可以分为哲学方法、逻辑方法和学科方法。哲学方法是辩证地分析事物的两面性、正面效应和反面效应;逻辑方法是使用概念、判断、推理等逻辑思维方式,对问题进行归纳、演绎、综合;学科方法是利用各种学科中常用的研究方法,如价值工程法、蒙特卡洛模拟法、网络技术法等。这些方法在项目的规划、策划、目标控制、后评价等方面得到广泛应用,为项目的科学管理起到关键性作用。

(5)客户的满意度。一个项目能否成功的关键在于项目管理,项目成功的标准是客户的满意度。项目的客户是项目的利益相关者,即参与项目或者其利益受到该项目影响的个人和组织。项目管理就是要充分考虑相关客户的利益,最大限度地满足客户的要求。

3. 工程设计

工程设计是指根据建设工程的要求,对建设工程所需的技术、经济、资源、环境等条件进行综合分析、论证,编制建设工程设计文件的活动。工程设计包括总图、建筑、结构、暖通、电气、给排水、工艺设备、自动化系统、技术经济等专业。

工程设计是建设项目生命期中的重要环节,是建设项目进行整体规划、体现具体实施意图的重要过程,是科学技术转化为生产力的纽带,是处理技术与经济关系的关键性环节,是确定与控制工程投资的重点阶段。工程设计是否经济合理,对工程建设项目投资的确定与控制具有十分重要的意义。工程设计的特点如下。

(1)目标明确。设计人员的目标就是要运用科学技术知识实现具体需求,解决实际问题,提供有效的、适用的设计成果。

(2)方案多样。任何工程设计要处理的问题都不会只有一种方案。工程设计者应根据项目的约束条件,提出和发现更多的方案,并从中选取最佳或最优方案。

(3)制约众多。工程设计首先会受到自然规律、自然条件和技术发展水平的制约,此外还会受到经济、社会方面的多种因素的制约,如市场、资金、生产技术、设施设备、资源供应、公众心理等。

(4)动态性。科学技术在不断发展,社会需求也在不断变化。工程设计应体现动态的、发展的观念,适应不断变化的形势,不断创新,才具有生命力。

(5)随机性。由于现实环境的复杂性,工程设计中的计算方法和所用数据难免存在不可靠的因素,使其具有随机性。为了使设计方案达到预定目标,必须保证设计的可靠性,以克服随机因素带来的不利影响。

(6)综合性。工程设计具有高度综合性,既要重视技术合理性和现实可能性,又要注意其社会效益、经济效益和环境效益。评价时除考虑其科学性外,还要考虑经济性、实用性、可靠性等诸多方面。在不可能完全满足各方面的要求时,需要在综合分析的基础上采取权益的办法加以解决。

4. 设计咨询

设计咨询作为全过程工程咨询的重要组成部分,在建筑业高质量发展和委托人对咨询服务高标准要求的背景下,赋予了设计咨询更加丰富的内涵,并对设计咨询提出了更高的要求。依据国家有关主管部门对设计咨询的释义,并结合建筑市场对设计咨询服务的要求,本书对建设项目设计咨询的归纳如下。

设计咨询是指受建设单位的委托,依据国家法律、法规、规范及有关技术标准,以技术为基础,综合运用多学科知识、工程实践经验、现代科学和管理方法,为投资建设项目决策和实施全过程独立、公正、科学地提供咨询和管理的智力服务,主要包括设计管理和技术咨询工作。其中,设计管理是根据建设单位要求和项目目标,围绕项目设计全过程的进度、质量、投资等进行管理,制定科学、系统、完善、可操作的工作大纲和实施细则并按要求执行,以达到质量、进度、投资的最优组合,实现项目目标;技术咨询是从工程经济、结构安全、复杂技术、关键工序等方面对建设工程的方案设计、初步设计、施工图设计和设计变更进行复核、审核、评价、分析,提出科学、合理、可行的优化设计咨询意见和建议,确保项目设计满足规范要求和达到使用功能要求。

设计咨询的基本任务是保障建设工程项目的可靠性、适用性和经济性。随着科技的进步和人们对建筑产品要求的提高,现代建设工程项目具有投资规模大、技术复杂、功能需求多样化等特点,对设计提出了更高的要求。为保证项目的设计质量、投资效益、安全可靠,引入专业的设计咨询就成为必要。专业的设计咨询可以为项目的设计进行整体把关、全程把脉,能够有效提升设计质量、提高投资效益、确保建设工程安全;专业的设计咨询作为全过程工程咨询的重要组成部分,贯穿项目建设的全过程,在全过程工程咨询中发挥着重要的作用。全过程咨询模式下设计咨询的特点如下。

(1)贯穿项目建设全过程。设计咨询一般从决策阶段介入,到勘察阶段、设计阶段、施工阶段和竣工验收阶段,贯穿项目建设全过程,对项目的工程设计进行全方位管理和技术把关。有利于项目设计理念的贯彻和延续,各设计阶段无缝对接,各专业有效衔接。

(2)设计咨询的价值创造。基于项目策划,统筹各专业之间的合作与配合,在设计前期与建设单位充分沟通,对建设单位进行专业化的引导和服务,创造价值。

(3)协同化集成化。信息流多点多向传递,体现协同工作的概念,建立起一整套沟通协作的制度,协调各阶段建设方与设计方、施工方、政府部门及其他相关单位之间的技术、经济及管理的关系。

(4)高效沟通协调。高效的沟通协调是设计咨询的重要工作内容。对外需要与政府主管部门、建设单位、设计单位等进行沟通协调,对内需要与公司各管理部门、项目设计咨询团队进行沟通协调。高效的沟通协调是项目设计进度、设计质量、控制投资的有效保证。

(5)设计咨询经理负责制。实行设计咨询经理负责制,是开展项目设计咨询优先采用的模式。设计咨询经理对外全权代表法人与政府主管部门、建设单位、设计单位等进行工作联系,负责处理与工程项目有关的设计咨询和专业技术的事宜;对内领导设计咨询团队,组织工作的开展与项目目标的控制,确保项目按照合同要求执行并合理调配各方资源,更好地发挥设计咨询团队的优势。

(6)专业性。强化技术可行性审查,增加经济合理性审查,在设计文件审查时更加注重建设单位的功能需求是否已满足、是否可优化。配备专业的设计咨询团队,是设计咨询工作开展的基础,是设计咨询质量的保证。各专业设计咨询人员要具有丰富的专业知识、精通专业技术,熟悉设计工作过程和衔接专业之间的关系,具有较强的应变和表达能力。主要专业技术咨询人员完成过同类别、同规模(或以上规模)项目的工程设计,或在该专业领域内的设计水平居国内领先地位。

三、设计咨询与全过程工程咨询

1. 全过程工程咨询

全过程工程咨询是指工程咨询方综合运用多学科知识、工程实践经验、现代科学技术和经济管理方法，采用多种服务方式组合，为委托方在项目投资决策、建设实施乃至运营维护阶段持续提供局部或整体解决方案的智力性服务活动。全过程工程咨询包括投资决策综合性咨询和工程建设全过程工程咨询。

投资决策综合性咨询是指工程咨询方接受投资方委托，就投资项目的市场、技术、经济、生态环境、能源、资源、安全等影响可行性的要素，结合国家、地区、行业发展规划及相关重大专项建设规划、产业政策、技术标准及相关审批要求进行分析研究和论证，为投资方提供决策依据和建议的活动。

工程建设全过程工程咨询是指工程咨询方接受建设单位委托，提供招标代理、勘察、设计、监理、造价、项目管理等全过程一体化咨询服务的活动。

建设项目采用全过程工程咨询，具有节约投资成本、有效缩短工期、提高服务质量、有效规避风险等优点。服务阶段覆盖建设项目全生命周期，服务内容涉及建设项目的技术咨询和管理咨询全方位。全过程工程咨询的特点如下。

（1）全过程。在项目全生命周期持续提供工程咨询服务，包括项目的决策阶段、实施阶段和运营阶段。

（2）集成化。全面整合项目建设过程中所需的项目投资决策咨询，招标代理、勘察、设计、监理、造价、项目管理及其他专业咨询，实现项目组织、管理、经济、技术等全方位一体化。

（3）多方案。根据建设项目的实际情况和委托方的需求，采用多种组织模式，为项目提供局部或整体多种解决方案。

2. 设计咨询与全过程工程咨询的关系

全过程工程咨询模式下的设计咨询，其工作贯穿项目建设的全过程，可有效地建立起设计单位和项目建设其他参与方信息交流的纽带，有效地解决项目信息漏斗的问题，并可使项目信息交换不因建设阶段的划分而衰减，而且保持递增的态势。例如,在设计阶段,传统模式下,该阶段以设计单位为主导,与前期决策阶段编制项目建议书和可行性研究报告的工程咨询公司存在信息脱节;而在全过程工程咨询模式下,可在设计阶段融入全过程工程咨询的理念,充分调动各专业技术力量,加强各业务之间的合作与配合,保持项目设计理念的延续和加强,并可有效地控制项目投资。

设计咨询工作是一个由浅到深、前后联动的过程,是全过程工程咨询服务中至关重要的一环,直接影响项目的投资、进度、质量和安全。全过程工程咨询模式下的设计咨询相较于传统模式下的设计咨询能够带来更大的价值,给业主带来更优质的服务体验。

第二节 设计咨询的依据与原则

一、设计咨询的依据

设计咨询属于市场行为、有偿服务,是受建设单位的委托,根据合同约定的服务内容、权利义务开展工作,直接对建设单位负责。设计咨询工作的主要依据如下。

(1)与建设单位签订的全过程工程咨询(设计咨询)合同。

(2)项目批准文件,包括但不限于经上级主管部门批准的项目建议书,项目可行性研究报告,环境保护、水土保持、文物保护、相关技术文件及有关的项目评估报告,评审报告及其他审批意见。

(3)已经批复的控制性详细规划、城市设计等上层次规划。

(4)国家和地方有关工程建设及设计的法律、法规、政策、规定等。

(5)工程建设强制性标准,包括但不限于国家和地方有关工程建设的设计技术规范、规程、标准。

(6)国际上先进、可靠、成熟、适用的标准、规范、理论和方法。

(7)国家规定的建设工程勘察、设计深度要求。

(8)设计单位提交的勘测、勘探报告,设计文件等基础资料。

(9)与勘察、设计、施工、监理等单位签订的有关合同及附件。

（10）其他与设计咨询有关的资料。

二、设计咨询的原则

设计咨询单位应独立、科学、公正地开展设计咨询工作，对设计咨询报告的深度、完整性、准确性负责，对设计咨询的质量负责。

1. 设计咨询单位开展咨询工作的基本原则

（1）独立。独立是指设计咨询单位应具有独立的法人地位，不受委托人和其他方面偏好、意图的干扰，独立自主地执业，对自己完成的咨询成果独立承担法律责任。设计咨询单位的独立性，是其从事市场中介服务的法律基础，是坚持客观、公正立场的前提条件，是赢得社会信任的重要因素。

（2）科学。科学是指设计咨询的依据、方法和过程应具有科学性。设计咨询的科学性，要求实事求是，了解并反映客观、真实的情况，据实比选，据理论证，不弄虚作假；要求符合科学的工作程序、咨询标准和行为规范，不违背客观规律；要求体现科学发展观，运用科学的理论、方法、知识和技术，使咨询成果经得住时间和历史的检验。设计咨询科学化的程度，决定设计咨询的水准和质量，进而决定咨询成果是否可信、可靠、可用。

（3）公正。公正是指在设计咨询工作中，坚持原则，持公正立场。设计咨询的公正性，并非无原则地调和或折中，也不是简单地在矛盾的双方保持中立。在建设单位、设计咨询单位、被咨询的设计单位三者关系中，设计咨询单位无论是为建设单位服务还是为被咨询的设计单位服务，都要替委托人着想，但这并不意味着盲从委托人的所有想法和意见。当委托人的想法和意见不正确时，设计咨询单位及设计咨询师应敢于提出不同意见，或在授权范围内进行协调，支持意见正确的一方。特别是对不符合宏观规划、政策的项目，要敢于提出并坚持不同意见，帮助委托人优化方案，甚至作出否定的咨询结论。这既是对国家、社会和人民负责，也是对委托人负责，因为不符合宏观要求的盲目发展，不可能取得长久的经济和社会效益，最终可能成为委托人的历史包袱。因此，设计咨询是原则性、政策性很强的工作，既要忠实地为委托人服务，又不能完全以委托人满意度作为评价工作好坏的唯一标准。设计咨询单位及其执业人员要恪守职业道德，不应为了自身利益,丧失原则性。

2. 设计咨询单位和委托人应遵循的原则

设计咨询单位直接对委托人负责,双方应当签订设计咨询合同,明确设计咨询的内容和要求,以及双方的权利和义务,并履行合同。设计咨询单位提出优化设计方案的建议,与原审定的方案有重大变化时,由委托人负责报请原审查部门批准后,方可付诸实施。

3. 设计咨询单位与被咨询的设计单位应遵守的原则

(1)设计咨询单位有权通过建设单位,要求被咨询的设计单位提供必要的技术经济资料,被咨询的设计单位应当按要求提供除本单位的专利和专有技术外的其他有关资料。

(2)设计咨询单位应当向委托人和被咨询的设计单位提交设计咨询的书面报告。被咨询的设计单位同意采纳咨询单位的建议时,应当按该建议修改原设计;被咨询的设计单位对咨询单位修改原设计的建议有异议时,应当提出书面意见。此时委托人可以聘请有关专家协助决策,采纳修改意见或维持原设计不变。

(3)设计文件的修改应当由被咨询的设计单位负责,并对修改后的设计文件承担质量责任。

(4)设计咨询单位不得利用其有利身份,在市场竞争中进行不正当活动。

第三节 设计咨询的工作目标

设计咨询的工作目标是实现建设项目设计安全可靠、适用和经济,以保障建设项目的投资、质量和进度等控制目标的实现,完成项目的建设和达到项目使用要求。

(1)安全可靠性。工程设计要贯彻执行国家和行业的建设标准、规范、章程和规定,严格控制设计标准的选定。设计咨询单位对建设工程的安全可靠性主要从三方面对设计单位提出要求:一是生产使用上有效和耐久;二是建筑结构上保证强度、刚度和稳定性;三是总体规划上满足防灾抗灾的安全要求。

(2)适用性。工程设计应具有良好的适用程度、适用功能和美观效果,方便设备操作与维修,满足生产运行能力和效益要求,在施工技术上能够实现施工安装。

(3)经济性。在保证建设项目工程安全可靠和适用的前提下做到建设周期短、工程投资少、生产能力或效率高、运行成本低、经济效益好。工程建设投资和运行成本的决定因素取决于工程设计参数的正确选择。设计参数主要是由工程勘察提供的自然条件、人为设定的工作制度与管理方式决定的,设计单位选定设计参数必须要先进、合理、具有科学性。对建设项目的经济性评价,不仅要评价建设工程自身的经济效益,还要从社会效益包括环境效益方面来评价。

设计咨询工作目标贯穿设计咨询工作的全过程,在控制过程中,应以项目设计咨询工作指导各项工作的实施,分解到各项工作的子项中。通过子目标的逐项控制,以保证项目总体目标的总体可控。项目目标确定后,应先行组织相关专业人员论证目标的可行性。在目标设置不合理时,应基于项目总体策划进行适当的目标调整后再予执行。

第四节 设计咨询的意义与作用

一、设计咨询的意义

设计是工程建设的首要环节,是整个工程建设的灵魂。开展设计咨询工作,对提高设计质量和水平、提高投资效益、提升全过程工程咨询服务质量具有重要意义。

(1)有利于提高设计质量和水平。设计咨询单位通过优化设计方案,将建设工程项目设计中的不安全、不经济、不合理的影响因素及时排除,使建筑功能更为合理或得到提升,减少和避免设计差错,有效提高建设项目的设计质量和水平。

(2)有利于提高建设项目的投资效益。工程设计贯穿项目建设的全生命周期,设计咨询围绕项目全过程设计开展工作,能够发挥设计咨询单位专业技术、系统管理和专家资源整合的优势,发挥全过程设计咨询连贯性的优势;对结构设计进行复核,保障建设项目安全可靠,同时防止保守浪费,能更好地提高项目的投资效益,实现投资效益的最大化。

(3)有助于提升全过程工程咨询服务质量。工程设计是影响项目投资、质量和进度的首要环节,设计咨询对项目设计全过程的进度、质量进行管控,从源头控制项目投资,与全过程工程咨询其他咨询服务高度融合和有效衔接,实现项目全生命周期的全面管理,有效提升全过程工程咨询服务质量。

(4)有利于提升企业的综合实力和竞争力。开展设计咨询,可促进工程咨询企业加快转型升级,加强内功修炼,整合优势资源,有利于提高工程咨询企业的综合实力和市场竞争力。工程咨询企业的综合实力和市场竞争力得以提升后,能够更好地为项目业主提供优质的工程咨询服务,持续提升建设工程项目管理水平。

二、设计咨询的作用

(1)设计咨询单位对全过程设计进行统筹管理,可以有效地控制设计进度,缩短工期。

(2)设计咨询单位拥有较好的专家资源,可以以投资控制为核心,提高项目的建设品质,帮助建设单位实现项目利益最大化,提高项目整体的投资效益。

(3)设计咨询单位可以协助或代替建设单位同设计院或审图公司进行技术沟通和协调,减少建设单位专业工程师人力资源的投入,节约项目管理成本以及后期人员的安排。

(4)设计咨询单位可在施工蓝图晒图之前,更系统地将图纸中存在的问题消除,提高设计质量,减少在施工过程中因图纸问题而影响工程质量和进度的情况。

(5)设计咨询单位可以更好地为现场解决设计问题,提高设计效率,达到加快建设进度的目的。

第五节 设计咨询的服务范围

一、设计咨询服务阶段

全过程工程咨询的设计咨询主要在设计阶段进行,也涉及项目决策阶段、勘察阶段、设计准备阶段、施工阶段、竣工验收阶段。

二、设计咨询管理范围

根据项目建设各阶段工作内容的不同,设计咨询管理范围在不同的建设阶段各有侧重点。其中,在勘察阶段和设计阶段主要进行进度、质量、投资的管理;在决策阶段、施工阶段、竣工验收阶段主要提供技术咨询服务。

第六节 设计咨询的新趋势

一、设计咨询服务范围持续延伸

设计咨询主要服务于设计阶段,针对项目的方案设计、初步设计、施工图设计进行设计管理和技术咨询。目前,在全过程工程咨询服务模式下,设计咨询的服务范围向前延伸至项目决策阶段,包括功能需求调研、项目建议书、项目可行性研究报告及各类专项评价等,向后延伸至施工阶段及竣工验收阶段,包括施工阶段的技术支持、参与项目竣工验收等,服务范围扩展为项目建设的全过程。

二、信息技术在设计咨询中的应用

近年来,大数据、BIM、无人机技术在工程咨询领域内广泛应用。尤其是BIM技术在设计咨询中得到了较好的应用。例如,在规划设计阶段可利用BIM技术通过对项目模型及周边建筑、环境等条件模型的建立,进行交通、环境、日照、体量关系及天际线等分析,针对环境因素影响对项目规划布局等进行设计优化,有效提高了设计咨询的工作效率和咨询质量。

三、设计咨询专业化发展趋势

目前,我国的设计咨询业正处于快速发展阶段,从事设计咨询的人员主要从设计单位各专业设计人员中抽调,并组建项目临时设计咨询团队。其中,多数设计人员精通技术但缺乏一定的项目管理经验,对于设计咨询包含设计管理和技术咨询的综合性服务存在一定的差距。这种模式制约了设计咨询业的发展,只有走专业化的发展道路,培养一支专职从事设计咨询,既懂技术又能管理的人才队伍,才能够为项目提供高效率、高质量的设计咨询服务,也是设计咨询未来发展的新趋势。

第二章

设计咨询与目标控制

第一节 设计咨询与项目投资控制

一、项目投资控制概述

建设项目总投资是指为完成工程项目建设并达到使用要求或生产条件,在建设期内预计或实际投入的全部费用总和。生产性建设项目总投资包括工程造价(或固定资产投资)和流动资金(或流动资产投资)。非生产性建设项目总投资一般仅指工程造价。

工程造价(固定资产投资)包括建设投资和建设期利息。建设投资是工程造价中的主要构成部分,是为完成工程项目建设,在建设期内投入且形成现金流出的全部费用。建设投资包括工程费用、工程建设其他费用和预备费3部分。

(1)工程费用是指建设期内直接用于工程建造、设备购置及其安装的建设投资,可以分为建筑工程费、安装工程费和设备及工器具购置费;其中建筑工程费和安装工程费有时又统称为建筑安装工程费。

(2)工程建设其他费用是指建设期发生的与土地使用权取得、整个工程项目建设以及未来生产经营有关的构成建设投资,但不包括在工程费用中的费用。

(3)预备费是在建设期内因各种不可预见因素的变化而预留的可能增加的费用,包括基本预备费和价差预备费。

建设项目投资控制贯穿工程设计的全过程,贯穿项目建设的全过程。设计阶段是影响投资程度最大的阶段。研究统计结果表明,工程项目各个阶段对投资的影响是不同的。总体影响趋势是随着项目的开展,各项工作对投资影响的程度逐步下降,方案设计阶段对投资的影响程度可高达95%,到施工阶段降至10%左右。统计资料表明,设计阶段节约投资的可能性约为88%,而施工阶段节约投资的可能性仅为12%。所以,一定要加强设计阶段管理,做好设计工作,从而有效地控制工程的投资。我国目前的实际情况是,很多工程设计人员缺乏经济观念,设计思想保守,在设计过程中存在技术与经济脱节的问题,往往造成投资上的浪费。

设计阶段进行项目的投资控制,可以提高投资控制效率。通过编制设计概算、施工图预算并进行分析,可以了解工程各组成部分的投资比例。将投资比例大的部分作为投资控制的重点,可以提高投资控制的效率。设计阶段进行项目的投资控制,便于技术与经济相结合。目前工程设计往往是由建筑师、结构师等专业技术人员完成的。在设计中往往注重项目的使用功能及结构安全性能,而对项目的经济性考虑较少。如果在设计阶段引入设计咨询进行设计全过程投资控制,使设计从一开始就建立在健全的经济基础之上,可以保证设计方案能较好地体现技术与经济的结合。

二、项目投资控制目标

项目投资目标的主要来源为项目立项文件,项目立项文件是项目使用与建设方对于建设的总体目标。为保证总体目标收敛并可控,应将项目的估算投资分解至各个专业与专项工作中。在方案阶段重点关注使用方功能需求变更,并建立动态评估机制。在项目需求发生变更时,应由专业单位对相应需求提供参考估算,保证总体投资目标可控。在初步设计阶段应在分解后的估算基础上组织限额设计,指导项目的材料与设备选型。

设计阶段投资控制目标确定的关键是要在方案设计阶段把方案估算做足,

在初步设计阶段把概算做全,在施工图设计阶段把预算做准。各阶段的投资控制目标如下。

(1)方案阶段应根据方案图纸和说明书,作出含有各专业详尽的建安工程投资估算书。方案设计阶段控制投资的目标一般是将投资估算(一般是可行性研究的投资估算)作为方案设计估算的控制目标。

(2)初步设计阶段应根据初步设计图纸(含有作业图纸)和说明书及概算定额(扩大预算定额或综合预算定额)编制初步设计总概算;设计概算一经批准,即为控制拟建项目投资的最高限额。将方案设计估算作为初步设计概算的控制目标。

(3)施工图设计阶段应根据施工图纸和说明书及预算定额编制施工图预算,用以核实施工图阶段投资是否超过批准的初步设计概算。在竣工验收阶段,全面汇集在工程建设过程中实际花费的全部费用,如实体现建设工程的实际投资,编制竣工决算。将初步设计概算作为施工图预算的控制目标。

三、项目投资控制设计咨询的工作任务

设计咨询控制项目投资主要在项目的设计阶段,即方案设计阶段、初步设计阶段和施工图设计阶段,设计咨询在设计阶段的投资控制工作任务如下。

1. 方案设计阶段

(1)编制方案设计任务书中有关投资控制的内容。

(2)对设计单位设计方案提出投资评价建议。

(3)审核优化设计方案的总投资修正估算,确保方案估算足够。

(4)编制方案设计阶段资金使用计划并控制其执行。

(5)比较修正投资估算与投资估算,编制投资控制设计咨询报告。

(6)分析本阶段可能发生的工程设计索赔原因,并制定防范对策。

(7)审核和处理方案设计过程中出现的与索赔有关的事宜。

2. 初步设计阶段

(1)编制、审核初步设计任务书中有关投资控制的内容。

(2)审核项目设计概算,并控制在总投资计划范围内,确保设计概算完整不漏项。

(3)采用价值工程方法,在满足项目功能的条件下,提出节约投资建议方案。

(4)编制初步设计阶段资金使用计划并控制其执行。

(5)比较设计概算与修正投资估算,编制投资控制设计咨询报告。

(6)分析本阶段可能发生的工程设计索赔原因,并制定防范对策。

(7)审核和处理初步设计过程中出现的与索赔有关的事宜。

3. 施工图设计阶段

(1)根据批准的设计概算,修正总投资计划,提出施工图设计的投资控制目标。

(2)编制施工图设计阶段资金使用计划并控制其执行。

(3)审核施工图设计成果,对设计从施工、材料、设备等多方面作必要的市场调查和技术经济论证,并提出设计咨询报告,对项目投资进行动态控制。

(4)审核施工图预算,确保预算准确,并采用价值工程方法,在满足项目功能的条件下,提出节约投资的咨询意见。

(5)比较施工图预算与设计概算,编制投资控制设计咨询报告。

(6)比较投资占比大、重要的、特殊的专业施工图预算和设计概算,编制投资控制设计咨询报告。

(7)控制设计变更,审核设计变更的结构安全、技术经济指标等。

(8)编制施工图设计阶段投资控制的咨询报告,对项目投资控制进行总结。

(9)审核、分析施工招标、设备材料采购等投标单位的投标报价。

(10)分析本阶段可能发生的工程设计索赔原因,并制定防范对策。

(11)审核和处理施工图设计过程中出现的与索赔有关的事宜。

(12)审核招标文件和合同文件中有关投资控制的条款。

四、项目投资控制设计咨询的工作要点

设计过程是投资控制最为关键的阶段,设计咨询投资控制贯穿设计全过程。在项目建设的全过程中,以循环控制的理论为指导,进行计划值和实际值的比较,发现偏离及时采取纠偏措施,主要控制要点为:方案估算、设计概算与施工图预算的控制;设计使用功能与项目投资控制;设计变更对项目投资的影响。

五、项目投资控制设计咨询的工作方法

1. 采用限额设计

要做好工程项目设计阶段投资控制工作,就必须加强对设计风险的防范工作,对于在设计风险防范过程中所使用的限额设计策略,必须在更大的范围内进行推广使用。以限制项目投资为前提,不断地加大对设计人员责任意识的培养,从而可以使设计人员在固定的投资范围内完成具备可行性以及科学性的工程设计。

针对投资限额控制设计的分配工作,必须以合理的前提为基础,从而可以对项目资金的运用和分配进行全面的控制。设计人员在进行设计之前,必须高度重视与工程专家的沟通交流,充分了解工程施工的过程,从而避免在设计方案执行过程中出现任何问题而进行调整和改变,不仅费时费力,也严重影响了工程项目的正常施工,通过工程专家可以帮助设计人员深入了解工程具体实施方面的问题。工程专家通过收集大量的相关资料,对设计人员的相关工作进行帮助和指导,在工程项目的设计中,设计人员还要加强与工程造价人员之间的联系,两者之间必须进行积极的沟通,形成互相配合、互相监督的融洽关系,实现对所有投资资金使用情况的有力控制,并且能在最大限度上满足工程投资的限额设计要求。在工程项目的设计过程中,工程造价专业人员应该充分发挥其管理能力,以经济适用为标准对所有问题进行分析,对于设计过程中的浪费情况进行严格的控制,从而实现对投资设计的优化。

2. 运用价值工程

在价值工程的运用中,必须对项目投资和建筑功能之间的关系问题进行科学合理的分析研究,从而使产品在使用生命期内发挥出最理想的性能,这种方法有利于对工程项目的有效管理。结合我国现有的建设项目来看,可以通过减小投资以及改善功能等方法来增加项目价值,最理想的方法是在不改变其功能的基础上降低投资,或者在保持投资不变的基础上调整其功能,又或者在增加投资的同时提高其功能。

在建设工程项目的具体设计过程中运用价值工程原理是一项极其复杂的工

作,必须以最初的设计方案为基础进行全方位的分析研究,并要充分地掌握全面的信息资料,然后将此作为基础,对设计方案进行优化处理。价值工程的价值功能体现在可以满足建筑使用功能的基本要求,并能对工程项目自身所具备的功能进行深入了解,使投资和功能与设计工作实现统一化。从而在实现保障工程项目的建筑功能的同时,也有效地降低工程项目的投资。

3. 控制设计变更

设计变更对项目投资有重要影响。工程项目建造过程中,施工图纸发挥着极其重要的作用,施工图纸出现任何细微的问题和错误,进行设计变更,将会直接造成项目投资的提高。因此,负责工程项目设计咨询的单位必须充分发挥其职能严格做好图纸审核工作,减少设计变更。在对图纸的审核过程中一旦发现问题和错误,必须立即与设计单位进行沟通,并且要及时地制定有效的解决措施,从而避免因施工图纸的问题而影响整个工程项目的顺利进行。

通过在设计阶段对一些不合理的方案进行必要的调整和修改,可以减少后期修改图纸所浪费的投资,并能在合理的基础上对施工图纸进行一定的优化,施工图纸在设计完成之后,设计咨询单位应积极地组织相关专业设计咨询人员对施工图纸进行全面的审核,可根据多方面的实际情况,以经济性、科学性以及可行性为审核标准,对施工图纸进行仔细分析,从而实现对施工图纸的审核管理。对施工图纸的不断完善,有利于对工程项目的投资控制。

设计咨询单位应组织施工前的图纸会审工作,在接收到图纸文件后,要组织施工、监理等单位认真消化图纸,提出问题。在会审过程中设计单位应对设计图纸详细解释,加深施工、监理单位对施工图纸的理解,上述单位消化施工图纸的深度将直接影响后期施工中工程变更的程度。

设计变更须同目标管理相结合,项目实施过程中应根据项目的实施目标,特别是分阶段实施的工程,应周全考虑本阶段要实施的项目,以免在工程实施过程中临时增加项目而引起变更,导致施工单位提出工期及费用上的索赔。对于必须的工程变更,变更前应预算、核算费用,将设计变更控制在工程预备费的范围内。

第二节　设计咨询与项目质量控制

一、项目质量控制概述

根据我国国家标准《质量管理体系基础和术语》(GB/T 19000)的定义,质量是指客体的一组固有特性满足要求的程度。

客体是指可感知或可想象到的任何事物,可能是物质的、非物质的或想象的,包括产品、服务、过程、人员、组织、体系、资源等。固有特性是指本来就存在的,尤其是那种永久的特性。质量由与要求有关的、客体的固有特性,即质量特性来表征;要求是指明示的、通常隐含的或必须履行的需求或期望。质量差、好或优秀,以其质量特性满足质量要求的程度来衡量。

建设工程设计质量是指设计单位完成的设计成果文件的质量,是反映建筑工程满足法律、法规的强制性要求和合同约定的要求,包括在安全、使用功能以及在耐久性能、环境保护等方面满足要求的明显和隐含能力的特性总和。

建设工程项目的质量目标与水平,是通过设计使其具体化的。设计质量的优劣,直接影响工程项目的使用价值和功能,是工程质量的决定性环节。设计质量问题是引起工程质量事故的主要因素之一。设计队伍的整体素质高低、设计人员的设计经验多少、设计人员对设计任务熟悉程度以及设计各专业的协调配合程度如何等都会影响设计质量的好坏。设计阶段失误所造成的质量问题,常常是施工阶段难以弥补的,甚至有可能会带来全局性或整体性的影响,以致影响到整个工程项目目标的实现。设计质量控制应遵循以下原则。

(1)建设工程设计应当按工程建设的基本程序,坚持先勘察,后设计,再施工的原则。

(2)设计质量控制应致力于使建设工程设计符合与社会、经济发展水平相适应,做到经济效益、社会效益和环境效益相统一。

(3)设计质量控制应遵循适用、安全、美观、经济、环保、节能等设计方针。

(4)设计质量控制应力求设计文件质量符合"技术先进、经济合理、安全实用、确保质量"的国家建设方针。

(5)设计质量控制应致力于建设工程设计符合规范、规程等标准的有关规定,设计文件编制完整、准确、清晰,深度符合国家规定要求,避免"错、漏、碰、缺"等。

(6)设计质量控制应遵循设计的标准化与创造性相结合原则。在建筑构配件标准化和单元设计标准化的前提下,建筑不仅应具备时代特征,还应该彰显有创意的个性。

(7)设计质量控制应采用先进科学的管理方法,突出其在确保工程设计质量中的重要性。

(8)设计质量控制应推广先进适用技术,积极采用新技术、新材料,促进技术进步和管理创新,有效提高建设工程质量。

二、项目质量控制目标

设计质量目标在建设项目中的表现形式为项目设计过程及其成果的固有特性达到规定的要求。设计质量目标分为直接质量目标和间接质量目标两方面,这两种目标表现在建设项目中都是设计质量的体现。直接质量目标在建设项目中的表现形式为符合规范要求、满足建设单位功能要求、符合政府主管部门要求、达到设计深度、具有施工的可建造性等方面。间接质量目标在建设项目中的表现形式为建造新颖、使用合理、功能齐全、结构可靠、经济合理、环境协调、使用安全等方面。直接质量目标和间接质量目标及其表现形式共同构成了设计质量目标体系。各设计阶段的质量目标如下。

(1)方案设计阶段的质量目标主要表现为项目用地与规划条件的落地及使用,以及建设方功能需求落地情况,这也是该阶段设计咨询的重点工作。

(2)初步设计阶段的质量目标主要表现为方案所反映的功能需求条件的落地情况,这也是初步设计阶段设计咨询的重点工作。

(3)施工图设计阶段的质量目标主要表现为施工图在施工过程中的可实施性,是建设实施的直接依据,体现设计过程的整体质量水平,设计文件编制的深度以及完整准确程度等要求均甚于方案设计和初步设计,是设计质量控制的重要阶段。

三、项目质量控制设计咨询的工作任务

设计咨询控制项目质量主要在项目的设计阶段,即方案设计阶段、初步设计阶段和施工图设计阶段,设计咨询质量控制在设计阶段的工作任务如下。

1. 方案设计阶段

(1)编制方案设计任务书中有关质量控制的内容。

(2)审核设计方案是否满足建设单位的质量要求和标准。

(3)审核设计方案是否满足规划及其他规范要求。

(4)组织专家对设计方案进行评审。

(5)在方案设计阶段进行设计协调,督促设计单位完成设计工作。

(6)从质量控制角度对设计方案提出合理化建议。

(7)编制方案设计阶段质量控制总结报告。

2. 初步设计阶段

(1)编制初步设计任务书中有关质量控制的内容。

(2)审核初步设计是否满足建设单位的质量要求和标准。

(3)对重要专业问题组织专家论证,提出设计咨询报告。

(4)组织专家对初步设计进行评审。

(5)分析初步设计对质量目标的风险,并提出风险管理的对策与建议。

(6)组织专家对结构方案进行分析论证,确保结构安全。

(7)对初步设计重要专业进行专题论证及技术经济分析。

(8)对建筑设备系统技术经济等进行分析、论证,提出设计咨询意见。

(9)审核各专业设计文件是否符合规范要求。

(10)在初步设计阶段进行设计协调,督促设计单位完成设计工作。

(11)编制初步设计阶段质量控制总结报告。

3. 施工图设计阶段

(1)审核设计图纸,发现图纸中的问题,及时向设计单位提出意见,并要求完成修改。

(2)在施工图设计阶段进行设计协调,督促设计单位完成设计工作。

(3)审核施工图设计与说明是否与初步设计要求一致,是否符合国家有关设计规范、有关设计质量要求和标准,并根据需要提出修改意见,确保设计质量达到设计合同要求及通过政府有关部门的审查。

(4)审核施工图设计是否有足够的深度,是否满足施工要求,确保施工进度计划顺利进行。

(5)审核特殊专业设计的施工图纸是否符合设计任务书的要求,是否符合规范及政府有关规定的要求,是否满足施工的要求。

(6)对施工图设计重要专业进行专题论证及技术经济分析。

(7)审核招标文件和合同文件中有关质量控制的条款。

(8)对项目所采用的主要设备、材料充分了解其用途,并进行市场调查;对设备、材料的选用提出咨询报告,在满足功能要求的条件下,尽可能降低工程成本。

(9)控制设计变更质量,按规定的管理程序办理变更手续。

(10)编制施工图设计阶段质量控制总结报告。

四、项目质量控制设计咨询的工作要点

设计咨询质量控制主要是对设计成果文件质量的控制,其质量的优劣将直接影响项目的使用功能,在实施阶段将影响项目施工质量和项目实体的质量。因此,设计咨询质量控制不仅要对设计成果文件质量进行控制,也要对设计过程进行管控,主要工作要点为概念方案设计质量的控制、设计全过程控制与验证、全过程设计质量控制方法、设计成果文件的质量控制。

五、项目质量控制设计咨询的工作方法

1. 方案设计竞赛

设计竞赛是指建设单位委托设计咨询单位组织设计竞赛,设计咨询单位组织设计竞赛评审委员会进行评审,从参赛的众多设计方案中评选出优胜的设计方案,建设单位可将设计任务委托给竞赛优胜者,也可以综合几个优胜设计,再行设计委托。在设计过程中,建设单位可根据需要,再次组织设计竞赛,不断地寻求设计优化的可能。

按照目前我国现行法规的要求,设计任务委托应该采用设计招标的方式。然而按照国际惯例,设计竞赛作为一种手段与招标相比,它更有利于获得一项好方案,有利于提高设计质量,并有利于促进设计技术的发展,而且设计费占总造价的比例很小,报价不作为比较的重点。设计竞赛与设计招标的区别主要体现在以下3个方面。

(1)设计竞赛只涉及设计内容(设计的技术和经济的先进性),而不涉及设计费用与设计进度,因此设计竞赛的参赛单位不需要对设计费用进行报价;而设计招标不仅包括设计内容,即设计方案,也要求投标单位对设计费用和设计进度进行说明。

(2)设计竞赛的评选结果仅限于对参选设计作品进行入选排名,而不直接涉及设计任务的委托,并不一定意味着优胜者中标;而在设计招标过程中,通过评标选择出的评分最高的投标单位就是中标单位,设计任务也将委托给该设计单位。

(3)设计竞赛参加者若未中奖,则将得到一定的经济补偿;而设计招标投标者若未中标,则没有经济补偿。

基于以上特点,设计竞赛能够让参与的设计单位在方案设计阶段有更多的投入并发挥最大潜能,使建设单位获得最优的设计方案。

2.设计全过程质量控制

(1)设计输入控制。设计输入是设计工作的基础和依据,每个项目的各阶段设计均应规定设计输入要求,并形成文件。设计输入文件的各项内容均应考虑合同评审的结果。有关设计输入要求的文件应由相应管理层次的负责人审批,提出审批意见并签署,对不完善、含糊或矛盾的要求应同输入文件的编制人会商解决。设计输入要求文件通常包含以下内容。

①设计依据包括用户的设计任务委托书、设计合同、设计基础资料以及上阶段设计文件、有关上级批件指示等。

②根据用户在合同中的要求确定的设计文件质量特性,如适用性、可靠性、可维修性、维修保障性、安全性、经济性、可实施性以及美学等功能。

③本项目适用的社会要求。

④本项目特殊的专业技术要求。

⑤本项目遵循的设计规范、规程、统一技术条件、规定及标准等。

⑥同类型项目设计、施工、安装、生产方面的反馈信息。

(2)设计输出控制。设计输出一般为设计文件、说明书、图表、图纸。设计单位应对各阶段的设计输出文件规定通用的内容、深度和格式,以满足设计输出的要求。设计输出的要求包括符合设计合同和有关法规的要求、能够对照设计输入要求进行验证和确认、满足设计文件的可追溯性要求。设计输出除了应满足设计输入的要求外,还应包含或引用验收准则、规范,标出与建设工程安全和正常运作关系重大的设计特性。设计输出文件在交付之前应予以校审、审核,必要的工程计算书应形成文件,应与校、审文件一并保存。

(3)设计评审与验证控制。设计评审是设计验证必须采用的方式,目的是评价设计输入要求与设计结果满足质量要求的能力。设计评审是运用"预防为主、防检结合"的原则,及时发现和纠正潜在的设计缺陷,使下个阶段工作有较好的基础,以达到质量动态控制的目的。

设计验证是设计成果发出前的一项质量保证活动。通常采用变换方法进行验算,将类似工程的生产状态进行比较。必要时,可进行试验验证。设计验证应做好记录,并将记录、结论、评审、签认等按规定归档保存。

(4)设计确认控制。设计确认是工程设计质量环节中一个阶段的活动,是确保设计输出文件符合规定的使用者的要求。设计咨询单位组织相关部门和单位,采用会议方式进行设计确认。设计确认活动记录和结论意见应按规定归档保存,并要求设计单位按设计确认的结论意见进行设计修改补充。修改、补充的设计文件、图纸均按规定标识归档保存。

(5)设计更改控制。设计咨询单位对已正式发布的所有设计文件的更改和修改实施控制,以确保设计更改工作的严肃性和保证性。所有的设计更改和修改都应由相关权限人员确定,并按照质量管理和质量保证程序运行,形成正式设计文件并发出。运行过程按规定做好记录并保存,更改和修改的设计文件、图纸以及更改通知等按规定归档。

3. 设计过程 PDCA 循环管理

设计质量控制的基本方法是 PDCA 循环法,即应用质量管理 PDCA 的循环过程原理,将活动和相关的资源作为过程进行管理,以便高效地得到期望的结果。PDCA 循环法把质量管理活动的全过程划分为计划(plan)、执行(do)、检查(check)、处置(action)4 个阶段。计划—执行—检查—处置是使用资源将输入转化为输出的活动或一组活动的一个过程,必须形成闭环管理,4 个环节缺一不可。PDCA 循环中的处置是关键环节,如果没有此环节,已取得的成果无法巩固,也提不出上一个 PDCA 循环的遗留问题或新的问题。这 4 个阶段有先后、有联系、头尾相接,每执行一次为一个循环,并周而复始地不断循环下去,故称 PDCA 循环。

(1)计划 P(plan)。计划由目标和实现目标的手段组成,所以说计划是一条"目标—手段链"。质量管理的计划职能,包括确定质量目标和制定实现质量目标的行动方案两个方面。实践表明,质量计划的严谨周密、经济合理和切实可行,是保证工作质量、产品质量和服务质量的前提条件。设计咨询单位应根据国家法律法规和咨询合同规定的质量责任和义务,在明确质量目标的基础上,制定实施相应范围质量管理的行动方案,包括技术方法、业务流程、资源配置、质量记录方式、不合格处理及相应管理措施等具体内容和做法的质量管理文件,同时亦须对其实现预期目标的可行性、有效性、经济合理性进行分析论证,并按照规定的程序与权限,经过审批后执行。

(2)实施 D(do)。实施职能在于将质量的目标值,通过生产要素的投入、作业技术活动和产出过程,转化为质量的实际值。为保证工程质量的产出或形成过程能够达到预期的结果,在各项质量活动实施前,要根据质量管理计划进行行动方案的部署和交底;交底的目的在于使具体的作业者和管理者明确计划的意图和要求,掌握质量标准及其实现的程序与方法。在质量活动的实施过程中,则要求严格执行计划的行动方案,规范行为,把质量管理计划的各项规定和安排落实到具体的资源配置和作业技术活动中去。

(3)检查 C(check)。检查是指对计划实施过程进行各种检查,包括作业者的自检、互检和专职管理者的专检。各类检查都包含两大方面:一是检查是否严格执行了计划的行动方案,实际条件是否发生了变化,不执行计划的原因;二是检查计划执行的结果,即产出的质量是否达到标准的要求,对此进行确认和评价。

(4)处置 A(action)。处置是指对于质量检查所发现的质量问题或质量不合格,及时进行原因分析,采取必要的措施,予以纠正,保持工程质量形成过程的受控状态。处置分为纠偏和预防改进两个方面。前者是采取有效措施,解决当前的质量偏差、问题或事故;后者是将目前质量状况信息反馈到管理部门,反思问题的症结或计划时的不周,确定改进目标和措施,为今后类似质量问题的预防提供借鉴。

4. 设计成果文件全面审核

设计成果文件在项目的设计阶段、实施阶段和运营阶段都发挥着极其重要的作用。一旦设计文件出现任何问题或错误,特别是施工阶段,将会直接影响项目的工程质量。因此,在设计咨询过程中必须严格做好设计成果文件的审核工作,对于在设计成果文件的审核过程中发现的问题和错误,必须立即与设计单位进行沟通,并及时制定有效的解决方案,采取相应措施,避免因设计成果文件问题影响整个项目的实施。在设计阶段对设计成果文件进行全面审核,对设计文件在施工前进行调整和修改,并在满足使用功能的前提下进一步进行优化,实现对设计全过程的全面审核管理,提高设计质量。

第三节 设计咨询与项目进度控制

一、项目进度控制概述

项目的进度控制是确保项目准时完工所必需的一系列管理过程和活动。具体来说就是将项目行动计划转换成一个运作时间表,在此基础上监控项目活动。项目负责人通过进度控制来协调所涉及的各种资源投入,在一个规定的时间交付项目产品以满足市场的需求,并保证在某一时刻得到一个令人满意的投资回报。项目进度控制一般分为 5 个过程。

(1)启动过程。随着项目的开始,项目进度控制也随之启动。

(2)计划过程。在 WBS 的基础上,根据 WBS 分解出来的各单元之间的逻辑性,制订项目执行计划,并对各单元进行工时、工期估计,预先计算项目从开始到完成所需的时间。根据项目合同的约定时间与预算时间之差、项目的资源供应情况等信息,建立搭接关系,优化网络计划,以满足项目对时间的要求。制订相应的资源供应计划、进度控制计划与进度报告计划等。

(3)执行、协调过程。组织和协调好人力资源及其他资源,使各种资源合理地分配,满足各项任务和工作的要求;协调各部门、各工序之间的进度关系,尽量避免出现怠工或赶工情况。

(4)控制过程。根据预先制订的项目执行计划,监督项目工作的实际进展情况,比较计划进度与实际进度,分析差异,找出问题,然后采取有效措施控制项目的进度。

(5)结束过程。项目的所有任务与工作都完成了,项目成果或项目阶段成果移交后,项目进度管理结束。

进度控制的目的是通过控制以实现工程的进度目标。如果只重视进度计划的编制,而不重视进度计划必要的调整,则进度无法得到控制。为了实现进度目标,进度控制的过程也就是随着项目的进展,进度计划不断调整的过程。进度控制应遵循以下3个原则。

(1)弹性原则。弹性原则是项目进度控制中的基本原则,其核心思想是在工作安排中充分考虑经济条件、人力资源条件及企业各方面情况,清楚时间、人力、物力等各方面在不同条件下的使用负荷和余地,对进度进行更加切合实际的安排,以保证工作尽可能有序、顺利地开展。

(2)沟通原则。适时有效的沟通是内外信息快速传递,实现及时分析、准确预测与合理决策的重要影响因素。在项目进度计划执行过程中,各部门及人员间的信息交流是否顺畅、纠偏工作是否及时有效,直接关系到项目质量的好坏及项目进度与计划的一致性。

(3)人本原则。在整个网络计划的编制过程中,如工序设置、工序工期限定、人力资源配置、材料资源分配与节约、工作进度安排与工程整体效益等方面,项目的管理人员不仅要与基层人员之间进行有效沟通,还应充分调动全体员工的积极性与主观能动性,在团队或项目组之间形成较强的凝聚力,才能在工期内,低成本、高效率地完成任务。

设计进度控制是依据设计合同对设计工作进度的要求控制设计工作进度。设计工作的进度应与招标、施工和物资采购等工作进度相协调。在国际上,设计进度计划主要是各设计阶段的设计图纸的出图计划,在出图计划中标明每张图纸的名称、图纸规格、负责人和出图日期。出图计划是项目各相关方对设计进度控制的依据。

二、项目进度控制目标

设计进度目标是以建设单位对项目建设的总体策划,以项目总体进度目标分解结果为依据。通过对项目建设规模、专业内容、设计流程等方面的特征分析,明确项目方案设计、初步设计、施工图设计的工期目标。

设计阶段进度控制主要是对设计出图的控制,通过采取有效措施使工程设计者如期完成方案设计、初步设计、施工图设计等各阶段的设计工作,并提交相应的设计图纸与文件。为了确保设计进度,控制总目标的实现,常常在每一阶段都设有明确的进度控制目标,形成一个完整的设计进度控制目标体系。在设计过程中往往有专门的计划工程师编制设计进度计划和各专业的出图计划,并对这些计划的执行情况进行跟踪检查,定期将实际进度与计划进度进行比较,如有偏差,或督促有关部门和专业采取有效措施加快进度,或纠正、修订进度计划。

三、项目进度控制设计咨询的工作任务

设计咨询控制项目进度主要在项目的设计阶段,即方案设计阶段、初步设计阶段和施工图设计阶段,设计咨询进度控制在设计阶段的工作任务如下。

1. 方案设计阶段
(1)编制方案设计进度计划并控制其执行。
(2)比较进度计划值与实际值、编制方案设计阶段进度控制报表和报告。
(3)编制方案设计阶段进度控制总结报告。
2. 初步设计阶段
(1)编制初步设计阶段进度计划并控制其执行。

（2）审核设计单位提出的设计进度计划。

（3）比较进度计划值与实际值、编制初步设计阶段进度控制报表和报告。

（4）审核设计进度计划和出图计划,并控制执行,避免发生因设计单位推迟进度而造成施工单位的索赔。

（5）编制初步设计阶段进度控制总结报告。

3.施工图设计阶段

（1）编制施工图设计进度计划,审核设计单位的出图计划,如有必要,修改总进度规划,并控制其执行。

（2）督促建设单位对设计文件及时作出决策和审定,防范建设单位违约事件的发生。

（3）协调设计单位与相关单位的关系,控制施工图设计进度以满足招标工作、材料及设备订货和施工进度的要求。

（4）比较进度计划值与实际值,提交进度控制报表和报告。

（5）审核招标文件和合同文件中有关进度控制的条款。

（6）控制设计变更及其审查批准实施的时间。

（7）编制施工图设计阶段进度控制总结报告。

四、项目进度控制设计咨询的工作要点

设计咨询主要是对设计全过程的进度进行控制,设计咨询在进度控制中的工作要点为设计进度计划的编制质量控制、设计过程的进度控制。

五、项目进度控制设计咨询的工作方法

1.审核设计进度计划

进度计划质量的好坏,对设计阶段的进度控制有着重大的影响,因此首先要求计划工程师把握好进度计划的质量。设计咨询单位要从以下几个方面对设计进度计划进行审批。

（1）制订计划时要根据项目的实际情况,考虑必要的变更,留有适当的浮动时间,制订出合理的、不会因为执行中微小的变动而变更的进度计划。变更是在项目范围内,对以前已认可的时间、要求等目标作出的任何修正。在一般情况下,变更是不可避免的,原因是多样的,例如,出现了新工艺、新技术,改用新产品、新设备等,导致的技术性变更;建设单位或项目团队对项目有了更进一步的了解,对项目有了新构想,产生的非技术性变更;项目的环境发生了变化而出现的强制性变更,如新冠肺炎疫情期间,规定不允许出现人员流动,一切对外招标工作推迟进行,不允许加班等。

(2)要本着实事求是的精神,充分考虑各方的合理要求,制订科学的进度计划。不能片面地追求经济利益,过分地强调时间、进度。过紧的进度计划太过脆弱,需要随着设计过程中的微小变更而变化,否则会影响设计产品的质量,造成大量的返工,最终会影响进度,"欲速则不达"。过松的进度计划,使专业设计人员没有紧迫感,由于人们往往喜欢"临时抱佛脚",过长的计划时间不仅不会提高设计的质量,还会造成人力资源的浪费。

(3)不仅要制订项目进度计划,还要制订资源调整等应急计划。诸多的影响因素在实际操作中是不可完全避免的,各种因素对项目可能的影响必须考虑在计划之中,然而,当实际影响的结果大于计划的预期时,应该有相应的资源调整等应急计划来应对,以期尽快消除各因素对项目进度带来的不利影响。因此在制订计划时,需要事先对可能影响项目进度的各种因素进行分析,充分评估项目各工序、各阶段的风险,制定详细的应急解决方案,尽量将问题消灭在萌芽状态,减少返工等干扰,保证项目的进度与质量。

2. 进度计划的实施监督

(1)设计咨询单位要全面掌握项目设计的进度情况,通过对设计进展的分析,比较准确地预测进度的发展趋势。当发现项目进度有可能延误,在延误真正到来之前采取措施,要求设计单位调整进度计划、增加各项资源,将各影响因素对进度造成的损失补回来,从而保证进度,避免延误。

(2)对可能影响设计进度的情况进行分析,提出咨询意见,保证设计的工作进度。设计咨询单位定期编制进度计划执行报告并提交建设单位,使其动态了解项目设计的进度与实际情况,以实现计划对项目的指导、规划、监督作用。根据实际需要,安排专门的计划工程师对重点控制的项目进行跟踪控制。

第三章

设计咨询组织与管理

第一节　设计咨询组织机构与职责

一、设计咨询组织机构的建立

根据设计咨询管理的特点和工作开展方式,建立项目设计咨询组织机构,组织架构如图3-1所示。

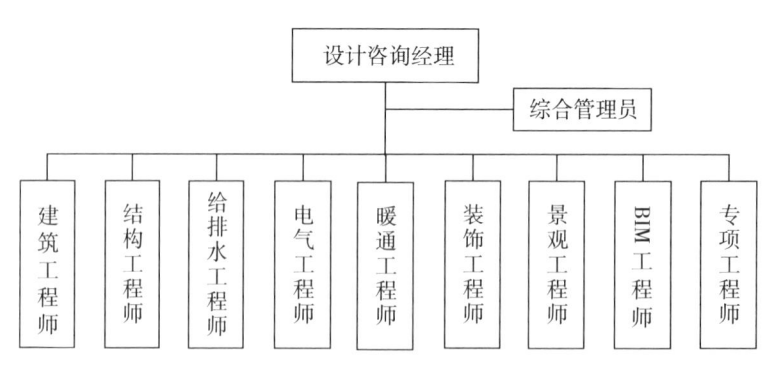

图3-1　组织架构

二、设计咨询机构的职责

(1)编制项目《设计咨询大纲》和《设计咨询实施细则》,报委托人批准后实施。

(2)设计咨询大纲以单个项目为单元编制,设计咨询实施细则以工作类别为单元分别编制。

(3)设计咨询单位应在签订咨询合同后,在规定时间内将设计咨询大纲报委托人批准后实施。

(4)设计咨询实施细则应根据咨询大纲和工程实际编制,在工作实施前规定时间内完成,经设计咨询经理批准,报委托人核备。

(5)主要设计咨询人员调整应事先征得委托人批准,应按委托人要求及时更换有关设计咨询人员。

(6)依照约定时限完成设计文件审核,提交咨询报告,咨询报告需由设计咨询经理和专业负责人签字盖章;对咨询报告深度、完整性、准确性负责。

(7)重大咨询意见须及时与委托人沟通。

(8)对所有的审核意见进行跟踪咨询,每一条咨询意见须有最终的处理结果。确认设计单位已根据被接受的审核意见对设计文件进行补充或修改。对跟踪咨询的结论,设计咨询单位以补充报告的形式予以确认,并分发给委托人和设计单位。

(9)实行信息化管理制度,设计咨询单位要配齐信息化管理系统有关设备和人员,做到专人管理,及时将主要资料录入信息管理系统,提高项目信息化管理水平。

(10)设计咨询方不得转包、分包咨询业务。

(11)制定相应的管理制度,编制工作流程,明确和落实工作责任。

(12)设计咨询人员应自觉遵守相关法律、法规和职业道德,严格履行合同中规定的责任和义务,做到严格自律,秉公办事。

三、设计咨询经理的职责

设计咨询经理负责组织、指导、协调项目的设计咨询工作,确保设计咨询工作按项目目标、合同要求组织实施,在设计咨询实施各阶段对质量、进度和投资进行有效控制,并做好组织内外的沟通协调管理等工作。

(1)领导和组织设计咨询部,对项目设计咨询工作进行全过程管理。

(2)以公司的名义,在勘察、设计咨询过程中,签署文件及处理相关事务,组织专题会议等。

(3)根据工作需要,向公司提出调入和聘请专家等。

(4)编制设计咨询工作大纲;策划设计总进度、二级进度;整理各阶段咨询总结报告及项目咨询总结报告,并向业主方汇报。

(5)将外部单位下发的文件、资料下发给各专业咨询工程师;汇总各专业咨询工程师完成的成果文件,外发给业主或设计单位。

(6)将设计咨询任务及时分工安排给相关专业咨询工程师,并跟进、督促、审核任务完成情况和完成质量。

(7)将设计咨询过程中的过程资料整理、汇总给综合管理员,由综合管理员归档、备案。

(8)参与或配合全过程各专业咨询服务成果质量事故的调查和处理。

(9)工作界面的协调管理。

(10)委托的其他权责。

四、专业咨询工程师的职责

(1)负责项目相关专业设计咨询和技术支持。

(2)负责相关专业图纸审核,设计任务书编写、审核等。

(3)项目施工过程中,参与项目样板间隐蔽验收、样板间验收。

(4)施工质量巡查、竣工验收,发现施工质量与施工图不一致,违反施工规范、施工验收规范时,要求整改并提供解决方案。

(5)其他技术支持。

五、综合管理员的职责

负责项目设计咨询过程中项目过程资料、设计咨询报告等的收集、归档工作。

第二节 设计咨询基本管理制度

一、基本管理制度建设要求

设计咨询经理应根据合同规定及建设单位要求,结合建设单位相关管理流程及项目实际情况组织专业咨询工程师,制定设计咨询工作制度并建立制度台账,制度内容应全面、具体,具有可实施性,上报建设单位审批同意后组织各参建单位进行交底,明确相关的工作范围、工作职责及工作流程,留存相应的工作制度交底记录。

二、基本管理制度建议清单

(1)《设计咨询工作制度》
(2)《设计例会制度》
(3)《设计交底制度》
(4)《施工图会审制度》
(5)《技术管理制度》
(6)《设计招标投标管理制度》
(7)《设计合同管理制度》
(8)《设计进度管理制度》
(9)《设计质量管理制度》
(10)《设计投资控制制度》
(11)《设计变更管理制度》
(12)《信息管理制度》
(13)《设计协调管理制度》
(14)《设计咨询资料归档管理制度》

第三节　设计咨询工作大纲与细则

一、设计咨询工作大纲

1. 项目概况

项目概况主要包括项目名称、地址、面积、层高、功能等。

2. 设计咨询总体思路

设计咨询总体思路：熟悉项目(under) + 计划(plan)→实施(do)→检查(check)→处理、总结(action)，即 U + PDCA 循环。

(1)熟悉项目：从项目建议书、可行性研究报告、合同等主要资料熟悉项目目标(进度目标、质量目标、投资目标)。

(2)计划：依据项目建议书、可行性研究报告、合同等主要资料对项目进行分解、策划及任务分工，编制总进度计划表、二级进度计划表、任务分工表。

(3)实施：按总进度计划表、二级进度计划表、任务分工表执行。

(4)检查：任务执行过程中定期检查实际执行情况(进度、质量、成本、技术创新是否偏离目标)。

(5)处理、总结：总结检查的结果，成功的经验加以肯定并推广、标准化；失败的教训加以总结并重视，未解决的问题放到下一个 PDCA 循环。

3. 设计咨询范围

全过程咨询单位设计咨询主要在设计阶段进行，但也涉及决策阶段、勘察阶段、设计准备阶段、施工阶段、竣工验收阶段。其中，勘察阶段和设计阶段主要进行进度、质量、成本管理，决策阶段、施工阶段、竣工验收阶段为技术支持。

4. 设计咨询流程

项目立项后，设计咨询部应协助业主开展前期决策技术支持、勘察、设计咨询、施工技术支持、竣工验收技术支持、项目总结等全过程咨询服务。

5. 设计咨询目标

设计咨询经理需从项目建议书和可行性研究报告中熟悉项目进度目标、质量目标、投资目标并进行整理，作为项目策划、实施的依据。

6. 设计咨询组织架构及岗位职责

设计咨询经理应根据合同内容建立设计咨询组织架构,并明确相关岗位职责。

7. 设计咨询目标控制

(1)进度管理。进度包括总进度和二级进度,设计咨询过程中须根据项目分解策划总进度和二级进度,并根据总进度和二级进度执行、实施。

(2)质量管理。设计咨询经理根据管理阶段的不同,组织各专业咨询工程师依据相关标准、清单表、要点文件对项目质量进行管理、控制。

(3)成本管理。设计咨询经理应对投资成本和管理成本进行管理。投资成本管理主要是组织各专业咨询工程师在审核过程中,在保证适用、经济、节能的前提下进行设计优化,并整理成本优化清单。管理成本主要是合理安排人员、作好统筹策划,按时保质保量完成设计咨询任务。

(4)资料管理。各专业咨询工程师在设计咨询过程中的成果资料应提交给设计咨询经理,经设计咨询经理统一整理后移交给综合管理员归档、留存。设计咨询经理接收的外来资料应及时下发给相关专业咨询工程师。

8. 技术支持

设计咨询经理应安排相关专业咨询工程师,在以下各阶段提供相关技术支持。

(1)决策阶段,提供项目建议书和可行性研究报告编写或审核等相关技术支持。

(2)设计阶段,提供报批报建、招标投标等相关技术支持。

(3)施工阶段,其中前期准备阶段审核施工交底书及组织设计单位进行施工交底,施工阶段为现场提供隐蔽验收、样板验收、质量巡查等技术支持。

(4)竣工验收阶段,组织安排相关人员参与验收资料审核、消防和机电预验收及竣工验收。

9. 功能需求对接管理

功能需求根据设计要求,有一级功能需求、二级功能需求和三级功能需求。一级功能需求主要服务于建筑方案图设计,为建筑的总体空间布局,体现形式为需求清单;二级功能需求主要服务于建筑初设图设计,为建筑内部功能房间布置、人和物动态流向,体现形式为平面布置图;三级功能需求主要服务于建筑初设图设计,主要为房间内部的建筑功能需求和使用方使用功能需求,体现形式为清单与平面布置图相结合。

(1)功能需求对接管理要点。

①使用方提供一级功能需求清单给设计咨询单位。

②设计咨询单位组织业主、使用方以会议形式确认,并根据会议确定意见调整、完善功能需求清单,形成经审批确认的一级功能需求清单。

③设计单位结合设计咨询单位提供的一级功能需求清单,开展建筑方案图设计,同时布置二级功能需求。

④建筑方案图设计完成后,设计咨询单位需组织业主、使用方进行审核、确认建筑方案、二级功能需求的合理性、适用性。

⑤设计咨询单位组织业主、使用方对三级功能需求清单结合建筑功能需求和用户使用功能需求进行确定。

⑥设计单位按确认的三级功能需求清单展开初步设计图设计。

(2)设计咨询部应分门别类建立功能需求清单标准,作为技术指标纳入设计任务书。设计开始前,结合项目具体情况确认后按功能需求清单开展设计。

10. 组织、协调管理

项目启动后,设计咨询部应建立以设计咨询经理为首,各专业咨询工程师配合的设计咨询团队。其中,设计咨询经理应承担项目内部、外部协调,上传下达的责任。

(1)内部组织协调有部门内部、部门与部门之间的组织、协调。

①设计咨询经理须根据项目管理进度计划表、任务分工表跟进、督促、安排、协调所有工作。

②各专业咨询工程师在工作中须统一协调,沟通时,设计咨询经理应进行统一协调,必要时组织项目专题会议。

③设计咨询经理应与各专业咨询工程师之间随时保持沟通、联系,并帮助各专业咨询工程师解决在工作时遇到的问题。

④若与公司其他部门需沟通、协调,设计咨询经理应及时进行协调或以会议形式组织沟通、协调。

(2)外部组织、协调管理。

①设计咨询部应与业主、设计单位等相关单位建立项目工作组,并明确双方专业及项目对接人。

②设计咨询经理随时与项目相关单位负责人保持沟通、联系。

③重大问题,应组织会议沟通、协调。

二、设计咨询实施细则

1. 工程概况及特点

工程概况主要包括项目名称、地址、面积、层高、功能等。

2. 编制依据

(1)全过程工程咨询(设计咨询)合同

(2)审批的项目管理策划

(3)建设单位相关管理规定等

3. 设计咨询工作范围及工作目标

(1)设计咨询工作范围

①设计咨询团队的主要工作为负责设计咨询技术工作(包括各阶段设计的需求管理及设计成果的技术审查)。

②配合项目负责人完成设计进度管理工作。

③配合招标采购部门完成设计造价控制工作。

④配合招标采购部门完成招标文件技术部分的编制工作。

⑤配合报建部门完成报批、报建工作,主要负责设计资料及技术支撑工作。

(2)设计咨询工作目标

1)设计质量管理目标

在设计各阶段对建设项目需求进行重点排查和梳理,保障各阶段设计文件与使用方需求高度匹配。对工程设计从前期设计阶段到施工阶段进行全面管理,从经济性、适用性、合理性、可靠性、安全性等多方面进行控制,对设计单位的设计成果、BIM模型等进行审查和指导,以实现以下质量目标。

①在经济性良好的前提下,建筑造型、使用功能及设计标准满足国家及地方法律法规标准和建设单位的要求。

②结构安全可靠,符合城市规划、消防等主管部门的相关规定。

③对设计过程进行动态管理,以避免勘察、设计失误,确保设计质量。在施工阶段,组织设计单位进行设计交底并及时处理设计与施工之间的配合与协调问题。

2)设计进度管理目标

严格执行根据项目进度总策划确定的项目设计进度计划,在全过程设计咨询的不同阶段,完成各个阶段的设计进度目标。

3)投资控制(限额设计)管理目标

通过对可行性研究阶段设计成果的审核控制,保障可行性研究阶段估算的合理性;通过对初步设计图纸设计深度、质量的控制,确保初步设计概算的准确性,确保概算金额符合估算要求;施工图预算金额不超过初步设计概算,且因设计变更引起的费用增加不超过项目总投资。

4. 设计咨询工作内容及人员职责

(1)设计咨询工作内容

①组织设计例会,组织各设计单位之间、设计与外部有关部门的协调工作。

②协助委托人负责现场情况调查、设计需求研究、编制设计任务书。

③对项目咨询、勘察、设计等技术文件进行把关,并提出优化建议。

④在对同类项目调研、使用需求调研、项目现状调研、相关政策调研的基础上,组织研究项目总体建设需求、边界条件、建设规模及投资规模。

⑤为规划、方案设计提供技术咨询服务,组织和开展规划条件研究、设计需求研究和全过程设计需求管理。

⑥协助委托人负责与项目使用单位进行沟通,提出符合各阶段设计深度要求的用户需求,准确表达委托人对工程质量、进度、投资的要求;在设计全阶段(方案、初步设计、施工图、室内装饰、机电等专业工程设计)协调沟通用户需求;负责协调项目使用单位对各阶段设计成果进行确认。

⑦在对总体需求研究的基础上,根据调研、论证、规划方案设计等工作成果,对可行性研究报告进行把关并提出优化意见。

⑧审核可行性研究报告应根据国家、地方的相关规范、政策,项目建议书及批复的投资匡算进行评估,对项目用地面积、建筑面积、建设规模、工程建安造价指标进行系统分析,并根据对项目场地与项目功能、规模的分析,判断投资控制的方向和可能出现的疑难问题。

⑨对可行性研究报告的审核应充分评估项目的经济性、可实施性及适用性,明确项目建设标准,明确项目的质量、投资、进度、安全目标。使项目的建设规模、投资标准与项目需求匹配,要求做到需求合理、论据充分,深度达到国家及地方相关规定要求及委托人所需的下一步工作要求。

⑩参加相关汇报会、论证会,直至可行性研究报告通过专家评审并取得投资主管部门批文。

⑪在确保设计的安全性的前提下,根据不同设计阶段,设计咨询单位须审查设计单位设计文件及图纸的经济性和合理性。

⑫根据价值工程理论,按限额设计控制投资,在限额设计范围内对初步设计全面进行价值工程评估。

⑬按照限额设计指标,对施工图设计内容进行核实和审查。

⑭根据使用功能需求条件,转化成设计需求参数条件,要求设计单位按时提交合格的设计成果,检查并控制设计单位的设计进度,检查图纸的设计深度及质量,分阶段、分专项对设计成果文件进行设计审查。

⑮负责组织对各阶段(方案、初步设计、施工图)及各专业的设计图纸设计深度及设计质量进行审查,减少由于设计错误造成的设计变更、增加投资、拖延工期等情况。对设计方案、装修方案及各专业系统和设备选型优化比选,并提交审查报告。

⑯协调使用各方对已有设计文件进行确认。确认设计样板,组织解决设计问题及设计变更,预估设计问题解决涉及的费用变更、施工方案变化和工期影响等,必要时开展价值工程解决设计变更问题。

⑰组织专项审查,包括但不限于交通评估的审查、环境影响评价的审查、结构

超限审查论证、消防性能化论证、深基坑审查、建筑节能审查等。对评估单位提出的意见进行修改、送审,直到通过各种专业评估。组织工程勘察、设计、施工图设计审查、第三方检测等前期阶段的各项服务类招标,签订合同并监督实施。

⑱对项目全过程进行投资控制管理。负责组织设计单位进行工程设计优化、技术经济方案比选并进行投资控制,要求限额设计,施工图设计以批复的项目总概算作为控制限额。

⑲对工程建设过程中的特殊结构、复杂技术、关键工序等技术措施和技术方案进行审核、评价、分析,解决施工过程中出现的设计问题,优化设计方案,对工程建设新技术、新工艺、新材料进行研究论证,对重要材料、设备、工艺进行考察、调研、论证、总结,从技术角度提出合理化建议或专项技术咨询报告。

⑳组织设计单位对监理和施工单位进行技术交底,对重点工序、重点环节的技术、质量进行控制,处理工程建设过程中发生的重大技术质量问题。

(2)设计咨询人员工作职责

设计咨询人员工作职责见第三章第一节三、四、五目的相关内容。

5. 设计咨询工作流程

(1)设计需求策划工作程序

(2)设计文件审核工作程序

(3)设计变更工作程序

(4)设计文件传递工作程序

(5)设计深化(优化)工作程序

6. 设计咨询工作要点

(1)选择合适的设计咨询人员,组建高效的设计咨询团队

(2)项目设计条件调查

(3)项目功能需求、目标定位调查分析

(4)设计方案合理性、可靠性、经济性、可行性审核论证

(5)施工图满足规范及施工程度、完整性

(6)方案优化

(7)沟通协调

(8) 设计进度计划安排

7. 设计咨询的方法和措施

(1) 建立资料库,提供专业资料支撑

(2) 专题会、专家会、例会等方式沟通协调

第四节　全过程设计咨询流程

设计咨询贯穿项目的设计全过程和项目建设的全过程,全过程设计咨询的流程如图3-2所示。

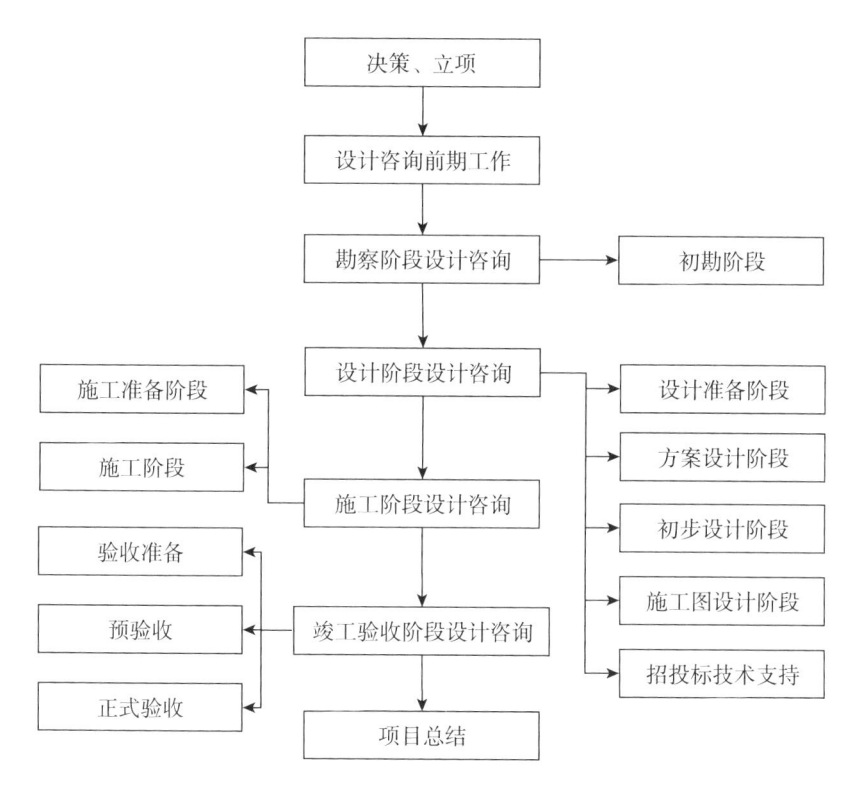

图3-2　全过程设计咨询流程

第四章

设计咨询过程管理

第一节 决策阶段设计咨询

一、决策阶段设计咨询工作内容

1. 协助业主论证项目建设的必要性

投资项目必要性论证是从宏观和微观两方面对是否进行项目投资进行论证。首先,只有符合国家产业政策要求的项目,才认定是必要的;其次,项目建设必须对本地区、本行业发展有利,各地区、各行业的拟建项目必须符合地区和行业规划的要求,才有利于促进地区、行业优势的发展和增强经济实力,也才有建设的需要;最后,进行项目必要性论证时,必须把企业发展规划与国家和地区或部门的发展规划结合起来分析,判断企业的发展是否与大环境相吻合,并将项目投资与企业发展规划和要求结合起来分析,如果两者都符合要求,则认为项目是必要的。

2. 协助业主论证提出合理的建设规模

在项目规划和投资决策阶段,对拟建项目的生产规模必须进行科学的技术经济论证,经济合理地确定其设计生产能力。从建设投资的宏观角度考察,应做到大、中、小有机结合,相辅相成,以求得有限资源的合理分配和充分利用,尽量满足各种产品的市场需求,达到国民经济整体上的高速度、高效益。

3. 协助业主编制审核项目的可行性研究报告

可行性研究是确定建设项目前具有决定性意义的工作,是在投资决策之前,对拟建项目进行全面技术经济分析的科学论证,在投资管理中,可行性研究是指对拟建项目有关的自然、社会、经济、技术等进行调研、分析比较以及预测建成后的社会经济效益。在此基础上,综合论证项目建设的必要性,财务的营利性,经济上的合理性,技术上的先进性和适应性以及建设条件的可能性和可行性,从而为投资决策提供科学依据。可行性研究报告分为政府审批核准用的可行性研究报告和融资用可行性研究报告。审批核准用的可行性研究报告侧重关注项目的社会经济效益和影响;融资用可行性研究报告侧重关注项目在经济上是否可行。

4. 协助业主编制审核专项评价报告

根据国家有关法律法规和政策文件的规定,项目可行性研究过程中应根据项目实际情况,协助业主编制审核专项评价报告,如建设项目选址论证、环境影响评价、节能评估、社会稳定风险评价、建设工程文物保护、交通影响评价等报告的编制审核。

(1) 建设项目选址论证,是指依据土地管理等相关法律法规的规定,全面掌握国家供地政策、项目所在地的土地利用规划、土地使用标准、拟选地点状况等,开展建设项目选址论证。

(2) 环境影响评价,是指对规划和建设项目实施后可能造成的环境影响进行分析、预测和评估,提出预防或者减轻不良环境影响的对策和措施,进行跟踪监测的方法与制度。环境影响评价的基本内容包括建设方案的具体内容,建设地点的环境本底状况,项目建成实施后可能对环境产生的影响和损害,防止这些影响和损害的对策措施及其经济技术论证。

(3) 节能评估,是固定资产投资项目节能评估和审查的简称,是指根据节能法规、标准,对各级人民政府发展改革部门管理的在我国境内建设的固定资产投资项目的能源利用是否科学合理进行分析评估,并编制节能评估文件或填写节能登记表。对项目节能评估文件进行审查并形成审查意见,或对节能登记表进行登记备案,并将审查意见或节能登记表作为项目审批、核准或开工建设的前置性条件以及项目设计、施工和竣工验收的重要依据。

(4)社会稳定风险评价,是指与人民群众利益密切相关的重大决策、重要政策、重大改革措施、重大工程建设项目、与社会公共秩序相关的重大活动等重大事项在制定出台、组织实施或审批审核前,对可能影响社会稳定的因素开展系统的调查,科学的预测、分析和评估,制定风险应对策略和预案,为有效规避、预防、控制重大事项实施过程中可能产生的社会稳定风险,为更好地确保重大事项顺利实施。

(5)建设工程文物保护,是依据文物保护等相关法律法规的规定,全面掌握拟建项目建设地点、工程规划和设计方案、文物保护单位的具体情况等,开展建设工程对文物可能产生破坏或影响的评估。

(6)交通影响评价,是保证大型项目开发建设不导致开发对象周边交通服务水平下降的重要措施,是避免土地超强开发的规划控制措施。交通影响评价分为规划交通影响评价和建设项目交通影响评价,主要内容包括范围确定、现状交通分析、交通量预测、交通影响评价、改进措施、结论与建议。

5. 协助业主确定和落实项目其他事项

主要包括项目实施的组织,项目的建设地点,项目的建设目的、任务和建设的指导思想及原则,建设项目的投资目标、进度目标和质量目标等。

二、决策阶段设计咨询工作流程

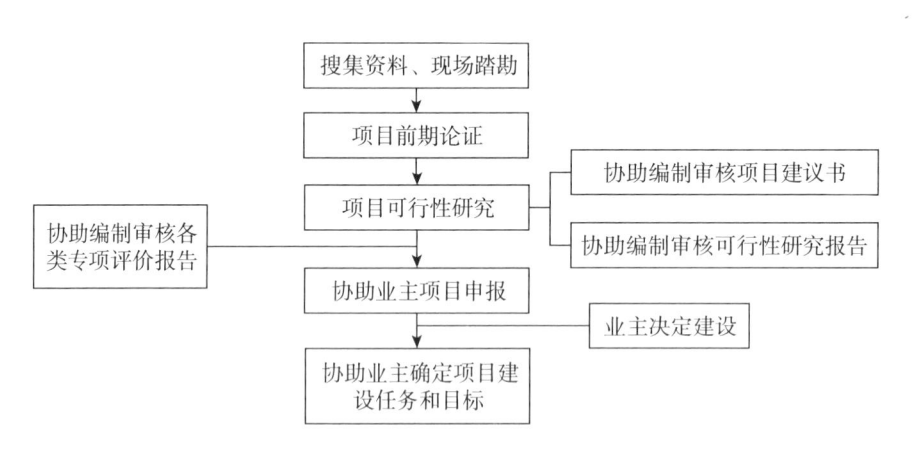

图 4-1 决策阶段设计咨询工作流程

三、决策阶段技术管理要点

1. 可行性研究报告审核要点

对于项目可行性研究报告,一般主要审核要点如下。

(1)总论

项目概况、业主简介、编制依据、主要技术经济指标、研究结论是否符合国家、项目所在地的规定,内容是否满足要求。

(2)项目建设背景和必要性

本项目提出的依据、背景、理由和预期目标分析论证是否充分合理。

(3)建设规模分析

本项目工程建设规模及是否反映了本项目建设的需要。

(4)项目选址及建设条件

项目所在地的地质环境,周边基础设施配套工程较成熟,交通便利,外部条件和自然条件是否满足本项目建设的需要。

(5)工程建设方案

是否进行工程方案的设计和比选,并从总体规划、建筑、结构、给排水、暖通、电气、信息化智能化、BIM 技术应用等方面进行了方案设计;是否满足编制投资估算的要求,并为下一步的初步设计和招标工作奠定基础。

(6)环境保护

项目在施工期间和运营期间产生的环境影响分析和相应环保措施是否合理可行。

(7)绿色建筑及节能专篇(含技术方案)

绿色建筑方案是否符合国家标准规定,节能措施是否合理、可行。

(8)劳动安全卫生与消防

是否充分分析论证在建设和运营过程中对劳动者和财产可能产生的不安全因素,提出相应的防范措施是否有效可行。

(9)项目管理与组织机构

项目管理方案是否满足本项目建设的需要,组织机构是否科学、合理。

(10)实施计划及招标方案

工期安排是否合理和满足总工期要求,招标方案是否符合招投标法律法规的规定。

(11)工程投资估算与资金筹措

项目建设投资估算依据是否充分,建设资金使用计划安排是否符合项目建设要求,资金落实情况。

(12)财务分析

财务分析使用的财务评价指标是否合理,财务分析结论是否正确。

(13)项目建成后的经营管理

提出的经营管理方案是否满足项目运营的要求。

(14)效益分析

是否按照合理配置资源的原则,并从国民经济的角度考察项目所耗费的资源和对社会的贡献,对本项目的经济合理性和效益进行分析。

(15)社会评价与风险分析

项目存在的风险因素分析是否全面合理,提出的风险应对措施是否能够有效降低项目的风险。

(16)结论与建议

是否给出明确的结论,并对结论存在的主要问题进行建议。

2. 建设项目选址论证审核要点

对于建设项目选址论证,一般主要审核要点如下。

(1)项目基本情况

建设项目是否符合国家和地方的产业政策要求。

(2)选址占地情况

建设项目用地是否符合国家供地政策和土地管理法律、法规规定的条件。

(3)土地利用总体规划

建设项目选址是否符合土地利用总体规划,属《土地管理法》的相关规定,建设项目用地需修改土地利用总体规划的,规划修改方案是否符合法律、法规的规定。

(4)建设项目用地规模

建设项目用地规模是否符合有关土地使用标准的规定;对国家和地方尚未颁布土地使用标准和建设标准的建设项目,以及确需突破土地使用标准确定的规模和功能分区的建设项目,是否已组织建设项目节地评价并出具评审论证意见。

3.环境影响评价审核要点

对于建设项目环境影响评价,一般主要审核要点如下。

(1)政策要求

建设项目是否符合国家及项目所在地的产业政策要求。

(2)建设项目选址、选线

是否符合有关法律、法规要求;是否符合区域总体规划、经济发展规划和当地环境功能区划、生态规划;环境容量是否满足项目建设需要。

(3)建设项目组成

建设项目组成是否完整,评价内容、评价等级、评价范围、评价标准等判定是否准确,是否符合《环境影响评价技术导则》的要求。

(4)现状调查、监测

现状调查站位的数量、布设是否合理,调查内容、频率、时间是否符合《环境影响评价技术导则》的要求;现状监测是否是由有资质的单位进行;引用的数据、资料是否清楚、准确,是否明确了引用的数据、资料来源和时间。

(5)环境现状分析

环境现状分析评价内容是否全面,评价方法是否合理,评价结果是否准确、可信。

(6)环境预测

采用的预测模式(方法)、参数的选择是否合理、正确,预测内容是否完整,预测评价结果是否准确、可信。

(7)环境事故风险分析

环境事故风险分析评价内容是否全面,采用的预测方法、模式是否合理、正确,预测结果是否准确、可信,应急处理措施和对策分析是否合理、可行。

(8)环境保护措施

环境保护对策、治理措施、生态保护措施等是否具有科学性和可操作性,技术、经济论证是否准确,是否可以作为环境保护监督管理的依据;环保措施及竣工验收一览表是否完整。

(9)清洁生产分析

清洁生产分析是否合理、正确;是否满足清洁生产要求。

(10)总量控制分析

总量控制(允许排放量计算等)分析是否合理,给出的污染物总量和污染物削减措施是否明确、合理。

(11)公众参与

公众参与是否按规范进行;内容介绍是否客观真实,是否包含了工程主要环境影响问题,利益相关者比例是否合适,调查结果分析是否全面、合理。

(12)项目可行性

是否同意报告书的结论;是否同意工程建设,并阐述理由。

(13)报告质量

图件、附件、计量单位是否规范,使用文字是否简练,项目登记表是否准确。

4. 节能评估审核要点

对于建设项目节能评估,一般主要审核要点如下。

(1)能源供应情况分析

项目所在地能源供应条件及消费情况分析是否完成;项目能源消费对当地能源消费的影响分析是否准确。

(2)项目建设方案

分析项目选址是否符合行业及当地总体规划,并分析项目选址对项目所需能源供给和消费的影响。

分析项目总平面布置对厂区内能源输送、储藏、分配、消费等环节的影响,结合节能设计标准,判断平面布置是否有利于方便作业,提高生产效率,减少工序和产品单耗。

从生产规模、生产模式、生产工序、主要生产设备选型等方面,分析评价工艺方案是否有利于提高能效,是否符合节能设计标准的相关规定。

是否明确项目涉及的主要耗能设备型号、参数及数量,判断项目是否采用国家明令禁止和淘汰的用能产品和设备。

(3)能耗计算

是否按照《综合能耗计算通则》等标准,分能源消费品种、按用能工序、生产工序等环节计算能源消费量及项目总能耗量(要明确计算方法、计算过程数据来源等)。是否对能源消费种类、来源及消费量进行分析,特别是能源消费品种对能效的影响。

(4)节能措施

是否从生产工艺、动力、建筑、给排水、暖通与空调、照明、控制、电气等多方面提出节能技术措施。能源管理机构及人员配备、节能管理制度及措施,能源统计、检测及计量仪器仪表配置是否符合《用能单位能源计量器具配备与管理通则》。

5. 社会稳定风险评价审核要点

对于建设项目社会稳定风险评价,一般主要审核要点如下。

(1)是否符合现行法律、法规、规章,是否符合党和国家的方针政策,是否符合国家、省级党委政府的战略部署、重大决策以及暂行办法。

(2)是否符合本省、自治区、直辖市、本系统近期和长远发展规划,是否符合经济社会发展规律,是否符合以人为本的科学发展观,是否兼顾了各方利益群体的不同需求,是否考虑了地区的平衡性、社会的稳定性、发展的持续性。

(3)是否经过充分论证,是否符合大多数人民群众的意愿,所需的人力、财力、物力是否在可承受的范围内并且有保障,是否能确保连续性和稳定性,时机是否成熟。

(4)对所涉及区域、行业群众利益和生产生活的影响,群众对影响的承受能力,引发矛盾纠纷、群体性事件的可能性。

(5)其他有可能引发不稳定因素的问题。

6. 建设工程文物保护评估审核要点

对于建设工程文物保护评估,一般主要审核要点如下。

(1)建设工程概况。

(2)涉及的文物保护单位概况、现状、保护要求等。

(3)工程施工或运营期间可能对文物保护单位文物本体和环境风貌产生的

影响。

（4）工程项目选址初步意见和保护措施建议。

（5）涉及文物保护单位的区位图、保护范围和建设控制地带图、总平面图、平面图、立面图、剖面图、结构平面图、详图等。

（6）评估结论。

四、决策阶段设计咨询成果文件

在决策阶段，全过程工程咨询设计咨询的成果文件包括项目可行性研究报告审核意见和修编建议、各类专项评价审核报告等。以下为决策阶段部分设计咨询成果文件示例。

1. 可行性研究报告修编建议书

（1）项目概况

①项目名称、项目地址、项目性质、将建设内容及规模、项目总投资及资金筹措、项目建设工期等内容。

②项目业主简介。

③编制依据，包括立项批复、上位规划、国家颁发的有关设计规程、规范和设计标准，业主提供的相关基础资料，国家和地方其他相关规定和要求。

④编制内容，包括可行性研究范围涉及项目建设的背景及必要性、建设规模论证、建设条件、建设方案、建设进度、组织机构、建设投资、社会效益。

⑤项目经济技术指标，包括规划总用地面积、建筑占地面积、总建筑面积、计入容积率面积、容积率、建筑密度、绿地率、项目总投资、资金筹措等。

（2）项目建设规模及内容变化

①建设规模变化。

②建设周期变化。

③建设内容变化。

④其他变化。

⑤投资估算变化。

(3)结论及建议

①结论。

②建议。

2. 专项评价报告审核报告

(1)工程概况

(2)审核内容

(3)审核依据

(4)审核原则

(5)审核意见

(6)审核结论

(7)建议

五、决策阶段设计咨询总结

决策阶段设计咨询工作完成后,设计咨询经理须对整个阶段进行总结,总结报告的主要内容如下。

1. 工程概况

2. 输出成果

3. 决策阶段设计咨询情况

4. 经验与教训

5. 业主反馈

6. 对本项目过程的改进建议

7. 项目遗留问题及处理方式

第二节 勘察阶段设计咨询

一、勘察阶段设计咨询工作内容

建筑工程勘察是建设中非常重要的一个阶段,其任务是确定建设项目场地的地质条件、自然环境是否适宜进行工程建设,其成果为单体建筑设计和施工提供所需的工程地质水文资料,也为全过程建设提供技术服务。一般工程勘察可按工作要求划分为可行性研究勘察、初步勘察和详细勘察3个阶段。每个阶段的勘察工作可以分为踏勘、野外工作、室内试验和资料整理编写报告等关键步骤。对于建筑群体小区或重要的建筑,宜分别进行初步勘察和详细勘察;对于一般的建筑,大多只进行详细勘察。

1. 基础资料的提供

咨询单位应根据建设工程勘察合同的内容向勘察单位提供下列文件资料,并对其准确性、可靠性负责。

(1)本工程的批准文件(复印件),以及用地(附红线范围)施工、勘察许可等批件。

(2)工程勘察任务委托书、技术要求和工作范围的地形图、建筑总平面布置图。

(3)勘察工作范围已有的技术资料及工程所需的坐标与标高资料。

(4)勘察工作范围地下已有埋藏物的资料(如电力、电信电缆、各种管道、人防设施、硐室等)及具体位置分布图。

(5)其他必要相关资料。

2. 勘察任务书的编制、审核

勘察任务书是大中型基础工程项目、限额以上技术改造项目进行投资决策和转入实施阶段的法定文件,咨询单位应协助业主编制勘察任务书。

3. 勘察方案审核

勘探人应结合实际情况以及《岩土工程勘察规范》的规定,科学合理地确定本工程的勘察等级;并在勘察作业前,结合投标技术方案以及工程实际情况编报《工程勘察方案》,经业主和咨询单位审核通过后方可实施。

4. 勘察前期咨询

(1)熟悉勘查合同。

(2)审核勘查单位编制的进度计划是否符合要求。

(3)监督勘查单位对所属劳务人员,尤其是新招聘的人员,进行安全教育(现场勘察期间,每天勘察工作开始前进行安全宣导教育)。

(4)组织勘查单位对项目组勘察方案的技术交底、钻孔设计、试验委托书进行交底。

5. 勘察实施期咨询

(1)按照项目勘察方案的要求,对钻孔作业进行旁站监督,检查各勘探点的现场作业,土、石、水试样的采取、包装和运输,勘探孔的保护、回填工作。每个钻孔结束时进行签字确认。

(2)钻孔完毕,监督勘察单位严格按规范做好肥槽回填工作。

(3)检查项目勘察记录,保证现场各项资料的真实、齐全和完整,精度符合各项规范要求。

(4)土工实验室工作管理。

①核实勘察试验质量的责任单位,将质量、进度目标分解到人,检查其目标实现情况。

②核实检查试验设备仪表,定期检验各计量器具,保证试验设备在有效期内运行。

③检查是否按照勘察方案和试验委托书的要求,安排好各项试验,做好各项试验记录是否及时,各项试验数据的真实、完整性。

④检查是否按规范要求计算各项试验指标,并及时汇总提供完整的试验成果报告。

6. 勘察报告审核

勘察报告是工程建设过程中重要的基础资料,是进行工程设计的重要参考。工程勘察报告的作用之一是查明建筑范围内土层的类型、深度、分布和工程特性,分析和评价地基的稳定性、均匀性和承载力。根据我国相关法律法规的规定,禁止采用未经审查或审查不合格的勘察报告进行施工图审查。

二、勘察阶段设计咨询工作流程

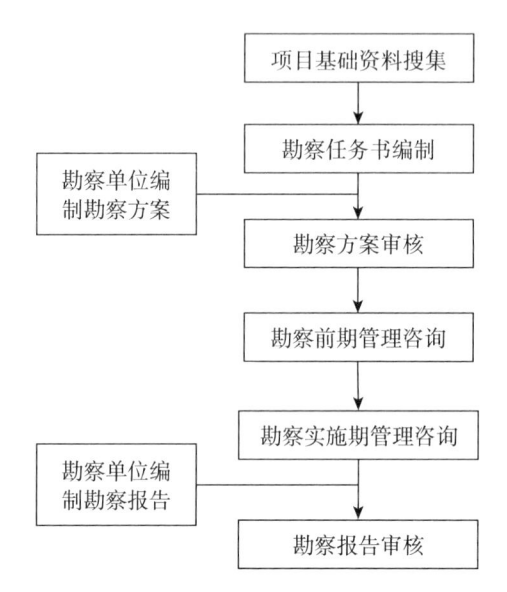

图 4-2 勘察阶段设计咨询工作流程

流程：项目基础资料搜集 → 勘察任务书编制 → 勘察方案审核（勘察单位编制勘察方案）→ 勘察前期管理咨询 → 勘察实施期管理咨询 → 勘察报告审核（勘察单位编制勘察报告）

三、勘察阶段技术管理要点

1. 勘察任务书编制要点

(1) 编制勘察任务书时，应该把地基、基础与上部结构作为互相影响的整体来考虑，并在初步调查研究场地工程地质资料的基础上，下达工程地质勘察任务书。

(2) 勘察任务书应说明工程意图、设计阶段、要求提交勘察文件的内容、现场及室内的测试项目以及勘察技术要求等，同时应提供勘察工作所需要的各种图表资料。

(3) 为配合初步设计阶段进行的勘察，在勘察任务书中应说明工程的类别、规模、建筑面积及建筑物的特殊要求、主要建筑物的名称、最大荷载、最大高度、基础最大埋深和重要设备的有关资料等，并向勘察单位提供附有坐标的、比例为 1∶1000～1∶2000 的地形图，图上应画出勘察范围。

(4) 为配合施工图设计阶段进行的勘察，在勘察任务书中应说明需要勘察的各建筑物具体情况。例如,建筑物上部结构特点、层数、高度、跨度及地下设施情况,地面平整标高,采取的基础形式、尺寸和埋深、单位荷重以及有特殊要求的地基基础设计和施工方案等,并提供经上级部门批准附有坐标及地形的建筑总平面图或单幢建筑物平面布置图。如有挡土墙时还应在图中注明挡土墙位置、设计标高以及建筑物周围边坡开挖线等。

2. 勘察方案审核要点

(1)勘察技术方案中的工作内容与勘察合同及设计要求是否相符,是否有漏项或冗余。

(2)勘察点的布置是否合理,其数量、深度是否满足规范和设计要求。

(3)各类相应的工程地质勘察手段、方法和程序是否合理,是否符合有关规范的要求。

(4)勘察重点是否符合勘察项目特点,技术与质量保证措施是否还需要细化,以确保勘察成果的有效性。

(5)勘察方案中配备的勘察设备是否满足本工程勘察技术要求。

(6)勘察单位现场勘察组织及人员安排是否合理,是否与勘察进度计划相匹配。

(7)勘察进度计划是否满足工程总进度计划。

3. 勘察报告审核要点

(1)强制性条文

《工程建设强制性条文》中有关勘察和地基基础方面的强制性条文是否严格执行。

(2)相关责任及签章

勘察单位是否具备资格;勘察文件包括勘察报告、独立完成的专题报告及试验报告等公章是否有效,勘察文件单位责任人、勘察项目责任人以及各类图表、原始记录人签章是否齐全、有效。

(3)勘察依据

①工程建设标准:选用的规范、规程是否有效、完备,是否适用于本工程。

②勘察任务委托书:委托的勘察任务是否明确;勘察文件是否满足任务委托

要求。

③勘察文件深度:是否满足勘察文件深度规定的要求。

(4)拟建工程概述

拟建工程概况,如位置、拟建建筑物高度、层数(地上、地下)、结构与基础形式、基础埋深等是否明确,勘探点高程及坐标引测依据是否明确。

(5)勘察工作的目的、任务与要求

勘察工作的目的、任务、要求是否明确。

(6)勘探与取样

①勘探孔数量、间距与深度:勘探点的布置原则(数量、间距、深度)是否满足《岩土工程勘察规范》等规范要求;控制性勘探点、采取试样及原位测试勘探点布置的比例是否适当(其中采取试样及原位测试勘探点的数量不应少于勘探点总数的1/3)。

②勘探方法:勘探手段、方法及工艺是否适当。

③取样:取样(土样、岩样、水样)的质量、数量、方法是否符合规范、标准要求。

(7)测试

①原位测试:原位测试方法是否适当,测试数量是否满足《岩土工程勘察规范》等规范、标准要求;市政工程是否符合《市政工程勘察规范》等规范、标准要求;测试内容是否满足规范及勘察文件深度规定的要求。

②室内试验:室内试验的指标种类、试验方法、试验数量是否满足《岩土工程勘察规范》等规范、标准要求;市政工程是否符合《市政工程勘察规范》等规范、标准要求。

(8)地层划分与描述

地层划分是否合理;地层描述是否符合规范要求。

(9)地表水与地下水

①水位:地表水及地下水位的量测方法是否符合现行规范要求,勘察期间水位、地下水类型等阐述是否明确、合理。

②地下水参数:提供的地下水参数是否合理。

③水的腐蚀性测试与判别:水的腐蚀性测试与判别是否符合规范、标准要求;判别方法是否符合拟建场地的环境条件;判别结果是否正确。

(10)场地和地基的地震效应

①抗震设防:提供的抗震设防烈度、设计地震基本加速度、设计地震分组是否正确。

②场地类别划分:场地类别划分的依据是否充分,资料是否真实、可靠;场地类别划分结果是否正确。

③场地液化判别:液化判别的方法是否正确有效,液化判别所选取的参数是否可靠、正确;液化判别结果是否正确;计算的液化指数是否正确;场地液化综合判别结论是否合理。

(11)不良地质作用

不良地质作用的评价方法、结论及处理措施是否符合现行规范、相关专用标准及勘察文件深度规定的要求。

(12)特殊土

特殊土的评价方法、结论及处理措施是否符合规范、相关专用标准及勘察文件深度规定的要求。

(13)岩土参数的分析与选定

岩土参数分析与选用的范围、数量、数值的取舍是否符合规范的要求;提供的岩土参数是否满足规范及设计要求。

(14)地基与基础评价与建议

①地基基础方案:建议的地基基础方案是否合理、可行。

②天然地基:建议的天然地基承载力及变形参数是否合理。

③桩基础:建议的桩基础方案(包括桩端持力层的选择)是否可靠、合理;提供的参数是否全面、合理。

④地基处理:建议的地基处理方案是否合理、可行;提供的地基处理岩土参数是否全面、合理。

⑤基坑支护:基坑支护方案是否合理、可行;提供的基坑支护岩土参数是否全面、合理。

⑥降水:建议的降水方法是否合理、可行;提供的参数是否合理。

(15)环境影响

是否指出了施工可能对环境产生的不利影响;提出的相关建议是否具有针对性,是否合理。

(16)图表

①试验、测试图表:是否提供了满足规范及设计要求的试验、测试图表;各项指标之间的关系是否吻合。

②平面图:平面图是否满足规范、勘察文件深度规定的要求。

③剖面图:剖面图比例尺是否合理;是否满足规范、勘察文件深度规定的要求。

④其他图件:其他图件是否满足规范、勘察文件深度规定的要求。

四、勘察阶段设计咨询成果文件

勘察阶段设计咨询的成果文件主要包括勘察任务书、勘察方案审核报告、勘察成果评估报告以及其他设计咨询相关的成果文件。以下为部分设计咨询成果文件示例。

1. 勘察任务书

咨询单位根据国家和地方有关规定,根据业主提供的条件协助业主编制勘察任务书,勘察任务书的主要内容如下。

(1)项目概况

(2)勘察原则

(3)编制依据

(4)勘察成果及工作内容

(5)勘察阶段划分

(6)各阶段地质勘察基本要求

①初勘基本要求。

②详勘基本要求。

③施工勘察基本要求。

（7）地质勘察技术要求

①勘察依据。

②勘探钻点的布置要求。

③钻探作业要求。

2. 勘察方案审核报告

咨询单位根据勘察方案审核要点对勘察方案进行审查，并向业主提供勘察方案审核报告，报告的主要内容如下。

（1）项目概况

（2）主要审核意见

（3）存在问题与建议

（4）结论

3. 勘察成果评估报告

咨询单位根据勘察报告审核要点对勘察成果文件进行审查，并向业主提供勘察成果评估报告，报告的主要内容如下。

（1）勘察工作概况

（2）勘察报告编制深度、与勘察标准的符合情况

（3）勘察任务书完成情况

（4）存在问题及建议

（5）评估结论

五、勘察阶段设计咨询总结

勘察阶段设计咨询工作完成后，设计咨询经理须对整个阶段进行总结，总结报告的主要内容如下。

1. 工程概况

2. 输出成果

3. 勘察阶段设计咨询情况

4. 经验与教训

5. 业主反馈

6. 对本项目过程的改进建议

7. 项目遗留问题及处理方式

第三节　设计阶段设计咨询

一、设计阶段设计咨询工作内容

(一)设计准备阶段设计咨询工作内容

1. 功能需求对接管理

咨询单位须在方案设计开展前,为设计单位提供完整、准确的一级功能需求清单。由于人们生活水平的提高,对生活空间舒服度的要求也越来越高,所以设计咨询经理要结合项目,整理一级功能需求清单,经业主、使用方确认后,形成经审批确认的一级功能需求清单,提供给设计单位开展方案设计。

2. 方案设计前期技术支持

(1)方案设计前期技术支持

方案设计前期技术支持是指可行性研究报告批复后,方案设计开始前的技术支持。主要工作有:确认规划技术指标,熟悉规划要点;协助业主完成设计招标相关工作(设计任务书编制、设计合同评审等);协助业主确认规划方案;协助业主办理各类政府批文和证件等;协助业主完成其他工作。

(2)BIM 技术支持

①协助主业确认 BIM 设计文件的输入方式,并形成符合标准的 BIM 方案模型。

②根据项目全生命周期的 BIM 应用策划作出规划,以实现模型及信息在后续环节中的充分利用。

③将烦琐的文字、图纸资料、碎片化与抽象化的需求整合到设计任务书中。

④协助业主为项目建设的批复、核对、分析提供准确的设计信息,为 BIM 设计提供数据基础。

3. 设计任务书编写

设计任务书是确定工程项目和建设方案的基本文件,是设计工作的指令性文件,也是编制设计文件的主要依据。设计任务书应策划项目要点,满足项目功能需求,保证设计系统、全面、可行。

(二)方案设计阶段设计咨询工作内容

1. 组织协调管理工作

(1)制定方案设计阶段设计咨询实施细则,明确设计咨询的工作目标、咨询模式、咨询方法等。

(2)核查本阶段设计咨询所需的设计依据文件、规范、工程资料(含地形图、红线图等)、项目可行性研究报告、立项批文、各主管部门批文等是否齐全。

(3)需要通过设计方案竞赛优选设计方案及设计单位的,设计咨询单位应协助业主组织设计方案竞赛活动,并应参与设计合同谈判及签订工作。

(4)组织设计例会,组织各设计单位之间、设计与外部有关部门的协调工作。

(5)协助业主向政府有关部门报审方案设计文件,并根据政府有关部门的审批意见,敦促设计单位予以修改和完善。

(6)协助业主完成用地规划许可手续的申报,协助业主办理用地规划许可证相关报告:交通影响评价报告、安全评估报告等。

(7)做好方案设计阶段有关设计文件资料的归档管理工作,整理完成本阶段设计咨询报告并提交业主。

2. 方案设计进度管理

(1)设计进度管理。检查方案设计阶段工程设计进度计划执行情况,督促设计单位完成设计合同约定的工作内容,按计划时间提交相应设计成果。

1)设计单位提供方案设计进度计划表。设计单位依据咨询单位编制的方案设计周期,编写具体设计进度表。内部审批通过后,提供给咨询单位及业主审批。

2)业主、咨询单位审批。咨询单位审核批准后,提交业主审批。

3)设计单位按计划表执行(进度汇报、纠偏、自校)。设计单位按业主、咨询单位、设计单位三方确认的进度计划表开展设计,设计完成后设计负责人组织各专业设计师进行自校,并出具自校报告。

①凡设计周期超过 1 个月的项目,设计咨询经理需每月月底组织设计进度讲评会,由设计单位负责人向业主、咨询单位进行设计进度汇报。

②若实际进度滞后计划进度×天以上,设计咨询经理应组织设计单位、业主以会议形式分析原因并确定解决方案,设计单位根据解决方案及时调整,保持实际设计进度与计划进度一致。

③若实际进度提前×天及以上,设计咨询经理应发工作函知会业主及设计单位,并调整计划进度表。

④凡进度计划表有调整的应及时知会参与各方单位。

4)提交自校后的方案设计图、自校报告。设计单位将完成的设计方案、自校报告提交给咨询单位和业主。

(2)审核进度管理。设计单位方案图设计完成后,提交给咨询单位审核。

①制订方案审核进度计划。设计咨询经理依据总进度策划表编写方案设计图审核进度计划。

②业主、咨询单位、设计单位确认、签字。设计咨询经理组织业主、咨询单位、设计单位讨论确认审核进度表(以各单位负责人的签字为准)。

③方案审核进度计划表交底。设计咨询经理将三方确认的审核进度计划表对相关单位进行交底。

④按进度计划执行、纠偏。各方在执行过程中,设计咨询经理发现实际进度滞后计划进度超过×天以上,分析原因,并组织相关单位以会议形式协商解决。若实际进度提前×天及以上,咨询单位应发工作函知会业主及设计单位,并调整计划进度表。凡进度计划表有调整的应及时知会参与各方单位。

⑤提交确定版方案图、审核报告。设计单位将确定版方案图、审核报告提交业主和咨询单位。

3.方案设计成本管理

(1)方案设计阶段的成本包括项目投资成本和项目管理成本。项目投资成本管理为各专业咨询工程师在方案设计图审核时,保证方案合理、环保、节能的前提下,审核过程中优化成本;项目管理成本管理是指人工管理和工作效率管理,在方案设计阶段合理安排人员,按进度计划完成管理任务。

(2)审核设计单位提交的设计费用支付申请,签署审核意见后报送业主。

(3)分析方案设计阶段可能发生的工程设计索赔原因,并制定防范对策。工程设计索赔事件发生后,协调处理设计延期、费用索赔等事宜。

4.方案设计图质量管理

(1)对方案设计的设计原则中有关内容提出审核,提出设计咨询意见,具体包括:①设计原则中关于本工程的技术指导要点是否体现业主及其上级部门的要求和批示;②设计原则中关于方案设计的内容和深度要求是否符合设计合同的约定及建设主管部门和地方的有关规定。

(2)审查设计单位提交的方案设计成果文件质量,提出设计方案优化建议及预计的社会、经济效益。

(3)在方案设计过程中对方案论证结果进行审查,必要时对设计单位提交给业主的方案论证结论提出审核意见。

(三)初步设计阶段设计咨询工作内容

1.详细勘察管理

详细勘察主要是补充初勘工作中的不足,使每个建筑物下的地基条件完全明确,以便为地基基础设计、地基处理与加固、不良地质现象的防治工程,提供设计数据和资料,即对具体建筑物地基或具体地质问题进行钻探。

2.组织协调管理工作

(1)制定初步设计阶段设计咨询实施细则,明确设计咨询的工作目标、咨询模式、咨询方法等。

(2)核查本阶段设计咨询所需要的设计依据文件、规范、标准、工程资料等是否齐全,包括方案设计批文、建设单位签发的要求和条件、建设项目专项评估评价报告、已建和拟建的建筑物的坐标图、周围地下管线图、各主管部门批文等。

(3)功能需求对接管理。咨询单位须在初步设计开展前,为设计单位提供完整、准确的二级、三级功能需求清单。二级功能需求与建筑初步设计同时确认,确认通过后,设计单位结合三级功能需求清单开展机电初步设计。在提供三级功能需求清单前须经业主、使用方确认后,形成经审批确认的三级功能需求清单,提供给设计单位开展初步设计图设计。

（4）组织设计例会，组织各设计单位之间、设计单位与外部有关部门之间的协调工作。

（5）协助业主向政府有关部门报审初步设计文件和设计概算，并应根据政府有关部门的审批意见，敦促设计单位予以修改和完善。

（6）做好初步设计阶段有关设计文件资料的归档管理工作，整理完成本阶段设计咨询报告并提交业主。

3.初步设计进度管理

（1）设计进度管理。检查初步设计阶段工程设计进度计划执行情况，督促设计单位完成设计合同约定的工作内容，按计划时间提交相应设计成果。

1）设计单位提供初步设计进度计划表。设计单位依据咨询单位编制的初步设计周期，编写具体设计进度表。内部审批通过后，提供给咨询单位及业主审批。

2）业主、咨询单位审批。咨询单位审核批准后，提交业主审批。

3）设计单位按计划表执行（进度汇报、纠偏、自校）。设计单位按业主、咨询单位、设计单位三方确认的进度计划表开展设计，设计完成后设计负责人组织各专业设计师进行自校，并出具自校报告。

①凡设计周期超过1个月的项目，设计咨询经理需每月月底组织设计进度讲评会，由设计单位负责人向业主、咨询单位进行设计进度汇报。

②若实际进度滞后计划进度×天以上，设计咨询经理应组织设计单位、业主以会议形式分析原因并确定解决方案，设计单位根据解决方案及时调整，保持实际设计进度与计划进度一致。

③若实际进度提前×天及以上，设计咨询经理应发工作函知会业主及设计单位，并调整计划进度表。

④凡进度计划表有调整的应及时知会参与各方单位。

4）提交自校后的初步设计图、自校报告。设计单位将完成的初步方案、自校报告提交咨询单位和业主。

（2）审核进度管理。设计单位初步图设计完成后，提交咨询单位审核。

①制订初步设计图审核进度计划。设计咨询经理依据总进度策划表编写初

步设计图审核进度计划。

②业主、咨询单位、设计单位确认、签字。设计咨询经理组织业主方、咨询单位、设计单位讨论确认审核进度表(以各单位负责人的签字为准)。

③初步设计图审核进度计划表交底。设计咨询经理将三方确认的审核进度计划表对相关单位进行交底。

④按进度计划执行、纠偏。各方在执行过程中,设计咨询经理发现实际进度滞后计划进度超过×天以上,分析原因,并组织相关单位以会议形式协商解决。若实际进度提前×天及以上,咨询单位应发工作函知会业主及设计单位,并调整计划进度表。凡进度计划表有调整的应及时知会参与各方单位。

⑤提交确定版初步设计图、审核报告。设计单位将确定版初步设计图、审核报告提交业主和咨询单位。

4. 初步设计成本管理

(1)初步设计阶段的成本包括项目投资成本和项目管理成本。项目投资成本管理为各专业咨询工程师在初步设计图审核时,保证方案合理、环保、节能的前提下,审核过程中优化成本;项目管理成本管理是指人工管理和工作效率管理,在初步设计阶段合理安排人员,按进度计划完成管理任务。

(2)根据价值工程理论,按限额设计控制投资,在限额设计范围内对初步设计进行全面价值工程评估。

(3)审核设计单位提交的设计费用支付申请,签署审核意见后报送委托方。

(4)分析初步设计阶段可能发生的工程设计索赔原因,并制定防范对策。工程设计索赔事件发生后,协调处理设计延期、费用索赔等事宜。

5. 初步设计图质量管理

(1)对初步设计的设计原则中的有关问题进行审核,提出设计审核意见,具体包括:①关于本工程的技术指导要点是否体现方案设计批文、建设单位及其上级部门的要求和批示;②关于初步设计的内容和深度是否符合设计合同约定及建设主管部门和地方的有关规定。

(2)审查工程设计单位提交的初步设计成果文件质量,提出进一步优化建议及预计的社会、经济效益。

6. 设计概算审查

全面审查设计单位提交的设计概算,并将审查意见报送业主。

(四)施工图设计阶段设计咨询工作内容

1. 组织协调管理

(1)制定施工图设计阶段设计咨询实施细则,明确设计咨询的工作目标、咨询模式、咨询方法等。对项目施工图设计的进度、质量、投资进行控制和管理。

(2)核查本阶段设计咨询所需要的设计依据文件、规范、标准、工程资料是否齐全,包括初步设计批文、建设单位签发的对本阶段设计的要求和条件、各主管部门批文、设计所选用的各种设备和材料的样本或说明书等。

(3)在业主的指导下进行设计招标,协助业主完成施工图设计审查单位的选择、合同签订并监督实施。

(4)组织设计例会,组织各设计单位之间、设计单位与外部有关部门之间的协调工作。

(5)协助业主办理施工图设计文件审查事宜,向政府有关部门报审,并根据政府有关部门的审批意见,敦促设计单位予以修改和完善。

(6)做好施工图设计阶段有关设计文件资料的归档管理工作,整理完成本阶段设计咨询报告并提交业主。

2. 施工图设计进度管理

(1)设计进度管理。检查施工图设计阶段工程设计进度计划执行情况,督促设计单位完成设计合同约定的工作内容,按计划时间提交相应设计成果文件。

1)设计单位提供施工图设计进度计划表。设计单位依据咨询单位编制的施工图设计周期,编写具体设计进度表。内部审批通过后,提供给咨询单位及业主审批。

2)业主、咨询单位审批。咨询单位审核批准后,提交业主审批。

3)设计单位按计划表执行(进度汇报、纠偏、自校)。设计单位按业主、咨询单位、设计单位三方确认的进度计划表开展设计,设计完成后设计负责人组织各专业设计师进行自校,并出具自校报告。

①凡设计周期超过1个月的项目,设计咨询经理需每月月底组织设计进度

讲评会,由设计单位负责人向业主、咨询单位进行设计进度汇报。

②若实际进度滞后计划进度×天以上,设计咨询经理应组织设计单位、业主以会议形式分析原因并确定解决方案,设计单位根据解决方案及时调整,保持实际设计进度与计划进度一致。

③若实际进度提前×天及以上,设计咨询经理应发工作函知会业主及设计单位,并调整计划进度表。

④凡进度计划表有调整的应及时知会参与各方单位。

4)提交自校后的施工图、自校报告。设计单位将完成的施工图、自校报告提交咨询单位和业主。

(2)审核进度管理。设计单位施工图设计完成后,提交咨询单位审核。

①制订施工图审核进度计划。设计咨询经理依据总进度策划表编写施工图审核进度计划。

②业主、咨询单位、设计单位确认、签字。设计咨询经理组织业主方、咨询单位、设计单位讨论确认审核进度表(以各单位负责人的签字为准)。

③施工图审核进度计划表交底。设计咨询经理将三方确认的审核进度计划表对相关单位进行交底。

④按进度计划执行、纠偏。各方在执行过程中,设计咨询经理发现实际进度滞后计划进度×天以上,分析原因,并组织相关单位以会议形式协商解决。若实际进度提前×天及以上,咨询单位应发工作函知会业主及设计单位,并调整计划进度表。凡进度计划表有调整的应及时知会参与各方单位。

⑤提交确定版施工图、审核报告。设计单位将确定版施工图、审核报告提交业主和咨询单位。

3. 施工图设计成本管理

(1)施工图设计阶段的成本包括项目投资成本和项目管理成本。项目投资成本管理为各专业咨询工程师在施工图审核时,保证方案合理、环保、节能的前提下,审核过程中优化成本;项目管理成本管理是指人工管理和工作效率管理,在施工图设计阶段合理安排人员,按进度计划完成管理任务。

(2)审核工程设计单位提交的设计费用支付申请,签署审核意见后报送业主。

（3）分析施工图设计阶段可能发生的工程设计索赔原因，并制定防范对策。工程设计索赔事件发生后，协调处理设计延期、费用索赔等事宜。

（4）负责组织设计单位进行工程设计优化、技术经济方案比选并进行投资控制，要求限额设计，施工图设计以批复的项目设计概算作为控制限额。

4.施工图质量管理

（1）对施工图设计的设计原则中的有关问题进行审核，提出设计审核意见，具体包括：①设计原则中关于本工程的技术指导要点是否体现初步设计批文、建设单位及其上级主管部门的要求和批示；②设计原则中关于施工图设计的内容和深度要求是否符合设计合同规定及建设建设主管部门和地方的规定。

（2）审查工程设计单位提交的施工图设计成果文件质量，施工图的质量管理主要是满足施工需求，审核图纸错、漏、碰、缺，避免后期出现返工、无法施工的问题，提出进一步优化建议及预计的社会、经济效益。

5.组织施工图设计交底

组织设计单位对监理单位和施工单位进行施工图设计交底，对重点工序、重点环节的技术、质量进行控制，处理工程建设过程中发生的重大技术质量问题。设计单位根据项目情况编写交底书，交底书的主要内容有施工图设计范围、施工图设计流程、施工图设计周期等。

6.设计文件确认及设计变更处理

协调使用各方对已有设计文件进行确认。确认设计样板，组织解决设计问题及设计变更，预估设计问题解决涉及的费用变更、施工方案变化和工期影响等，必要时开展价值工程解决设计变更问题。

7.施工图预算审查

按照限额设计指标，对施工图设计内容进行核实和审查、审查设计单位提交的施工图预算，并将审查意见报送业主。

二、设计阶段设计咨询工作流程

1. 功能需求对接流程

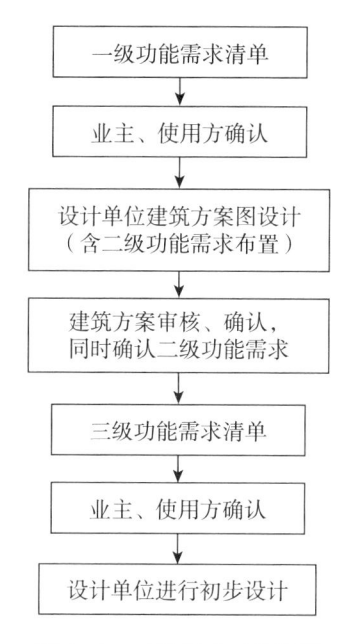

```
一级功能需求清单
     ↓
业主、使用方确认
     ↓
设计单位建筑方案图设计
（含二级功能需求布置）
     ↓
建筑方案审核、确认，
同时确认二级功能需求
     ↓
三级功能需求清单
     ↓
业主、使用方确认
     ↓
设计单位进行初步设计
```

图 4-3 功能需求对接流程

2. 设计任务书编制流程

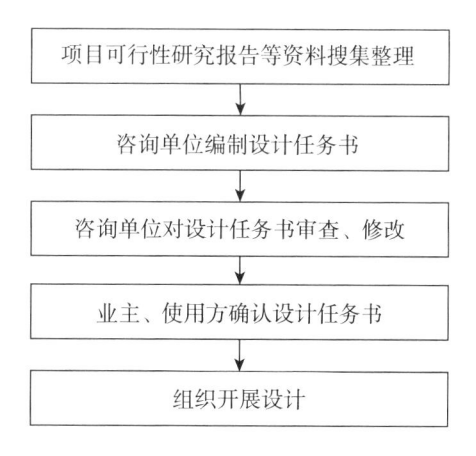

```
项目可行性研究报告等资料搜集整理
     ↓
咨询单位编制设计任务书
     ↓
咨询单位对设计任务书审查、修改
     ↓
业主、使用方确认设计任务书
     ↓
组织开展设计
```

图 4-4 设计任务书编制流程

3.方案设计咨询流程

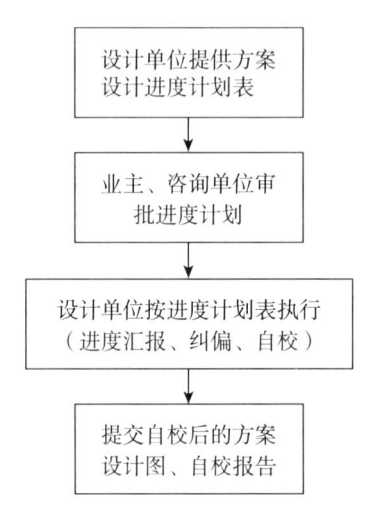

```
设计单位提供方案
设计进度计划表
      ↓
业主、咨询单位审
批进度计划
      ↓
设计单位按进度计划表执行
（进度汇报、纠偏、自校）
      ↓
提交自校后的方案
设计图、自校报告
```

图 4-5　方案设计咨询流程

4.方案设计审核管理流程

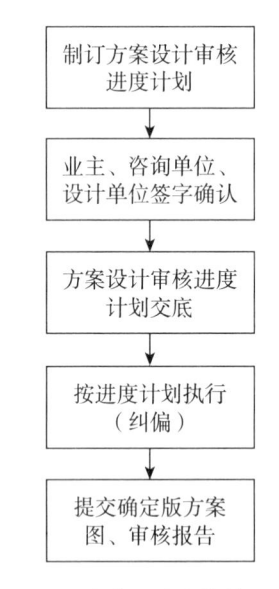

```
制订方案设计审核
进度计划
      ↓
业主、咨询单位、
设计单位签字确认
      ↓
方案设计审核进度
计划交底
      ↓
按进度计划执行
（纠偏）
      ↓
提交确定版方案
图、审核报告
```

图 4-6　方案设计审核管理流程

5. 初步设计咨询流程

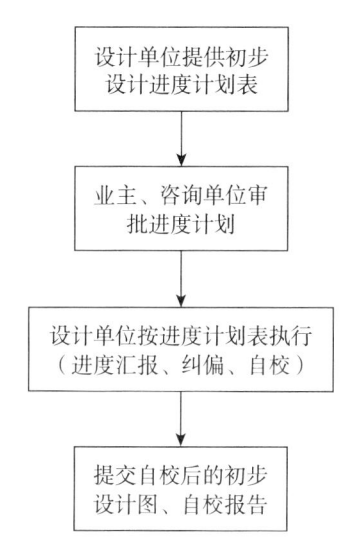

```
设计单位提供初步
设计进度计划表
      ↓
业主、咨询单位审
批进度计划
      ↓
设计单位按进度计划表执行
（进度汇报、纠偏、自校）
      ↓
提交自校后的初步
设计图、自校报告
```

图 4-7　初步设计咨询流程

6. 初步设计审核管理流程

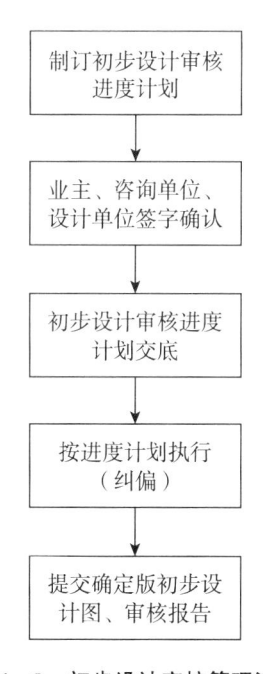

```
制订初步设计审核
进度计划
      ↓
业主、咨询单位、
设计单位签字确认
      ↓
初步设计审核进度
计划交底
      ↓
按进度计划执行
（纠偏）
      ↓
提交确定版初步设
计图、审核报告
```

图 4-8　初步设计审核管理流程

7. 施工图设计咨询流程

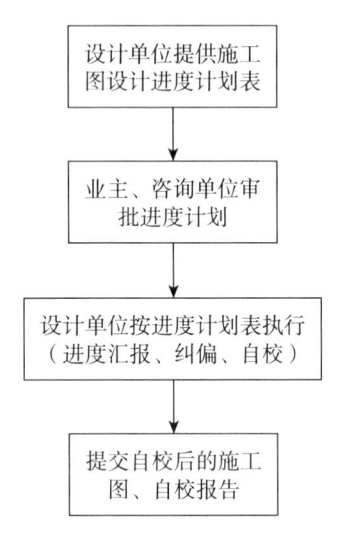

```
设计单位提供施工
图设计进度计划表
       ↓
业主、咨询单位审
批进度计划
       ↓
设计单位按进度计划表执行
（进度汇报、纠偏、自校）
       ↓
提交自校后的施工
图、自校报告
```

图 4-9 施工图设计咨询流程

8. 施工图审核管理流程

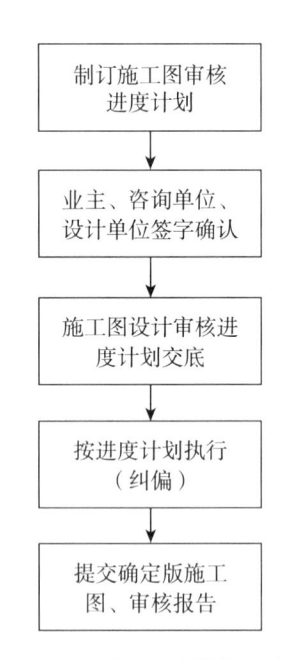

```
制订施工图审核
进度计划
       ↓
业主、咨询单位、
设计单位签字确认
       ↓
施工图设计审核进
度计划交底
       ↓
按进度计划执行
（纠偏）
       ↓
提交确定版施工
图、审核报告
```

图 4-10 施工图审核管理流程

三、设计阶段技术管理要点

(一)设计准备阶段技术管理要点

1. 设计任务书编制要点

(1)设计任务书编写的前提条件。设计任务书编制前,应由业主方提供以下设计基础资料:已完成同类项目的经验总结和竣工图纸,宗地自然条件调查表,宗地社会条件调查表,项目可行性研究报告,用地红线图、现状地形图、相关规划图等。

(2)对项目的建设标准拟定、功能空间设置布局、土地等资源的节约合理利用、环保、节能、减排、智能化和工艺、技术、材料、设备的选用都应遵循国家的城乡规划和经济产业结构规划,符合国家规范、标准,并体现技术的先进性和可持续发展。

(3)设计任务书内容应充分、全面、明确表达业主对项目建设的要求。对建筑各要素的要求体现合理性和先进性。

(4)对建设工程项目的功能要求及其描述是设计要求文件的重点,是设计要求文件的重要组成部分。功能要求及其描述的质量在很大程度上决定了方案设计的质量、进度和工作效率。对功能的要求要合理、适当、可行,使项目的投资能控制在业主既定的投资范围内;功能描述必须全面、准确、严谨,充分体现业主的意图;对功能的描述要尽量具体明确,避免使用模糊语言。模糊语言导致模糊理解,不同的理解导致不同的方案,使方案失去可比性,还会增添反复答疑程序,影响工作效率。

(5)注重各阶段设计文件的质量,主要包括项目功能、技术经济指标、建筑创意、结构选型与安全可靠、设备先进和抗震、环保、节能、防火等专项设计的要求。严格控制投资额度,进行限额设计,合理提出设计周期和各阶段设计的进度。

(6)对方案设计、初步设计、施工图设计各阶段及其各专业的设计成果,包括设计说明、图纸、分析图、概算文件、预算文件以及效果图、模型等,提出符合规范要求,尤其是强制性条文规定的明细要求。保证各阶段及其各专业的设计深度的要求。

2. 设计合同评审要点

(1)建设工程设计主体的审查

①合同主体是否合法和真实。有些企业由于各种因素的限制,导致其自身不具备签订合同的资格,而为了获取经济利益,企业会通过作假的手段来达到签订合同的目的,使市场秩序受到干扰。尽管这种行为会受到法律的惩罚,但还是会给合同的另一方当事人带来损失。所以,要对主体的合法性及真实性进行严格的审查,另外,对于负责签订合同的个人或单位,要审核其是否已经取得了相应的合法授权,而且需要注意的是,审核审查工作不仅针对对方,还包括自身。

②合同主体是否具备相关的资质或许可。对于工程建设行业来说,签订工程设计合同的双方当事人都要具备一定的资质或许可,现今资质或许可造假的现象也比较普遍。因此,要对合同主体的资质和许可进行严格的审查,避免因为资质和许可的问题导致合同纠纷的出现。

(2)建设工程设计合同条款的审查

要根据工程设计合同特有的性质以及相应的法律法规来审查,保证合同条款的全面性,同时保证条款的内容具体、明确,具有可行性。对于合同中的条款,如果存在遗漏的现象或者条款内容设计过于简洁、抽象,那么在履行合同的过程中,很容易产生纠纷。以标的为例,在建设工程设计合同中,描述标的时一定要非常清楚、准确、简练,任何相关人员看到该标的内容之后都可以准确地理解。

(3)建设工程设计合同内容的审查

①审查合同权利义务条款是否具有完整性及可行性。首先审查己方的义务,在履行义务时是否存在阻碍,是否需要依赖外界来履行义务,如果需要对方配合是否已将程序列明。其次审查己方的权利,该审核主要是针对付款,对付款的依据、方式是否已经作出了明确的规定,是否有附加的付款条件及期限,是否存在不合理的付款条件等。

②设计期限约定的审查。合同内容中包含了计划设计完成日期以及实际完成日期,在审查时根据实际的工程设计情况,审查设计期限的约定是否合理,是否会出现不按期完成的情况,如果出现应该怎么解决。

③工程设计合同变更内容审查。在工程设计图纸需要修改、变更时,双方当事人采取何种策略进行变更和修改,避免因为合同中内容规定的不明确而出现更改纠纷问题,影响双方当事人的利益及形象。

④合同提前终止、解除条件、确认和后续处理程序的审查。在不得已的情况下,当合同需要提前终止时,需要双方当事人根据合同的相关规定解除契约关系。因此,在进行审核时,要格外注意这方面的问题,同时,在合同签订完成之后,还要充分考虑可变更的可能。

⑤违约条款的审查。双方依据合同建立契约关系期间,一方当事人可能会出现违约的情况,在出现这种情况时,对违约方需要承担的责任和义务要作出明确的规定,而且规定要符合相关的法律,违约金和赔偿金的数额在制定时也要依据相关的法律法规。

⑥争议解决途径的审查。在签订合同的双方当事人发生争议时,要通过何种方法解决,在对合同中争议条款的内容进行审查时,要保证审查的准确性及科学性。

(二)方案设计阶段技术管理要点

1. 方案设计深度要求

(1)一般要求

1)方案设计文件。

①设计说明书。

②总平面图以及相关建筑设计图纸。

③设计委托或设计合同中规定的透视图、鸟瞰图、模型等。

2)方案设计文件的编排顺序。

①封面。

②扉页。

③设计文件目录。

④设计说明书。

⑤设计图纸。

3)装配式建筑技术策划文件。

①技术策划报告。

②技术配置表。

③经济性评估。

④预制构件生产策划。

(2)设计说明书

1)设计依据、设计要求及主要技术经济指标。

①与工程设计有关的依据性文件的名称和文号。

②设计所执行的主要法规和所采用的主要标准。

③设计基础资料。

④简述政府有关主管部门对项目设计的要求。

⑤简述建设单位委托设计的内容和范围。

⑥工程规模、项目设计规模等级和设计标准。

⑦主要技术经济指标。

2)总平面设计说明。

①概述场地区位、现状特点和周边环境情况及地质地貌特征,详尽阐述总体方案的构思意图和布局特点,以及在竖向设计、交通组织、防火设计、景观绿化、环境保护等方面所采取的具体措施。

②说明关于一次规划、分期建设,以及原有建筑和古树名木保留、利用、改造(改建)方面的总体设想。

3)建筑设计说明。

①建筑方案的设计构思和特点。

②建筑与城市空间关系、建筑群体和单体的空间处理、平面和剖面关系、立面造型和环境营造、环境分析(如日照、通风、采光),以及立面主要材质色彩等。

③建筑的功能布局和内部交通组织,包括各种出入口,楼梯、电梯、自动扶梯等垂直交通运输设施的布置。

④建筑防火设计,包括总体消防、建筑单体的防火分区、安全疏散等设计原则。

⑤无障碍设计简要说明。

⑥当建筑在声学、建筑光学、建筑安全防护与维护、电磁波屏蔽以及人防地

下室等方面有特殊要求时,应作相应说明。

⑦建筑节能设计说明。

⑧当项目按绿色建筑要求建设时,应有绿色建筑设计说明。

⑨当项目按装配式建筑要求建设时,应有装配式建筑设计说明。

4)结构设计说明。

①工程概况。

②设计依据。

③建筑分类等级:建筑结构安全等级,建筑抗震设防类别,主要结构的抗震等级,地下室防水等级,人防地下室的抗力等级,有条件时说明地基基础的设计等级。

④上部结构及地下室结构方案。

⑤基础方案。

⑥主要结构材料。

⑦需要特别说明的其他问题。

⑧当项目按绿色建筑要求建设时,说明绿色建筑设计目标,采用的与结构有关的绿色建筑技术和措施。

⑨当项目按装配式建筑要求建设时,设计说明中应有装配式结构设计的专门内容。

5)建筑电气设计说明。

①工程概况。

②本工程拟设置的建筑电气系统。

③变、配、发电系统。

④智能化设计。

⑤电气节能及环保措施。

⑥绿色建筑电气设计。

⑦建筑电气专项设计。

⑧当项目按装配式建筑要求建设时,电气设计说明中应有装配式设计的专门内容。

6）给水排水设计说明。

①工程概况。

②本工程设置的建筑给水排水系统。

③给水。

④消防。

⑤排水。

⑥当项目按绿色建筑要求建设时,说明绿色建筑设计目标,采用的绿色建筑技术和措施。

⑦当项目按装配式建筑要求建设时,给水、排水设计说明中应有装配式设计的专门内容。

⑧需要专项设计(包括二次设计)的系统。

⑨需要说明的其他问题。

7）供暖通风与空气调节设计说明。

①工程概况及供暖通风和空气调节设计范围。

②供暖、空气调节的室内外设计参数及设计标准。

③冷、热负荷的估算数据。

④供暖热源的选择及其参数。

⑤空气调节的冷源、热源选择及其参数。

⑥供暖、空气调节的系统形式,简述控制方式。

⑦通风系统简述。

⑧防排烟系统及暖通空调系统的防火措施简述。

⑨节能设计要点。

⑩当项目按绿色建筑要求建设时,说明绿色建筑设计目标,采用的绿色建筑技术和措施。

⑪当项目为装配式建筑要求建设时,供暖通风与空气调节设计说明中应有装配式设计的专门内容。

⑫废气排放处理和降噪、减震等环保措施。

⑬需要说明的其他问题。

8）热能动力设计说明。

①供热。

②燃料供应。

③其他动力站房。

④节能、环保、消防及安全措施。

⑤当项目按绿色建筑要求建设时，说明绿色建筑设计目标，采用的主要绿色建筑技术和措施。

9）投资估算文件一般由编制说明、总投资估算表、单项工程综合估算表、主要技术经济指标等内容组成。

①投资估算编制说明。

②总投资估算表。

③单项工程综合估算表。

④主要技术经济指标。

(3) 设计图纸

1) 总平面设计图纸。

①场地的区域位置。

②场地的范围。

③场地内及四邻环境的反映。

④场地内拟建道路、停车场、广场、绿地及建筑物的布置，并表示出主要建筑物、构筑物与各类控制线（用地红线、道路红线、建筑控制线等）、相邻建筑物之间的距离及建筑物的总尺寸，基地出入口与城市道路交叉口之间的距离。

⑤拟建主要建筑物的名称、出入口位置、层数、建筑高度、设计标高，以及主要道路、广场的控制标高。

⑥指北针或风玫瑰图、比例。

⑦根据需要绘制下列反映方案特性的分析图。

功能分区、空间组合及景观分析、交通分析、消防分析、地形分析、竖向设计分析、绿地布置、日照分析、分期建设等。

2)建筑设计图纸。

①平面图。

②立面图。

③剖面图。

④当项目按绿色建筑要求建设时,以上有关图纸应表达对应的绿色建筑设计内容。

⑤当项目按装配式建筑要求建设时,以上有关图纸应表达装配式建筑设计有关内容。

3)热能动力设计图纸(当项目为城市区域供热或区域燃气调压站时提供)。

①主要设备平面布置图及主要设备表。

②工艺系统流程图。

③工艺管网平面布置图。

2. 方案设计审核要点

(1)有关方案设计文件(包括签署、出图章等)的完整性和深度。

(2)有关项目组成。

(3)有关设计方案的可行性、合理性。

(4)有关建设地点、规模、综合技术经济指标。

(5)有关总体平面布置、功能分区、绿化和用地合理性。

(6)提出优化方案及其预计的社会、经济效益。

(三)初步设计阶段技术管理要点

1. 初步设计深度要求

(1)一般要求

1)初步设计文件。

①设计说明书。

②有关专业的设计图纸。

③主要设备或材料表。

④工程概算书。

⑤有关专业计算书。

2)初步设计文件的编排顺序。

①封面。

②扉页。

③设计文件目录。

④设计说明书。

⑤设计图纸(可单独成册)。

⑥概算书(应单独成册)。

(2)设计总说明

1)工程设计依据。

①政府有关主管部门的批文。

②设计所执行的主要法规和所采用的主要标准。

③工程所在地区的气象、地理条件、建设场地的工程地质条件。

④公用设施和交通运输条件。

⑤规划、用地、环保、卫生、绿化、消防、人防、抗震等要求和依据资料。

⑥建设单位提供的有关使用要求或生产工艺等资料。

2)工程建设的规模和设计范围。

①工程的设计规模及项目组成。

②分期建设的情况。

③承担的设计范围与分工。

3)总指标。

①总用地面积、总建筑面积和反映建筑功能规模的技术指标。

②其他有关的技术经济指标。

4)设计要点综述。

①简述各专业的设计特点和系统组成。

②采用新技术、新材料、新设备和新结构的情况。

③当项目按装配式建筑要求建设时,简述采用的装配式建筑技术要点。

5)提请在设计审批时需解决或确定的主要问题。

①有关城市规划、红线、拆迁和水、电、蒸汽或高温水、燃料及充电桩等供应

的协作问题。

②总建筑面积、总概算(投资)存在的问题。

③设计选用标准方面的问题。

④主要设计基础资料和施工条件落实情况等影响设计进度的因素。

⑤明确需要进行专项研究的内容。

(3)总平面

1)在初步设计阶段,总平面专业的设计文件应包括设计说明书、设计图纸。

2)设计说明书。

①设计依据及基础资料。

②场地概述。

③总平面布置。

④竖向设计。

⑤交通组织。

⑥主要技术经济指标表。

⑦室外工程主要材料。

3)设计图纸。

①区域位置图(根据需要绘制)。

②总平面图。

③竖向布置图。

④根据项目实际情况可增加绘制交通、日照、土方图等,也可图纸合并。

(4)建筑

1)在初步设计阶段,建筑专业设计文件中应包括设计说明书和设计图纸。

2)设计说明书。

①设计依据。

②设计概述。

③多子项工程中的简单子项可用建筑项目主要特征表作综合说明。

④对需分期建设的工程,说明分期建设内容和对续建、扩建的设想及相关措施。

⑤幕墙工程和金属、玻璃、膜结构等特殊屋面工程及其他需要专项设计、制作的工程内容的必要说明。

⑥需提请审批时解决的问题或确定的事项以及其他需要说明的问题。

⑦建筑节能设计说明。

⑧当项目按绿色建筑要求建设时,应有绿色建筑设计说明。

⑨当项目按装配式建筑要求建设时,应有装配式建筑设计和内装专项说明。

3)设计图纸。

①平面图。

②立面图。

③剖面图。

④根据需要绘制局部的平面放大图或节点详图。

⑤对于贴邻的原有建筑,应绘出其局部的平、立、剖面。

⑥当项目按绿色建筑要求建设时,以上有关图纸应表示相关绿色建筑设计技术的内容。

⑦当项目按装配式建筑要求建设时,设计图纸应表示采用装配式建筑设计技术的内容。

(5)结构

1)在初步设计阶段,结构专业设计文件中应有设计说明书、结构布置图和计算书。

2)设计说明书。

①工程概况。

②设计依据。

③建筑分类等级。

④主要荷载(作用)取值。

⑤上部及地下室结构设计。

⑥地基基础设计。

⑦结构分析。

⑧主要结构材料。

⑨其他需要说明的内容。

⑩当项目按绿色建筑要求建设时,应有绿色建筑设计说明。

⑪当项目按装配式建筑要求建设时,应增加装配式建筑结构设计目标及结构技术总述;预制构件分布情况说明;预制构件技术相关说明;结构典型连接方式;施工、吊装、临时支撑等特殊要求及其他需要说明的内容等;对预制构件脱模、翻转等要求。

3)设计图纸。

①基础平面图及主要基础构件的截面尺寸。

②主要楼层结构平面布置图。

③结构主要或关键性节点、支座示意图。

④伸缩缝、沉降缝、防震缝、施工后浇带的位置和宽度应在相应平面图中标示。

4)建筑结构工程超限设计可行性论证报告。

①工程概况、设计依据、建筑分类等级、主要荷载(作用)取值、结构选型、布置和材料。

②结构超限类型和程度判别。

③抗震性能目标。

④有性能设计时,明确结构限值指标。

⑤结构计算文件。

⑥静力弹性分析。

⑦弹性时程分析。

⑧静力弹塑性分析。

⑨弹塑性时程分析。

⑩楼板应力分析。

⑪关键节点、特殊构件及特殊作用工况下的计算分析。

⑫大跨空间结构的稳定分析,必要时进行大震下考虑几何和材料双非线性的弹塑性分析。

⑬超长结构必要时,应按有关规范的要求,给出考虑行波效应的多点多维地

震波输入的分析比较。

⑭必要时,给出高层和大跨空间结构连续倒塌分析、徐变分析和施工模拟分析。

⑮结构抗震加强措施及超限论证结论。

5)计算书。

计算书应包括荷载作用统计、结构整体计算、基础计算等必要的内容,计算书经校审后保存。

(6)建筑电气

1)在初步设计阶段,建筑电气专业设计文件中应包括设计说明书、设计图纸、主要电气设备表、计算书。

2)设计说明书。

①设计依据。

②设计范围。

③变、配、发电系统。

④配电系统。

⑤照明系统。

⑥电气节能及环保措施。

⑦绿色建筑电气设计。

⑧装配式建筑电气设计。

⑨防雷。

⑩接地及安全措施。

⑪电气消防。

⑫智能化设计。

⑬机房工程。

⑭需提请在设计审批时解决或确定的主要问题。

3)设计图纸。

①电气总平面图(仅有单体设计时,可无此项内容)。

②变、配电系统。

③配电系统。

④防雷系统、接地系统。

⑤电气消防。

⑥智能化系统。

4)主要电气设备表。

5)计算书。

①用电设备负荷计算。

②变压器、柴油发电机选型计算。

③典型回路电压损失计算。

④系统短路电流计算。

⑤防雷类别的选取或计算。

⑥典型场所照度值和照明功率密度值计算。

⑦各系统计算结果尚应标示在设计说明或相应图纸中。

⑧因条件不具备不能进行计算的内容,应在初步设计中说明,并应在施工图设计时补算。

(7)给水排水

1)在初步设计阶段,建筑工程给水排水专业设计文件应包括设计说明书、设计图纸、设备及主要材料表、计算书。

2)设计说明书。

①设计依据。

②工程概况。

③设计范围。

④建筑小区(室外)给水设计。

⑤建筑小区(室外)排水设计。

⑥建筑室内给水设计。

⑦建筑室内排水设计。

⑧中水系统。

⑨节水、节能减排措施:说明高效节水、节能减排器具和设备及系统设计中

采用的技术措施等。

⑩对有隔振及防噪声要求的建筑物、构筑物,说明给排水设施所采取的技术措施。

⑪对特殊地区的给水、排水设施,说明所采取的相应技术措施。

⑫对分期建设的项目,应说明前期、近期和远期结合的设计原则和依据性资料。

⑬绿色建筑设计:当项目按绿色建筑要求建设时,说明绿色建筑设计目标,采用的主要绿色建筑技术和措施。

⑭装配式建筑设计:当项目按装配式建筑要求建设时,说明装配式建筑给排水设计目标,采用的主要装配式建筑技术和措施。

⑮各专篇(项)中给排水专业应阐述的问题;给排水专业需专项(二次)设计的系统及设计要求。

⑯存在的问题;需提请在设计审批时解决或确定的主要问题。

⑰施工图设计阶段需要提供的技术资料等。

3)设计图纸(对于简单工程项目初步设计阶段可不出图)。

①建筑小区(室外)应绘制给水排水总平面图。

②建筑室内给水排水平面图和系统原理图。

4)设备及主要材料表。

列出设备及主要材料及器材的名称、性能参数、计数单位、数量、备注。

5)计算书。

①各类生活、生产、消防等系统用水量和生活、生产排水量,园区、屋面雨水排水量,生活热水的设计小时耗热量等计算。

②中水水量平衡计算。

③有关的水力计算及热力计算。

④主要设备选型和构筑物尺寸计算。

(8)供暖通风与空气调节

1)在初步设计阶段,供暖通风与空气调节设计文件中应有设计说明书,除小型、简单工程外,初步设计文件中还应包括设备表、设计图纸及计算书。

2)设计说明。

①设计依据。

②简述工程建设地点、建筑面积、规模、建筑防火类别、使用功能、层数、建筑高度等。

③设计范围。

④设计计算参数。

⑤供暖。

⑥空调。

⑦通风。

⑧防排烟。

⑨空调通风系统的防火、防爆措施。

⑩节能设计。

⑪绿色建筑设计。当项目按绿色建筑要求建设时,说明绿色建筑设计目标,采用的主要绿色建筑技术和措施。

⑫装配式建筑设计。当项目按装配式建筑要求建设时,说明装配式建筑设计目标,采用的主要装配式建筑技术和措施。

⑬废气排放处理和降噪、减振等环保措施。

⑭需提请在设计审批时解决或确定的主要问题。

3)设备表。

列出主要设备的名称、性能参数、数量等。

4)设计图纸。

①供暖通风与空气调节初步设计图纸一般包括图例、系统流程图、主要平面图。

②系统流程图包括冷热源系统、供暖系统、空调水系统、通风及空调风路系统、防排烟等系统的流程。

③供暖平面图。绘出散热器位置、供暖干管的入口及系统编号。

④通风、空调、防排烟平面图。

⑤冷热源机房平面图。绘出主要设备位置、管道走向,标注设备编号等。

5)计算书。

对于供暖通风与空调工程的热负荷、冷负荷、通风和空调系统风量、空调冷热水量、冷却水量及主要设备的选择,应做初步计算。

(9)热能动力

1)初步设计中应有设计说明书,除小型、简单工程外,初步设计中还应包括设计图纸、主要设备表、计算书。

2)设计说明书。

①设计依据。

②设计范围。

③锅炉房。

④其他动力站房。

⑤室内管道:确定各种介质负荷及其参数,说明管道及附件的选择,说明管道敷设方式,选择管道的保温及保护材料。

⑥室外管网:确定各种介质负荷及其参数,说明管道走向及敷设方式,选择管材及附件,说明防腐方式,选择管道的保温及保护材料。

⑦节能、环保、消防、安全措施等。

⑧绿色建筑设计:当项目设计为绿色建筑时,说明绿色建筑设计目标,采用的主要绿色建筑技术和措施。

⑨需提请设计审批时解决或确定的主要问题。

3)设计图纸。

①热力系统图:表示出热水循环系统、蒸汽及凝结水系统、水处理系统、给水系统、定压补水方式、排污系统等内容;标明图例符号、主要管径、介质流向及设备编号;标明就地安装测量仪表位置等。

②锅炉房平面图:绘制锅炉房、辅助间及烟囱等的平面图并布置主要设备。

③其他动力站房:其他动力站房绘制平面布置图及系统原理图。

④室内外动力管道:室外动力管道根据需要绘制平面走向图。

4)主要设备表。

列出主要设备名称、性能参数、单位和数量等,对锅炉设备应注明锅炉效率。

5)计算书。

对于负荷、水电和燃料消耗量、主要管道管径、主要设备选择等,应做初步计算。

(10)概算

1)建设项目设计概算是初步设计文件的重要组成部分。概算文件应单独成册。

2)封面、签署页(扉页)、目录。

3)概算编制说明。

①工程概括。

②编制依据。

③概算编制范围。

④资金来源。

⑤其他特殊问题的说明。

⑥概算成果说明。

4)建设项目总概算表。

建设项目总概算表由工程费用、工程建设其他费用、预备费及应列入项目概算总投资中的相关费用组成。

5)工程建设其他费用表。

列明费用项目名称、费用计算基数、费率、金额及所依据的国家和地方政府有关文件、文号。

6)单项工程综合概算表。

单项工程综合概算表按每一个单项工程内各单位工程概算汇总组成。

7)单位工程概算书。

单位工程概算书由建筑(土建)工程、装饰工程、机电设备及安装工程、室外总体工程等专业的工程概算书组成。

2.初步设计审核要点

(1)有关初步设计文件的完整性和深度。

(2)有关设计依据(包括工程地质详细勘察报告)及采用的设计规范、标准。

(3)工程设计的规模及项目组成。

(4)有关总建筑面积、建筑占地面积、容积率等指标。

(5)有关总体平面布置、道路布置、功能分区、绿化及用地和合理性等项内容。

(6)有关采用新技术、新工艺、新设备、新材料等方面内容。

(7)有关生产工艺流程、技术水平及主要设备选型。

(8)有关建筑造型、无障碍设计、房型设计等。

(9)有关建筑设计的单体平面布置、空间布置(含沉降缝、抗震缝、伸缩缝布置)和建筑物的日照、隔声、隔热、通风、防渗等物理功能。

(10)有关结构设计的主要技术参数、结构方案选型、主体结构布置、结构材料选择、地基处理与基础方案选择、安全性、抗震性能等。

(11)有关给水、排水设计的主要技术参数、给水方案、排水方案、室内外主要给水、排水管道布置、主要设备选型及其布置。

(12)有关强电设计的主要技术参数、供电方案、室内外主要电力线路布置、主要设备选型及其布置。

(13)有关弱电设计的主要技术参数、监控、通信、数据传送、火灾报警、保安、有线电视、广播方案、室内外主要线路布置、主要设备选型及其布置。

(14)有关通风空调的主要技术参数、通风空调方案、主要设备选型及其布置。

(15)有关煤气、供热设计的主要技术参数、供气、供热方案、主要管线布置、主要设备选型及其布置。

(16)有关运输、车流、人流、物流设计的主要技术参数、运输方案、主要路线布置、主要设备选型及其布置。

(17)有关环境保护(专篇)设计的主要技术参数、主要污染物治理工艺方案、主要设备选型及其布置。

(18)有关职业卫生、安全生产(专篇)设计的主要技术参数、方案、设备选型及其布置。

(19)有关节能(专篇)设计的主要技术主要审查内容包括参数、方案、设备选型及其布置。

(20)有关消防(专篇)设计的主要技术参数、方案、设备选型及其布置。

3.设计概算审查要点

(1)审查设计概算文件是否齐全。

(2)审查设计概算的编制依据,依据需满足合法性、时效性、适用范围。

(3)审查概算编制深度。

(4)审查建设规模、标准,如概算总投资超过原批准投资估算10%以上,应进一步审查超估算的原因,确因实际需要投资规模扩大,需要重新立项审批。

(5)审查设备规格、数量和配置。

(6)审查建筑安装工程工程费,审查是否有多算、重算、漏算。

(7)项目概算工期是否符合工期定额的规定。

(8)审查计价指标。

(9)审查其他费用。

(四)施工图设计阶段技术管理要点

1.施工图深度要求

(1)一般要求

1)施工图设计文件。

①合同要求所涉及的所有专业的设计图纸以及图纸总封面;对于涉及建筑节能设计的专业,其设计说明应有建筑节能设计的专项内容;涉及装配式建筑设计的专业,其设计说明及图纸应有装配式建筑专项设计内容。

②合同要求的工程预算书。

③各专业计算书。

2)总封面标识内容。

①项目名称。

②设计单位名称。

③项目的设计编号。

④设计阶段。

⑤编制单位法定代表人、技术总负责人和项目总负责人的姓名及其签字或

授权盖章。

⑥设计日期(设计文件交付日期)。

(2)总平面

1)在施工图设计阶段,总平面专业设计文件中应包括图纸目录、设计说明、设计图纸、计算书。

2)图纸目录。

应先列绘制的图纸,后列选用的标准图和重复利用图。

3)设计说明。

一般工程分别写在有关的图纸上,复杂工程也可单独编写。

4)总平面图。

①保留的地形和地物。

②测量坐标网、坐标值。

③场地范围的测量坐标(或定位尺寸),道路红线、建筑控制线、用地红线等的位置。

④场地四邻原有及规划的道路、绿化带等位置,周边场地用地性质以及主要建筑物、构筑物、地下建筑物等位置、名称、性质、层数。

⑤建筑物、构筑物的名称或编号、层数、定位。

⑥广场、停车场、运动场地、道路、围墙、无障碍设施、排水沟、挡土墙、护坡等的定位。

⑦指北针或风玫瑰图。

⑧建筑物、构筑物使用编号时,应列出"建筑物和构筑物名称编号表"。

⑨注明尺寸单位、比例、建筑正负零的绝对标高、坐标及高程系统、补充图例等。

5)竖向布置图。

①场地测量坐标网、坐标值。

②场地四邻的道路、水面、地面的关键性标高。

③建筑物、构筑物名称或编号、室内外地面设计标高、地下建筑的顶板面标高及覆土高度限制。

④广场、停车场、运动场地的设计标高,以及景观设计中水景、地形、台地、院落的控制性标高。

⑤道路、坡道、排水沟的起点、变坡点、转折点和终点的设计标高、纵坡度、纵坡距、关键性坐标,道路标明双面坡或单面坡、立道牙或平道牙,必要时标明道路平曲线及竖曲线要素。

⑥挡土墙、护坡或土坎顶部和底部的主要设计标高及护坡坡度。

⑦用坡向箭头或等高线表示地面设计坡向,当对场地平整要求严格或地形起伏较大时,宜用设计等高线表示,地形复杂时应增加剖面表示设计地形。

⑧指北针或风玫瑰图。

⑨注明尺寸单位、比例、补充图例等。

⑩注明尺寸单位、比例、建筑正负零的绝对标高、坐标及高程系统、补充图例等。

6)土石方图。

①场地范围的坐标或标注尺寸。

②建筑物、构筑物、挡墙、台地、下沉广场、水系、土丘等位置。

③一般用方格网法(也可采用断面法),20m×20m 或 40m×40m(也可采用其他方格网尺寸)方格网及其定位,各方格点的原地面标高、设计标高、填挖高度、填区和挖区的分界线,各方格土石方量、总土石方量。

④土石方工程平衡表。

7)管道综合图。

①总平面布置。

②场地范围的坐标(或标注尺寸)、道路红线、建筑控制线、用地红线等的位置。

③保留、新建的各管线(管沟)、检查井、化粪池、储罐等的平面位置,注明各管线、化粪池、储罐等与建筑物、构筑物的距离和管线间距。

④场外管线接入点的位置。

⑤管线密集的地段宜适当增加断面图,表明管线与建筑物、构筑物、绿化之间及管线之间的距离,并注明主要交叉点上下管线的标高或间距。

⑥指北针。

⑦注明尺寸单位、比例、图例、施工要求。

8)绿化及建筑小品布置图。

①总平面布置。

②绿地(含水面)、人行步道及硬质铺地的定位。

③建筑小品的位置(坐标或定位尺寸)、设计标高、详图索引。

④指北针。

⑤注明尺寸单位、比例、图例、施工要求等。

9)详图。

道路横断面、路面结构、挡土墙、护坡、排水沟、池壁、广场、运动场地、活动场地、停车场地面、围墙等详图。

10)设计图纸的增减。

①当工程设计内容简单时,竖向布置图可与总平面图合并。

②当路网复杂时,可增绘道路平面图。

③土石方图和管线综合图可根据设计需要确定是否出图。

④当绿化或景观环境另行委托设计时,可根据需要绘制绿化及建筑小品的示意性和控制性布置图。

11)计算书。

设计依据及基础资料、计算公式、计算过程、有关满足日照要求的分析资料及成果资料等。

(3)建筑

1)在施工图设计阶段,建筑专业设计文件应包括图纸目录、设计说明、设计图纸、计算书。

2)图纸目录。

先列绘制图纸,后列选用的标准图或重复利用图。

3)设计说明。

①依据性文件名称和文号,如批文、本专业设计所执行的主要法规和所采用的主要标准及设计合同等。

②项目概况。

③设计标高。

④用料说明和室内外装修。

⑤对采用新技术、新材料和新工艺的做法说明及对特殊建筑造型和必要的建筑构造的说明。

⑥门窗表及门窗性能、窗框材质和颜色、玻璃品种和规格、五金件等的设计要求。

⑦幕墙工程(玻璃、金属、石材等)及特殊屋面工程(金属、玻璃、膜结构等)的特点,节能、抗风压、气密性、水密性、防水、防火、防护、隔声的设计要求、饰面材质、涂层等主要的技术要求,并明确与专项设计的工作及责任界面。

⑧电梯(自动扶梯、自动步道)选择及性能说明(功能、额定载重量、额定速度、停站数、提升高度等)。

⑨建筑设计防火设计说明,包括总体消防、建筑单体的防火分区、安全疏散、疏散人数和宽度计算、防火构造、消防救援窗设置等。

⑩无障碍设计说明,包括基地总体上、建筑单体内的各种无障碍设施要求等。

⑪建筑节能设计说明。

⑫根据工程需要采取的安全防范和防盗要求及具体措施,隔声减振减噪、防污染、防射线等的要求和措施。

⑬需要专业公司进行深化设计的部分,对分包单位明确设计要求,确定技术接口的深度。

⑭当项目按绿色建筑要求建设时,应有绿色建筑设计说明。

⑮当项目按装配式建筑要求建设时,应有装配式建筑设计说明。

⑯其他需要说明的问题。

4)平面图。

①承重墙、柱及其定位轴线和轴线编号,轴线总尺寸、轴线间尺寸、门窗洞口尺寸、分段尺寸。

②内外门窗位置、编号,门的开启方向,注明房间名称或编号,库房(储藏)

注明储存物品的火灾危险性类别。

③墙身厚度、柱与壁柱截面尺寸及其与轴线关系尺寸,当围护结构为幕墙时,标明幕墙与主体结构的定位关系及平面凹凸变化的轮廓尺寸;玻璃幕墙部分标注立面分格间距的中心尺寸。

④变形缝位置、尺寸及做法索引。

⑤主要建筑设备和固定家具的位置及相关做法索引,如卫生器具、雨水管、水池、台、橱、柜、隔断等。

⑥电梯、自动扶梯、自动步道及传送带(注明规格)、楼梯(爬梯)位置,以及楼梯上下方向示意和编号索引。

⑦主要结构和建筑构造部件的位置、尺寸和做法索引。

⑧楼地面预留孔洞和通气管道、管线竖井、烟囱、垃圾道等位置、尺寸和做法索引,以及墙体预留洞的位置、尺寸与标高或高度等。

⑨车库的停车位、无障碍车位和通行路线。

⑩特殊工艺要求的土建配合尺寸及工业建筑中的地面荷载、起重设备的起重量、行车轨距和轨顶标高等。

⑪建筑中用于检修维护的天桥、栅顶、马道等的位置、尺寸、材料和做法索引。

⑫室外地面标高、首层地面标高、各楼层标高、地下室各层标高。

⑬首层平面标注剖切线位置、编号及指北针或风玫瑰。

⑭有关平面节点详图或详图索引号。

⑮每层建筑面积、防火分区面积、防火分区分隔位置及安全出口位置示意,图中标注计算疏散宽度及最远疏散点到达安全出口的距离(宜单独成图);当整层仅为一个防火分区时,可不标注防火分区面积,或以示意图(简图)形式在各层平面中表示。

⑯住宅平面图中标注各房间使用面积、阳台面积。

⑰屋面平面应有女儿墙、檐口、天沟、坡度、坡向、雨水口、屋脊(分水线)、变形缝、楼梯间、水箱间、电梯机房、天窗及挡风板、屋面上人孔、检修梯、室外消防楼梯、出屋面管道井及其他构筑物,必要的详图索引号、标高等;表述内容单一的

屋面可缩小比例绘制。

⑱根据工程性质及复杂程度,必要时可选择绘制局部放大平面图。

⑲建筑平面较长较大时,可分区绘制,但须在各分区平面图适当位置上绘出分区组合示意图,并明显表示本分区部位编号。

⑳图纸名称、比例。

5) 立面图。

①两端轴线编号,立面转折较复杂时可用展开立面表示,但应准确注明转角处的轴线编号。

②立面外轮廓及主要结构和建筑构造部件的位置,当为预制构件或成品部件时,按照建筑制图标准规定的不同图例示意,装配式建筑立面应反映出预制构件的分块拼缝,包括拼缝分布位置及宽度等。

③建筑的总高度、楼层位置辅助线、楼层数、楼层层高和标高以及关键控制标高的标注,如女儿墙或檐口标高等;外墙的留洞应标注尺寸与标高或高度尺寸(宽×高×深及定位关系尺寸)。

④平、剖面未能表示出来的屋顶、檐口、女儿墙、窗台以及其他装饰构件、线脚等的标高或尺寸。

⑤在平面图上对表达不清的窗进行编号。

⑥各部分装饰用料、色彩的名称或代号。

⑦剖面图上无法表达的构造节点详图索引。

⑧图纸名称、比例。

⑨各个方向的立面应绘齐全,但差异小、左右对称的立面可简略;内部院落或看不到的局部立面,可在相关剖面图上表示,若剖面图未能表示完全时,则需单独绘出。

6) 剖面图。

①剖视位置应选在层高不同、层数不同、内外部空间比较复杂、具有代表性的部位;建筑空间局部不同处以及平面、立面均表达不清的部位,可绘制局部剖面。

②墙、柱、轴线和轴线编号。

③剖切到或可见的主要结构和建筑构造部件。

④高度尺寸。

⑤标高。

⑥节点构造详图索引号。

⑦图纸名称、比例。

7)详图。

①内外墙、屋面等节点,绘出不同构造层次,表达节能设计内容,标注各材料名称及具体技术要求,注明细部和厚度尺寸等。

②楼梯、电梯、厨房、卫生间、阳台、管沟、设备基础等局部平面放大和构造详图,注明相关的轴线和轴线编号以及细部尺寸,设施的布置和定位、相互的构造关系及具体技术要求等,应提供预制外墙构件之间拼缝防水和保温的构造做法。

③其他需要表示的建筑部位及构配件详图。

④室内外装饰方面的构造、线脚、图案等;标注材料及细部尺寸、与主体结构的连接等。

⑤门、窗、幕墙绘制立面图,标注洞口和分格尺寸,对开启位置、面积大小和开启方式,用料材质、颜色等作出规定和标注。

⑥对另行专项委托的幕墙工程、金属、玻璃、膜结构等特殊屋面工程和特殊门窗等,应标注构件定位和建筑控制尺寸。

8)对贴邻的原有建筑,应绘出其局部的平、立、剖面,标注相关尺寸,并索引新建筑与原有建筑结合处的详图号。

9)计算书。

①建筑节能计算书。

②根据工程性质和特点,提出进行视线、声学、安全疏散等方面的计算依据、技术要求。

10)当项目按绿色建筑要求建设时,相关的平、立、剖面图应包括采用的绿色建筑设计技术内容,并绘制相关的构造详图。

11)增加保温节能材料的燃烧性能等级,与消防相统一。

(4)结构

1)在施工图设计阶段,结构专业设计文件应包含图纸目录、设计说明、设计图纸、计算书。

2)图纸目录。

应按图纸序号排列,先列新绘制图纸,后列选用的重复利用图和标准图。

3)结构设计总说明。

①工程概况。

②设计依据。

③图纸说明。

④建筑分类等级。

⑤主要荷载(作用)取值及设计参数。

⑥设计计算程序。

⑦主要结构材料。

⑧基础及地下室工程。

⑨钢筋混凝土工程。

⑩钢结构工程。

⑪砌体工程。

⑫检测(观测)要求。

⑬施工需特别注意的问题。

⑭有基坑时应对基坑设计提出技术要求。

⑮当项目按绿色建筑要求建设时,应有绿色建筑设计说明。

⑯当项目按装配式结构要求建设时,应有装配式结构设计专项说明。

4)基础平面图。

①绘出定位轴线、基础构件(包括承台、基础梁等)的位置、尺寸、底标高、构件编号,基础底标高不同时,应绘出放坡示意图;标示施工后浇带的位置及宽度。

②标明砌体结构墙与墙垛、柱的位置与尺寸、编号;混凝土结构可另绘结构墙、柱平面定位图,并注明截面变化关系尺寸。

③标明地沟、地坑和已定设备基础的平面位置、尺寸、标高,预留孔与预埋件的位置、尺寸、标高。

④需进行沉降观测时注明观测点位置(宜附测点构造详图)。

⑤基础设计说明应包括基础持力层及基础进入持力层的深度,地基的承载力特征值,持力层验槽要求,基底及基槽回填土的处理措施与要求,以及对施工的有关要求等。

⑥采用桩基时应绘出桩位平面位置、定位尺寸及桩编号;先做试桩时,应单独绘制试桩定位平面图。

⑦当采用人工复合地基时,应绘出复合地基的处理范围和深度,置换桩的平面布置及其材料和性能要求、构造详图;注明复合地基的承载力特征值及变形控制值等有关参数和检测要求。

5)基础详图。

①砌体结构无筋扩展基础应绘出剖面、基础圈梁、防潮层位置,并标注总尺寸、分尺寸、标高及定位尺寸。

②扩展基础应绘出平、剖面及配筋、基础垫层,标注总尺寸、分尺寸、标高及定位尺寸等。

③桩基应绘出桩详图、承台详图及桩与承台的连接构造详图。

④筏基、箱基可参照相应图集表示,但应绘出承重墙、柱的位置。

⑤基础梁可按相应图集表示。

6)结构平面图。

①一般建筑的结构平面图,均应有各层结构平面图及屋面结构平面图。

②单层空旷房屋应绘制构件布置图及屋面结构布置图。

7)钢筋混凝土构件详图。

①现浇构件(现浇梁、板、柱及墙等详图)图。

②预制构件图。

8)混凝土结构节点构造详图。

①对于现浇钢筋混凝土结构应绘制节点构造详图。

②预制装配式结构的节点。

③需作补充说明的内容。

9)其他图纸。

①楼梯图。

②预埋件。

③特种结构和构筑物。

10)钢结构设计施工图。

①钢结构设计总说明。

②基础平面图及详图。

③结构平面(包括各层楼面、屋面)布置图。

④构件与节点详图。

11)计算书。

①采用手算的结构计算书,应给出构件平面布置简图和计算简图、荷载取值的计算或说明。

②当采用计算机程序计算时,应在计算书中注明所采用的计算程序名称、代号、版本及编制单位,计算程序必须经过有效审定(或鉴定),电算结果应经分析认可;总体输入信息、计算模型、几何简图、荷载简图和输出结果应整理成册。

③采用结构标准图或重复利用图时,宜根据图集的说明,结合工程进行必要的核算工作,且应作为结构计算书的内容。

④所有计算书应校审,并由设计、校对、审核人(必要时包括审定人)在计算书封面上签字,作为技术文件归档。

⑤当项目按绿色建筑设计时,应计算设计采用的高强度材料和高耐久性建筑结构材料用量比例。

(5)建筑电气

1)在施工图设计阶段,建筑电气专业设计文件图纸部分应包括图纸目录、设计说明、设计图、主要设备表,电气计算部分出计算书。

2)图纸目录:应分别以系统图、平面图等按图纸序号排列,先列新绘制图纸,后列选用的重复利用图和标准图。

3)设计说明。

①工程概况:初步(或方案)设计审批定案的主要指标。

②设计依据。

③设计范围。

④设计内容(应包括建筑电气各系统的主要指标)。

⑤各系统的施工要求和注意事项。

⑥设备主要技术要求(也可附在相应图纸上)。

⑦防雷、接地及安全措施(也可附在相应图纸上)。

⑧电气节能及环保措施。

⑨绿色建筑电气设计。

⑩与相关专业的技术接口要求。

⑪智能化设计。

⑫其他专项设计、深化设计。

4)图例符号(应包括设备选型、规格及安装等信息)。

5)电气总平面图(仅有单体设计时,可无此项内容)。

①标注建筑物、构筑物名称或编号、层数,注明各处标高、道路、地形等高线和用户的安装容量。

②标注变、配电站位置、编号;变压器台数、容量;发电机台数、容量;室外配电箱的编号、型号;室外照明灯具的规格、型号、容量。

③架空线路应标注:线路规格及走向,回路编号,杆位编号,档数、档距、杆高、拉线、重复接地、避雷器等(附标准图集选择表)。

④电缆线路应标注:线路走向、回路编号、敷设方式、人(手)孔型号、位置。

⑤比例、指北针。

⑥图中未表达清楚的内容可随图作补充说明。

6)变、配电站设计图。

①高、低压配电系统图(一次线路图)。

②平、剖面图。

③继电保护及信号原理图。

④配电干线系统图。

⑤相应图纸说明。

7)配电、照明设计图。

①配电箱(或控制箱)系统图。

②配电平面图。

③照明平面图。

④图中表达不清楚的,可随图作相应说明。

8)建筑设备控制原理图。

①建筑电气设备控制原理图,有标准图集的可直接标注图集方案号或者页次。

②建筑设备监控系统及系统集成设计图。

9)防雷、接地及安全设计图。

10)电气消防。

①电气火灾监控系统。

②消防设备电源监控系统。

③防火门监控系统。

④火灾自动报警系统。

⑤消防应急广播。

11)智能化各系统设计。

12)主要电气设备表。

注明主要电气设备的名称、型号、规格、单位、数量。

13)计算书。

施工图设计阶段的计算书,计算内容同初步设计要求。

14)当采用装配式建筑技术设计时,应明确装配式建筑设计电气专项内容。

(6)给水排水

1)在施工图设计阶段,建筑给水、排水专业设计文件应包括图纸目录、施工图设计说明、设计图纸、设备及主要材料表、计算书。

2)图纸目录:绘制设计图纸目录、选用的标准图目录及重复利用图纸目录。

3)设计总说明。

①设计总说明:设计总说明可分为设计说明、施工说明两部分。

②图例。

4)建筑小区(室外)给水、排水总平面图。

①绘制各建筑物的外形、名称、位置、标高、道路及其主要控制点坐标、标高、坡向,指北针(或风玫瑰图)、比例。

②绘制给水、排水管网及构筑物的位置(坐标或定位尺寸);备注构筑物的主要尺寸。

③对较复杂工程,可将给水、排水(雨水、污废水)总平面图分开绘制,以便于施工(简单工程可绘在一张图上)。

④标明给水管管径、阀门井、水表井、消火栓(井)、消防水泵接合器(井)等。

⑤排水管标注主要检查井编号、水流坡向、管径,标注管道接口处市政管网(检查井)的位置、标高、管径等。

5)室外排水管道高程表或纵断面图。

6)自备水源取水工程。

自备水源取水工程,应按照《市政公用工程设计文件编制深度规定》的要求,另行专项设计。

7)雨水控制与利用及各净化建筑物、构筑物平、剖面及详图。

8)水泵房平面、剖面图。

①平面图。

②剖面图。

③管径较大时宜绘制双线图。

9)水塔(箱)、水池配管及详图。

10)循环水构筑物的平面、剖面及系统图。

11)污水处理。

12)建筑室内给水、排水图纸。

①平面图。

②系统图。系统图可按系统原理图或系统轴测图绘制。

③局部放大图。

13)设备及主要材料表。

给出使用的设备、主要材料、器材的名称、性能参数、计数单位、数量、备注等。

14) 计算书。

根据初步设计审批意见进行施工图阶段设计计算。

15) 当采用装配式建筑技术设计时,应明确装配式建筑设计给水、排水专项内容。

(7) 供暖通风与空气调节

1) 在施工图设计阶段,供暖通风与空气调节专业设计文件应包括图纸目录、设计与施工说明、设备表、设计图纸、计算书。

2) 图纸目录。

先列新绘图纸,后列选用的标准图或重复利用图。

3) 设计与施工说明。

①设计说明。

②施工说明。

③图例。

④当本专业的设计内容分别由两个或两个以上的单位承担设计时,应明确交接配合的设计分工范围。

4) 设备表,施工图阶段性能参数栏应注明详细的技术数据。

5) 平面图。

①绘出建筑轮廓、主要轴线号、轴线尺寸、室内外地面标高、房间名称,底层平面图上绘出指北针。

②供暖平面绘出散热器位置,注明片数或长度、供暖干管及立管位置、编号、管道的阀门、放气、泄水、固定支架、伸缩器、入口装置、管沟及检查孔位置,注明管道管径及标高。

③通风、空调、防排烟风道平面用双线绘出风道,复杂的平面应标出气流方向。

④风道平面应标示出防火分区,排烟风道平面还应标示出防烟分区。

⑤空调管道平面单线绘出空调冷热水、冷媒、冷凝水等管道,绘出立管位置和编号,绘出管道的阀门、放气、泄水、固定支架、伸缩器等,注明管道管径、标高及主要定位尺寸。

⑥多联式空调系统应绘出冷媒管和冷凝水管。

⑦需另做二次装修的房间或区域,可按常规进行设计,宜按房间或区域标出设计风量。风道可绘制单线图,不标注详细定位尺寸,并注明按配合装修设计图施工。

⑧与通风空调系统设计相关的工艺或局部的建筑使用功能未确定时,设计可预留通风空调系统设置的必要条件。在工艺或局部的建筑使用功能确定后再进行相应的系统设计。

6)通风、空调、制冷机房平面图和剖面图。

①机房图应根据需要增大比例,绘出通风、空调、制冷设备的轮廓位置及编号,注明设备外形尺寸和基础距离墙或轴线的尺寸。

②绘出连接设备的风道、管道及走向,注明尺寸和定位尺寸、管径、标高,并绘制管道附件。

③当平面图不能表达复杂管道、风道相对关系及竖向位置时,应绘制剖面图。

④剖面图应绘出对应于机房平面图的设备、设备基础、管道和附件。

7)系统图、立管或竖风道图。

①分户热计量的户内供暖系统或小型供暖系统,当平面图不能表示清楚时应绘制系统透视图,比例宜与平面图一致,按45°或30°轴侧投影绘制;多层、高层建筑的集中供暖系统,应绘制供暖立管图并编号。

②冷热源系统、空调水系统及复杂的或平面表达不清的风系统应绘制系统流程图。

③空调冷热水分支水路采用竖向输送时,应绘制立管图并编号,注明管径、标高及所接设备编号。

④供暖、空调冷热水立管图应标注伸缩器、固定支架的位置。

⑤空调、通风、制冷系统有自动监控要求时,宜绘制控制原理图,图中以图例绘出设备、传感器及执行器位置;说明控制要求和必要的控制参数。

⑥对于层数较多、分段加压、分段排烟或中途竖井转换的防排烟系统,或平面表达不清竖向关系的风系统,应绘制系统示意图或竖风道图。

8)通风、空调剖面图和详图。

①风道或管道与设备连接交叉复杂的部位,应绘出剖面图或局部剖面。

②绘出风道、管道、风口、设备等与建筑梁、板、柱及地面的尺寸关系。

③注明风道、管道、风口等的尺寸和标高,气流方向及详图索引编号。

④供暖、通风、空调、制冷系统的各种设备及零部件施工安装,应注明采用的标准图、通用图的图名图号。凡无现成图纸可选,且需要交代设计意图的,均需绘制详图。简单的详图,可就图引出,绘制局部详图。

9)计算书。

采用计算程序计算时,计算书应注明软件名称、版本及鉴定情况,打印出相应的简图、输入数据和计算结果。

10)当采用装配式建筑技术设计时,应明确装配式建筑设计暖通空调专项内容。

(8)热能动力

1)在施工图设计阶段,热能动力专业设计文件应包括图纸目录、设计说明和施工说明、设备及主要材料表、设计图纸、计算书。

2)图纸目录。

先列新绘制的设计图纸,后列选用的标准图、通用图或重复利用图。

3)设计说明、施工说明与运行控制说明。

4)锅炉房图。

①热力系统图。表示出热水循环系统、蒸汽及凝结水系统、水处理系统、给水系统、定压补水方式、排污系统等内容。

②设备平面布置图。绘制锅炉房、辅助间的平面图,并绘出设备布置图。对较大型锅炉房根据情况绘制表示锅炉房、煤、渣、灰场(池)、室外油罐等的区域布置图。

③管道布置图。绘制工艺管道及风、烟等管道平面图。当管道系统不太复杂时,管道布置图可与设备平面布置图绘在一起。

④剖面图。绘制工艺管道、风、烟等管道布置及设备剖面图。

⑤其他图纸。根据工程具体情况绘制机械化运输平、剖面布置图、设备安装

详图、水箱及油箱开孔图、非标准设备制作图等。

5）其他动力站房图。

①管道系统图（或透视图）。热交换站、气体站房、柴油发电机房等应绘制系统图，图纸内容和深度参照锅炉房部分；燃气调压站和瓶组站绘制系统图，并注明标高。

②设备及管道平面图、剖面图。绘制设备及管道平面图，当管道系统较复杂时，还应绘制设备及管道布置剖面图，图纸内容和深度参照锅炉房部分。

6）室内管道图。

①管道系统图（或透视图）。应绘制管道系统图（或透视图），包括各种附件、就地测量仪表，注明管径、坡度及管道标高（透视图中）。

②平面图。绘制建筑物平面图，标出轴线编号、尺寸、标高和房间名称；绘制有关用气（汽）设备外形轮廓尺寸及编号，绘制动力管道、入口装置及各种附件，注明管道管径，若有补偿器、固定支架，应绘制其安装位置及定位尺寸。

③安装详图（或局部放大图）。当管道安装采用标准图或通用图时可以不绘制管道安装详图，但应在图纸目录中列出标准图、通用图图册名称及索引的图名、图号，其他情况应绘制安装详图。

7）室外管网图。

①平面图。绘制建筑红线范围内的总图平面。

②纵断面图。

③横断面图。

④节点详图。必要时应绘制检查井、分支节点、管道及附件的节点详图。

8）设备及主要材料表。

应列出设备及主要材料的名称、性能参数、单位和数量、备用情况等，对锅炉设备应注明锅炉效率。

9）计算书。

包括锅炉房的计算、其他动力站房计算、室内管道计算包、室外管网计算。

(9) 预算

1）施工图预算文件包括封面、签署页（扉页）、目录、预算编制说明、建设项目总预算表、单项工程综合预算表、单位工程预算书。

2) 封面、签署页(扉页)、目录。

3) 预算编制说明。

① 工程概括。

② 编制依据。

③ 预算编制范围。

④ 其他特殊问题的说明。

⑤ 技术经济指标。

4) 建设项目总预算表。

建设项目总预算表由各单项工程综合预算组成。

5) 单项工程综合预算表。

单项工程综合预算表由各单位工程预算汇总组成。

6) 单位工程预算书。

2. 施工图审核要点

(1) 有关施工图设计文件完整性和深度。

(2) 有关设计依据(包括工程地质补充勘察报告)、采用的设计规范、标准等。

(3) 有关使用功能、安全性和质量要求是否满足,是否符合批准的初步设计。

(4) 必要时对计算书进行审核:主要是计算原则、模型、程序、公式、参数的选用是否合适,是否符合规范要求,输入数据是否准确。

(5) 对设计的平面和空间布置、主要尺寸、构造节点、设备选型和布置、管线直径确定、管线布置等作一定的审核。

(6) 当初步设计的深度较浅或直接由方案设计进入施工图设计时,应在工程开工前重点对具体设计方案进行补充审核,或要求设计单位进行施工图设计方案论证。设计咨询单位对方案论证结果进行审核,必要时提出设计咨询意见。《建筑工程施工图设计文件技术审查要点》见表 4-1。

表 4-1 《建筑工程施工图设计文件技术审查要点》(摘要)

序号	审查项目	审查内容
1	建筑专业	
1.1	编制依据	建设、规划、消防、人防等主管部门对本工程的有效审批文件是否得到落实;国家及地方有关本工程建筑设计的工程建设规范、规程等是否齐全、正确,是否为有效版本
1.2	规划要求	建设工程设计是否符合规划批准的建设用地位置,建筑面积、建筑退红线距离、控制高度等是否在规划许可的范围内
1.3	强制性条文	现行工程建设标准(含国家标准、行业标准、地方标准)中的强制性条文,详见相关标准
1.4	施工图深度	《建筑工程设计文件编制深度规定》(2016 年版)中的相关规定
1.5	设计基本规定	无障碍设计、设计通则、地下工程防水满足相关设计规范的规定
1.6	建筑防火	建筑设计防火、高层民用建筑设计防火、汽车库、修车库、停车场防火、内部装修设计防火满足相关设计规范的规定
1.7	各类建筑设计	住宅、老年人居住建筑、宿舍、托儿所、幼儿园、中小学校、办公建筑、旅馆建筑、商店建筑、饮食建筑、图书馆、博物馆、档案馆、剧场、电影院、体育建筑、综合医院、汽车库、锅炉房满足相关设计规范的规定
1.8	法规	材料和设备的选用、安全玻璃、消防技术满足相关设计规范的规定
2	结构专业	
2.1	强制性条文	现行工程建设标准(含国家标准、行业标准、地方标准)中的强制性条文,具体内容见相关标准
2.2	基本规定	
2.2.1	审查范围	(1)应对建筑结构施工图设计文件执行强制性条文的情况进行审查,而列入本要点的非强制性条文仅用于对地基基础和主体结构安全性的审查。 (2)钢结构应对设计图进行审查,钢结构设计图的深度应满足国家标准图集《钢结构设计制图深度和表示方法》(03G102)的要求。当报审图纸为设计图与施工详图合为一体时,也仅对其中属于设计图的内容进行审查。 (3)当采用地基处理时,应对经过处理后应达到的地基承载力及地基变形要求的正确性进行审查,可不对具体的地基处理设计文件进行审查

续表

序号	审查项目	审查内容
2.2.2	设计依据	(1)设计采用的工程建设标准和设计中引用的其他标准应为有效版本。 (2)设计所采用的地基承载力等地基土的物理力学指标、抗浮设防水位及建筑场地类别应与审查合格的《岩土工程勘察报告》一致。 (3)建筑结构设计中涉及的作用或荷载,应符合《建筑结构荷载规范》(GB 50009)及其他工程建设标准的规定。当设计采用的荷载在现行工程建设标准中无具体规定时,其荷载取值应有充分的依据。 (4)一般情况下,建筑的抗震设防烈度应采用根据中国地震动参数区划图确定的地震基本烈度(设计基本地震加速度值所对应的烈度值)。我国主要城镇(县级及县级以上城镇)中心地区的抗震设防烈度、设计基本地震加速度值和所属的设计地震分组,可按《建筑抗震设计规范》(GB 50011)附录 A 采用
2.2.3	结构计算书	(1)计算模型的建立,必要的简化计算与处理,应符合结构的实际工作情况和现行工程建设标准的规定。 (2)采用手算的结构计算书,应给出布置简图和计算简图;引用数据应有可靠依据,采用计算图表及不常用的计算公式时,应注明其来源出处,构件编号、计算结果应与图纸一致。 (3)当采用计算机程序计算时,应在计算书中注明所采用的计算程序名称、代号、版本及编制单位,计算程序必须经过鉴定。输入的总信息、计算模型、几何简图、荷载简图应符合本工程的实际情况。报审时应提供所有计算文本。当采用不常用的程序计算时,尚应提供该程序的使用说明书。 (4)复杂结构应采用不少于两个不同力学模型分析软件进行整体计算。 (5)所有计算机计算结果,应经分析判断确认其合理、有效后方可用于工程设计。如计算结果不能满足规范要求时,应重新进行计算。特殊情况下,确有依据不需要重新计算时,应说明其理由,采取相应的加强措施,并在计算书的相应位置上予以注明。 (6)施工图中表达的内容应与计算结果相吻合。当结构设计过程中实际的荷载、布置等与计算书中采用的参数有变化时,应重新进行计算。当变化不大不需要重新计算时,应进行分析,并将分析的过程和结果写在计算书的相应位置上。 (7)计算内容应当完整,所有计算书均应装订成册,并经过校审,由有关责任人(总计不少于三人)在计算书封面上签字,设计单位和注册结构工程师应在计算书封面上盖章
2.2.4	设计总说明	符合《建筑工程设计文件编制深度规定》(2016 年版)的相关规定

续表

序号	审查项目	审查内容
2.2.5	抗震设计	符合《建筑工程抗震设防分类标准》(GB 50223-2008)、《建筑抗震设计规范》(GB 50011-2010)
2.3	地基与基础	地基基础应按地方标准进行审查,各省级建设主管部门可根据需要确定审查内容,无地方标准的地区应按本要点进行审查。本要点未包括各类特殊地基础,特殊地基基础应依据相关标准进行审查,各省级建设主管部门可结合当地特点对审查内容作出规定
2.4	混凝土结构	混凝土结构基本规定、混凝土结构抗震、高层建筑混凝土结构、高层建筑混凝土复杂结构、高层建筑混合结构、混凝土、异型柱结构符合相关设计规范的规定
2.5	砌体结构	砌体结构基本规定、砌体结构抗震基本规定、多层砌体房屋抗震构造基本规定、底部框架—抗震墙砌体房屋抗震构造基本规定
2.6	钢结构	普通钢结构,钢结构防火设计,网格结构,多、高层钢结构房屋抗震符合相关设计规范的规定
3	给排水专业	
3.1	强制性条文	现行工程建设标准(含国家标准、行业标准、地方标准)中的强制性条文,具体内容见相关标准
3.2	消防给水	符合《建筑设计防火规范》(GB 50016-2006)、《高层民用建筑设计防火规范》(GB 50045)、《自动喷水灭火系统设计规范》(GB 50084)、《水喷雾灭火系统设计规范》(GB 50219)的相关规定
3.3	气体灭火	符合《气体灭火系统设计规范》(GB 50370)的相关规定
3.4	生活水池(箱)	符合《建筑给水排水设计规范》(GB 50015)、《二次供水工程技术规程》(CJJ140)的相关规定
3.5	给排水系统、管道及附件布置	符合《建筑给水排水设计规范》(GB 50015)的相关规定
3.6	节约用水	符合《建筑给水排水设计规范》(GB 50015)、《民用建筑节水设计标准》(GB 50555)、《建筑中水设计规范》(GB 50336)、《民用建筑设计通则》(GB 50352)的相关规定
3.7	减震、防噪	符合《建筑给水排水设计规范》(GB 50015)的相关规定

续表

序号	审查项目	审查内容
4	暖通专业	
4.1	强制性条文	现行工程建设标准(含国家标准、行业标准、地方标准)中的强制性条文,具体内容见相关标准
4.2	设计依据	采用的设计标准是否正确,是否为现行有效版本,是否符合工程实际情况
4.3	设计说明	应有工程总体概况及设计范围的说明;应有设计计算室内外参数及总冷热负荷、冷热源情况的说明;应有节能设计及消防设计等专项说明;应有对施工特殊要求及一般要求的说明 注:对施工的一般说明,如相关施工验收规范已有规定时也可注明"遵照《××××施工质量验收规范》(GB××××—××××)执行"即可
4.4	防火防排烟	高层民用建筑、多层建筑、人防工程、汽车库、气体灭火符合相关设计规范的规定
4.5	环保与安全	饮食业油烟排放、消声及隔声、隔振、锅炉烟囱高度、安全符合相关设计规范的规定
4.6	人防	《人民防空地下室设计规范》
4.7	法规	设备选用的规定、禁限使用产品符合相关设计规范的规定
4.8	设计深度	设计文件必须完整表述所涉及的有关本审查要点的内容(图纸不能清楚表达的内容可用说明表述)
5	电气专业	
5.1	强制性条文	现行工程建设标准(含国家标准、行业标准、地方标准)中的强制性条文,具体内容见相关标准
5.2	设计依据	设计采用的工程建设标准和引用的其他标准应是有效版本
5.3	供配电系统	配电、防雷及接地、防火符合相关设计规范的规定
5.4	各类建筑电气设计	住宅、汽车库、中小学校、图书馆、档案馆、剧场、老年人建筑、体育建筑、人防、加油加气站、特殊场所用电安全及防止间接触电符合相关设计规范的规定
5.5	法规	设备选用的规定、不得使用淘汰产品的规定符合相关设计规范的规定

续表

序号	审查项目	审查内容
5.6	设计深度	(1)施工图设计阶段,建筑电气专业设计文件应包括图纸目录、施工图设计说明、设计图纸、负荷计算、有代表性的场所的设计照度值及设计功率密度值。 (2)施工图设计说明中应叙述建筑类别、性质、面积、层数、高度、用电负荷等级、各类负荷容量、供配电方案、线路敷设、防雷计算结果类别、火灾报警系统保护等级和电气节能措施等内容
6	建筑节能	
6.1	强制性条文	现行工程建设标准(含国家标准、行业标准、地方标准)中的强制性条文,具体内容见相关标准
6.2	设计依据	节能设计所采用的工程建设标准是否为现行有效版本、是否符合工程的实际情况
6.3	建筑专业节能	严寒和寒冷地区居住建筑节能、夏热冬冷地区居住建筑节能、公共建筑建筑节能符合相关设计规范的规定
6.4	暖通专业节能	公共建筑节能、居住建筑节能、设计深度符合相关设计规范的规定
6.5	电气节能	设计说明、照明、照度及照明功率密度计算、计量符合相关设计规范的规定

3.施工图设计交底要点

施工图设计交底的目的是使施工单位能够全面、准确理解设计意图,并与施工、建设单位密切配合,做到按图施工和保证施工质量。设计交底的要点如下。

(1)介绍本工程的使用性质、对象、功能、规模、建设标准。

(2)介绍本工程的设计依据。现行国家、行业、地方有关规范、规程、规定;相关专业对本专业提出的特殊要求;地方政府或建设单位对本专业提出的要求。

(3)工程设计原则和意图,介绍主要设计参数。例如,使用年限、建筑等级、设计荷载、地基处理方法和要求、基础形式、抗震设防烈度、建筑物的耐火等级、人防等级、地下室及屋面防水等级、空调及洁净设计指标等。

(4)对施工图说明中的重要内容进行解释。

(5)对设计中涉及的重要的"强制性条文"进行说明。

(6)对图纸中未能表达清楚或可能引起误解的内容以及施工中应引起注意

的重要和特殊的事项给予说明。

（7）对由工程分包商或供应商完成的二次设计，项目设计单位应对其进行设计交底，介绍项目特点，提出明确要求。对其提供的二次设计图纸，应根据事先约定的要求进行审查。

（8）分专业对专业设计内容及注意事项进行介绍和说明。

（9）提出施工要求。

4. 施工图预算审查要点

（1）工程量的计算是否准确。工程量的计算是编审施工图预算的基础和重要内容，施工图预算的准确与否，关键在于工程量的计算是否准确。

（2）定额使用是否正确。同一分项工程，如果由于对定额的理解偏差或对定额考虑的因素不清楚，很有可能造成工程造价的较大误差，审查时要重点复核选用定额项目是否正确，避免出现重大疏漏。

（3）材料设备及人工、机械费用的确定。咨询单位应建立健全可靠的价格信息来源，及时掌握建筑市场动态，合理确定价格。

（4）相关费用的选取和确定。

（五）招标投标技术支持

招标有材料、设备采购招标和工程施工招标，招标依据审批通过的施工图。咨询单位设计咨询部在招投标阶段应配合招标采购部门，提供技术支持。根据投标单位的过往履约情况，业务能力，协助确定材料、设备品牌、供应商及施工单位。

1. 材料、设备招投标技术支持

核对招标采购部门提供的《招投标技术规格书》中的材料、设备清单数量、规格、型号、技术参数等是否与施工图一致。

2. 工程招投标技术支持

（1）协助招标采购部门确认《施工招标方案》中的工程界面划分是否正确。

（2）协助招标采购部门确认单价招标、总价包干项目是否与业主的要求一致。

四、设计阶段设计咨询成果文件

设计阶段设计咨询的成果文件主要包括设计需求确认书、设计任务书、设计方案比选报告、各阶段设计文件审查报告、设计交底、各类会议纪要以及其他设计咨询相关的成果文件。以下为部分设计咨询成果文件示例。

1. 项目设计需求确认书

表4-2 项目设计需求确认书

序号	需求分项	相关条件提资文件名称	提资人签字	接收人签字	备注
1	用地条件				
2	项目总体定位				
3	周边交通条件				
4	水文地质条件				
5	气候条件				
6	航空限高条件				
7	环境影响评估				
8	场地面积				
9	容积率限值				
10	建筑面积限值				
11	层高及净高需求				
12	楼层总数需求				
13	竖向交通需求				
14	精装修标准				
15	造价最高限值				
16	各层平面布置要求				
17	地方政府相关要求				
18	绿建标准				
19	节能标准				
20	海绵城市标准				
21	其他需求				

2. 设计任务书

工程设计任务书应对拟建项目的投资规模、工程内容、技术经济指标、质量要求、建设进度等作出规定。工程设计任务书应包括以下内容。

(1) 项目概况。

(2) 资源、原材料、燃料动力、供水、运输、协作配套、公用设施落实情况。

(3) 项目建设规模、组成及建设条件。

(4) 用地、环保、卫生、消防、人防、抗震等要求和依据资料。

(5) 项目使用要求或生产工艺要求、主要设备选型。

(6) 项目设计标准、总投资及进度要求。

(7) 建筑造型等其他要求。

3. 设计方案比选报告

表 4-3 设计方案比选报告

序号	专业名称	方案一	方案二	方案三	比选意见	备注
1	建筑方案					
2	基础方案					
3	主体结构方案					
4	幕墙方案					
5	给排水方案					
6	电气方案					
7	智能化方案					
8	暖通方案					
9	精装修方案					
10	电梯选型方案					
11	给排水主要设备选型方案					
12	电气主要设备选型方案					
13	空调主要设备选型方案					
14	消防系统选择方案					
15	停车场系统选型					

第四章 设计咨询过程管理

4. 方案设计审查内容表

表 4-4　方案设计审查内容表

序号	审查内容	审查意见	备注
1	项目名称		
2	建设地点		
3	功能定位		
4	建筑面积		
5	建筑总高度		
6	地上结构形式		
7	基础形式		
8	地下室层数		
9	外立面材质		
10	裙房平面功能		
11	标准层平面功能		
12	公共区域装修标准		
13	空调系统		
14	给排水系统		
15	电气系统		
16	智能化系统		
17	停车场系统		
18	其他专项设计		
19	项目总投资		

5. 初步设计审查内容表

表 4-5　初步设计审查内容表

序号	专业	审查内容	审查意见	备注
1	建筑	设计说明		
2		总平面图		
3		各层平面图		

续表

序号	专业	审查内容	审查意见	备注
4		立面图		
5		剖面图		
6		消防设计专篇		
7		节能设计专篇		
8		绿建设计专篇		
9		人防设计专篇		
10	结构	设计说明		
11		基础平面图		
12		基础详图		
13		地下室平面图		
14		地下室顶板平面图		
15		裙房各层平面图		
16		屋顶层平面图		
17		墙柱定位图		
18	给排水	设计说明		
19		总平面图		
20		各层平面图		
21		系统图		
22	电气	设计说明		
23		总平面图		
24		各层平面图		
25		系统图		
26	暖通	设计说明		
27		总平面图		
28		各层平面图		
29		系统图		
30	智能化	设计说明		

续表

序号	专业	审查内容	审查意见	备注
31		总平面图		
32		各层平面图		
33		系统图		
34	幕墙	设计说明		
35		总平面图		
36		各层平面图		

6. 施工图审查内容表

表 4-6 施工图审查内容表

序号	专业	审查内容	审查意见	备注
1	建筑	设计说明		
2		总平面图		
3		各层平面图		
4		立面图		
5		剖面图		
6		墙身详图		
7		楼梯详图		
8		节点大样图		
9		消防设计专篇		
10		节能设计专篇		
11		绿建设计专篇		
12		人防设计专篇		
13	结构	设计说明		
14		基础平面图		
15		基础详图		
16		地下室梁板配筋图		
17		地下室顶板配筋图		
18		裙房各层梁板配筋图		

续表

序号	专业	审查内容	审查意见	备注
19		屋顶层梁板配筋图		
20		出屋面层梁板配筋图		
21		墙身详图		
22		楼梯详图		
23		节点大样图		
24		墙柱定位图		
25		墙柱配筋图		
26	给排水	设计说明		
27		总平面图		
28		各层平面图		
29		系统图		
30		设备选型表		
31		大样图		
32	电气	设计说明		
33		总平面图		
34		各层平面图		
35		系统图		
36		设备选型表		
37		大样图		
38	暖通	设计说明		
39		总平面图		
40		各层平面图		
41		系统图		
42		设备选型表		
43		大样图		
44	智能化	设计说明		
45		总平面图		

续表

序号	专业	审查内容	审查意见	备注
46		各层平面图		
47		系统图		
48		设备选型表		
49		大样图		
50	幕墙	设计说明		
51		总平面图		
52		各层平面图		
53		节点详图		
54		大样图		
55		物料表		

7. 工程图纸审核记录表

表 4-7 工程图纸审核记录表

工程号		工程名称/子项		
专业		设计阶段		专业负责人
校审记录：核对□ 审核□ 审定□			修改记录：(不修改需注明原因)	
一、总体方面 二、单体方面 三、其他方面				
校审人： 年 月 日			设计人： 年 月 日	

8. 设计协调会会议纪要

表 4−8　设计协调会会议纪要

编号：

时间		地点	
主持人		记录	
参加单位			
会议主题	\×\×\×项目审图会		

会议主要议程
针对×××项目施工图,对现有图纸成果文件中医疗工艺及流线进行梳理,对图纸中存在的不完善事项提出改善意见。 主要沟通意见如下：

序号	事项	执行	计划完成时间	备注
1				
2				
3				
4				

备注：本会议纪要为记录者对会议内容的理解,会议参加方对纪要内容如有异议,应在收到纪要 2 个工作日内书面向记录者提出,否则应落实本纪要议定事项。

9. 施工图设计交底会议纪要

表4-9 施工图设计交底会议纪要

编号：

时间		地点	
主持人		记录	
参加单位			
会议主题	×××项目施工图设计交底会		
会议主要议程			

针对×××项目施工图,设计单位对图纸内容进行交底,针对施工单位存疑设计图纸问题进行答疑。
主要沟通意见如下：

序号	图纸名称	图纸疑问	设计院回复	备注
1				
2				
3				
4				
5				
参会单位会签	设计单位			
	施工单位			
	监理单位			
	业主单位			

备注:本会议纪要为记录者对会议内容的理解,会议参加方对纪要内容如有异议,应在收到纪要2个工作日内书面向记录者提出,否则应落实本纪要议定事项。

五、设计阶段设计咨询总结

各设计阶段咨询完成后,设计咨询经理须对整个阶段进行总结,总结报告的主要内容如下。

1. 工程概况
2. 输出成果
3. 设计阶段设计咨询情况
4. 经验与教训
5. 业主反馈
6. 对本项目过程的改进建议
7. 项目遗留问题及处理方式

第四节　施工阶段设计咨询

一、施工阶段设计咨询工作内容

(一)施工准备阶段设计咨询工作内容

施工准备阶段,咨询单位设计咨询部应协助业主组织施工图会审等工作。

(1)咨询单位根据施工单位图纸内审情况,协助业主组织设计单位、施工单位(必要时组织专家)进行图纸会审,并形成会议纪要。

(2)咨询单位根据会审意见跟进设计单位出具设计变更单。

(3)根据会审确认的图纸,参与材料样板、设备图纸确认工作。

(4)施工单位开工前,施工单位负责人应向各施工班组负责人进行施工交底。

(5)BIM 技术支持。

(二)施工阶段设计咨询工作内容

咨询单位设计咨询部在工程施工阶段应参与工程质量验收,设计变更管理等工作。

1. 参与工程质量验收

（1）样板间隐蔽验收。

（2）分部分项验收。

（3）过程质量巡查。

（4）专项验收（包含消防、电梯、燃气、建筑节能、雷电防护装置、高低压变配电及 10kV 外线系统验收、人防、环保、规划等验收）。

2. 设计变更管理

设计变更是指项目自初步设计批准之日起至通过竣工验收正式交付使用之日止，对已批准的初步设计文件、技术设计文件或施工图设计文件所进行的修改、完善、优化等活动。咨询单位应对项目实施过程中发生的各类设计变更的程序、质量、进度、费用等进行管理。

3. BIM 技术支持

将 BIM 模型结合手持终端带入施工现场，通过模拟施工单位上报的施工方案、技术交底及运营方案等，对现场施工质量状况进行检查，协助业主管理。

4. 其他技术支持

（1）参与业主主持的第一次工地会议、专题会议。

（2）协调勘察、设计单位与施工单位的现场配合。

（3）参与现场材料、设备验收。

（4）协调施工现场对施工蓝图进行必要的专项设计和深化设计，并审核其合理性。

（5）参加专家评审或论证会。

（6）为施工现场提出的技术问题提供解决方案。

（7）技术支持应整理为记录表。

二、施工阶段设计咨询工作流程

1. 施工图会审流程

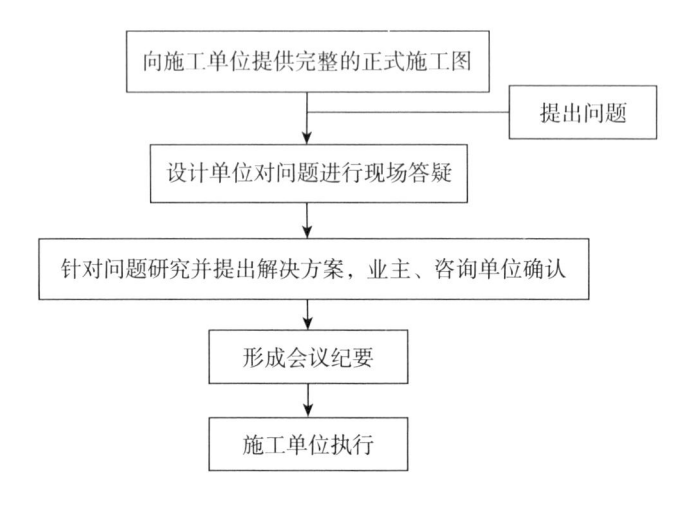

```
向施工单位提供完整的正式施工图
            ↓         ← 提出问题
设计单位对问题进行现场答疑
            ↓
针对问题研究并提出解决方案，业主、咨询单位确认
            ↓
       形成会议纪要
            ↓
       施工单位执行
```

图 4-11　施工图会审流程

2. 设计变更管理流程

设计变更应根据合同约定和业主的相关管理规定执行，一般设计变更管理流程按以下程序实施。

(1) 发起设计变更

设计变更在施工过程中时有发生，设计变更有业主、施工单位提出的工程变更，设计单位提出的设计变更。工程变更提交给监理工程师，设计变更提交给咨询单位。

(2) 监理工程师审查

监理工程师收到工程变更后，应结合现场施工情况及时审查其合理性。审查通过后提交总监理工程师。

(3) 总监理工程师审查

总监理工程师进一步确认工程变更的合理性，通过后提交咨询单位审查。

(4) 咨询单位审查

咨询单位依据业主合同约定，审核各单位提供的设计变更，审核完毕提交设计单位。

(5)设计单位提出设计变更

设计单位按审核通过的变更方案提交设计变更给业主审批。

(6)业主审批

业主审批设计变更方案的适用性与否,审批完毕,通知设计单位按变更方案修改或终止设计方案变更。

(7)修改

设计单位按设计变更方案变更设计图。

(8)监理工程师评估工程变更费用及工期

监理工程师根据变更方案评估工程变更所需要的费用及施工工期,提交总监理工程师审核。

(9)修改

设计单位按设计变更方案变更设计图。

(10)监理工程师评估工程变更费用及工期

监理工程师根据变更方案评估工程变更所需要的费用及施工工期,提交总监理工程师审核。

(11)总监理工程师审核

总监理工程师审核监理工程师评估的变更费用及工期。

(12)咨询单位审核

咨询单位进一步审核、确认,提交业主审批。

(13)业主审批

业主审批变更费用及工期。

(14)总监理工程师、施工单位协调变更费用及工期

总监理工程师按审核通过的费用和工期与施工单位协调,若与已审核通过的费用及工期有差异,需业主调整的,总监理工程师需提交咨询单位审核。

(15)咨询单位审核

咨询单位审核与施工单位协调后确定的变更费用及工期的合理性,通过后提交业主审批。

(16)业主审批

业主审核其合理性,审批后安排总监理工程师签发设计变更单。

(17)总监理工程师签发设计变更

总监理工程师签发设计变更单给发起单位。

```
设计单位设计变更    施工单位提出工程变更    业主提出工程变更
                         ↓                    ↓
                    监理工程师审查 ←───────────┘
                         ↓
              ┌──→ 总监理工程师审查
              │          ↓
              │    咨询单位设计咨询审查
              │          ↓
              │    设计单位提出设计变更 ←─────┐
              │          ↓                    │
              │       业主审批                 │
              │          ↓                    │
              └──── 修改 ──── 否 ─────────────┘
                         ↓
                 监理工程师评估工程变更
                     费用及工期
                         ↓
                   总监理工程师审核
                         ↓
                    咨询单位审核
                         ↓
                 总监理工程师、施工单位
                   协调变更费用及工期
                         ↓
                    咨询单位审核
                         ↓
                      业主审批
                         ↓
                 总监理工程师签发设计变更
                         ↓
             ┌───────────┼───────────┐
           业主        施工单位     监理单位
```

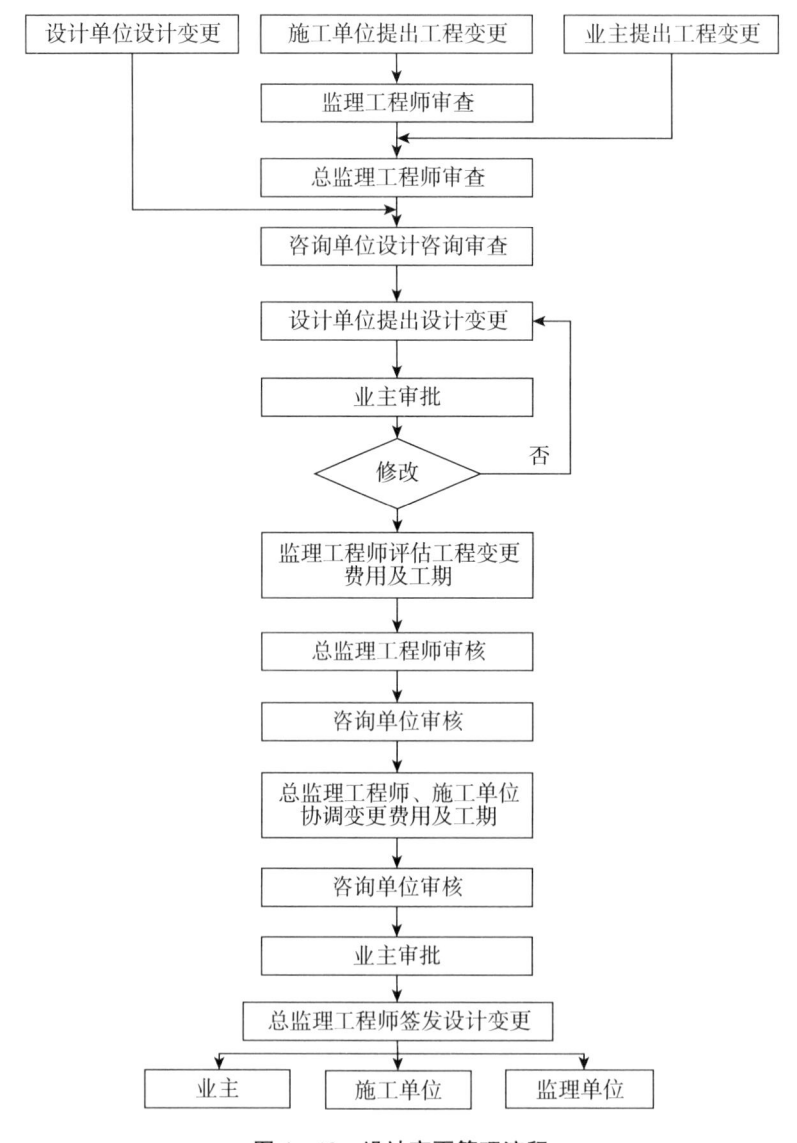

图 4-12 设计变更管理流程

三、施工阶段技术管理要点

1. 施工图会审要点

(1) 图纸是否经设计单位正式签署。

(2) 设计是否符合国家的有关政策规定和技术标准、规范,是否做到经济合理。设计是否做到符合目前施工技术装备条件。

(3) 有无特殊材料(包括新材料),市场上是否有供货,无供货时是否可用替代材料。

(4) 建筑结构与设备安装之间有无矛盾,工程基础、结构、装饰等重点节点是否有疑难问题,各专业之间的图纸是否有碰、错、漏、改,相互矛盾的地方。

(5) 图纸及说明是否齐全、清楚、明确,图纸所标尺寸、坐标、标高及管线通路交叉连接点是否正确。

(6) 设备安装大样详图、节点大样图是否齐全。

(7) 设计图纸与说明是否齐全,有无分期供图的时间表。

(8) 地质勘探资料是否齐全。

(9) 设计地震烈度是否符合当地要求。

(10) 不同设计单位共同设计的图纸相互间有无矛盾;专业图纸之间有无矛盾;标注有无遗漏。

(11) 总平面与施工图的几何尺寸、平面位置、标高等是否一致。

(12) 防火、消防是否满足要求。

(13) 建筑结构与各专业图纸本身是否有差错及矛盾;结构图与建筑图的平面尺寸及标高是否一致;建筑图与结构图的表示方法是否清楚;是否符合制图标准;预埋件是否表示清楚;有无钢筋明细表;钢筋的构造要求在图中是否表示清楚。

(14) 施工图中所列各种标准图册,施工单位是否具备。

(15) 材料来源有无保证,能否代换;图中所要求的条件能否满足;新材料、新技术的应用有无问题。

(16) 地基处理方法是否合理,建筑与结构构造是否存在不能施工、不便于施工的技术问题,或容易导致质量、安全、工程费用增加等方面的问题。

(17)工艺管道、电气线路、设备装置、运输道路与建筑物之间或相互间有无矛盾,布置是否合理。

(18)施工安全、环境卫生有无保证。

2. 施工交底要点

(1)项目开工、竣工时间。

(2)施工范围、工序流程。

(3)项目重点、难点、容易出现的问题点及预防措施。

(4)项目专项方案。

(5)项目四新技术(新材料、新设备、新工艺、新技术)。

3. BIM 技术支持

(1)对施工组织设计方案分析,针对施工过程中的重点、难点加以可视化虚拟施工分析。

(2)协助设计单位在 BIM 数据平台下按时间顺序进行施工方案优化。

(3)进行施工模拟与资源优化,进而实现资金的合理化使用与计划。

4. 设计变更管理要点

(1)审查变更理由的充分性。咨询单位对发起单位提出的变更,应严格审查变更的理由是否充分,防止发起单位利用变更增加工程造价,减少自己应承担的风险和责任。

(2)审查变更程序的正确性。审查发起单位提出变更程序的正确性,应按照合同约定及项目有关规定对变更程序的要求进行审查。

(3)跟踪设计变更的进度。督促设计单位按照变更程序及时出具设计变更文件,避免因设计变更影响项目的进度。

(4)审查设计变更的质量。对设计单位出具的设计变更文件进行全面审查,是否符合法律、法规和规范的规定,并满足合同约定的质量要求。

(5)审查设计变更的量与价。咨询单位应按合同约定的方法计算工程变更增减工程量,并分析变更引起的投资变化。

四、施工阶段设计咨询成果文件

施工阶段设计咨询的成果文件主要包括施工图会审纪要、设计变更评审意见以及其他设计咨询相关的成果文件。

五、施工阶段设计咨询总结

施工阶段设计咨询完成后,设计咨询经理须对整个阶段进行总结,总结报告的主要内容如下。

1. 工程概况
2. 输出成果
3. 施工阶段设计咨询情况
4. 经验与教训
5. 业主反馈
6. 对本项目过程的改进建议
7. 项目遗留问题及处理方式

第五节　竣工验收阶段设计咨询

一、竣工验收阶段设计咨询工作内容

竣工验收是全面考核建设工作,检查是否符合设计要求和工程质量的重要环节,对促进建设工程及时投产,发挥投资效果,总结建设经验具有重要作用。竣工验收的依据如下。

(1)上级主管部门对该项目批准的各种设计相关文件,如可行性研究报告、初步设计文件及概算批复文件。

(2)施工图设计文件及设计变更洽商记录。

(3)国家颁布的各种标准和现行的施工质量验收规范。

(4)工程承包合同文件。

(5)技术设备说明书。

(6)从国外引进的新技术和成套设备的项目,以及中外合资建设项目,要按照签订的合同和进口国提供的设计文件等进行验收。

(7)关于工程竣工验收的其他设计相关规定。

二、竣工验收阶段设计咨询工作流程

竣工验收流程:竣工验收一般分为验收准备、初验收和正式验收三个阶段。

三、竣工验收阶段技术管理要点

竣工验收阶段设计咨询的技术管理要点如下。

1. 验收准备

(1)核查竣工验收所需的设计相关资料是否齐全、准确。包括技术交底文件、设计变更记录、竣工图等技术资料。

(2)协助项目部完成竣工验收计划表的编制。

(3)协助项目部落实竣工图纸的编制,完成竣工图纸的审核。重点核查竣工图的完整性、深度是否达到竣工标准,设备的安装预留是否符合设备技术说明书中的要求,所有的设计变更是否都在竣工图纸上有所体现,以及其他设计相关问题。主要包括以下内容。

①审核修改依据性文件材料的准确性。检查修改依据性文件材料内容是否真实、准确,文件材料是否完整,每一条修改条款是否标注相应的图纸图号,修改条款是否前后矛盾,如有矛盾必须确定以哪一条为准。

②审核竣工图修改的准确性。检查文件材料中每一条修改条款是否均已修改到竣工图上,相关竣工图是否已修改到位,竣工图修改和实际是否相符。

③审核竣工图修改的规范性。

④竣工图修改时采用的修改方法是否规范。

⑤是否采用标准的绘图方式。

⑥是否采用绘图工具进行修改。

2. 初验收

验收准备工作完成后,进入初验收阶段,咨询单位设计咨询部应提供以下支持。

(1)参加工程的初验收会议,听取施工单位及各方初验收汇报。

(2)考察施工现场情况,对照技术文件,检查施工情况,做好记录。

(3)协同业主检查环保、水保、劳动、安全、卫生、消防、防灾安全监控系统、安全防护、应急疏散通道、办公生产生活房屋等设施是否按批准的设计文件建成、是否合格;工机具、常备材料是否按设计配备到位,地质灾害整治及建筑抗震设防是否符合设计规定。

(4)协同检查工程是否按批准的设计文件建成,配套、辅助工程是否与主体工程同步建成。

(5)协同检查工程质量是否符合国家相关设计规范及工程施工质量验收标准。

(6)协同检查工程设备配套及设备安装、调试情况。

(7)配合造价及财务部门办理竣工结算。

(8)协同检查联调联试、动态检测、运行试验情况。

(9)汇总整理工程需要整改的问题,作为竣工初验收意见的一部分。

3. 正式验收

(1)参加工程的正式验收会议,听取施工单位及各方初验收汇报。

(2)参观考察施工现场情况,重点排查初验收问题的落实情况。

(3)参与编写工程竣工验收意见,并将设计相关意见纳入审图要点。

4. 竣工验收 BIM 技术支持

(1)竣工验收时,协助设计单位将竣工验收信息添加到施工过程模型,并根据项目的实际情况进行修正,以保证模型与工程实体的一致性,进而形成竣工模型。

(2)验收过程借助 BIM 模型对现场实际施工情况进行校核,比如管线位置是否满足要求、是否有利于后期检修等。

(3)协助 BIM 设计单位将建设项目的设计、经济、管理等信息融合到 BIM 竣工模型中,便于后期的运维管理单位使用,更好、更快地检索到建设项目的各类信息,为运维管理提供有力保障。

(4)利用BIM竣工模型协助业主进行建筑空间管理,其功能主要包括空间规划、空间分配、人流管理(人流密集场所)等。

(5)利用BIM模型对资产进行信息化管理,辅助业主进行投资决策和制订短期、长期的管理计划。

(6)将建筑设备自控(BA)系统、消防(FA)系统、安防(SA)系统及其他智能化系统和建筑运维模型结合,形成基于BIM技术的建筑运行管理系统和运行管理方案,有利于实施建筑项目信息化维护管理。

(7)利用BIM竣工模型和设施设备及系统模型,制定应急预案,开展模拟演练。

(8)利用BIM模型和设施设备及系统模型,结合楼宇计量系统及楼宇相关运行数据,生成按区域、楼层和房间划分的能耗数据,对能耗数据进行分析,发现高耗能位置和原因,并提出有针对性的能效管理方案,降低建筑能耗。

四、竣工验收阶段设计咨询成果文件

竣工验收阶段设计咨询的成果文件主要包括系统验收前提条件审核报告、竣工验收质量评价报告(意见)、竣工图以及其他设计咨询相关的成果文件。

五、竣工验收阶段设计咨询总结

竣工验收阶段设计咨询完成后,设计咨询经理须对整个阶段进行总结,总结报告的主要内容如下。

1. 工程概况
2. 输出成果
3. 竣工验收阶段设计咨询情况
4. 经验与教训
5. 业主反馈
6. 对本项目过程的改进建议
7. 项目遗留问题及处理方式

第五章

专项设计咨询

第一节 绿色建筑咨询

一、绿色建筑概述

1. 绿色建筑的含义

根据《绿色建筑评价标准》(GB/T 50378-2019)的释义,绿色建筑是指在建筑的全生命期内,节约资源、保护环境、减少污染,为人们提供健康、适用、高效的使用空间,最大限度地实现人与自然和谐共生的高质量建筑。

2. 绿色设计的含义

绿色设计是指在建筑设计中体现可持续发展理念,在满足建筑功能的基础上,实现建筑全生命周期内的资源节约和环境保护,为人们提供健康、舒适和高效的使用空间。

3. 绿色建筑设计的原则

(1) 系统协同性原则。绿色建筑是其与外界环境共同构成的系统,具有系统的功能和特征,构成系统的各相关要素需要关联耦合、协同作用以实现其高效、可持续、最优化地实施和运营;绿色建筑是在建筑运行的全生命周期过程中、多学科领域交叉、跨越多层级尺度范畴、涉及众多相关主体、硬科学与软科学共同支撑的系统工程。

（2）地域性原则。绿色建筑设计应密切结合所在地域的自然地理气候条件、资源条件、经济状况和人文特质，分析、总结和吸纳地域传统建筑应对资源和环境的设计、建设和运行策略，因地制宜地制定与地域特征紧密相关的绿色建筑评价标准、设计标准和技术导则，选择匹配的对策、方法和技术。

（3）高效性原则。绿色建筑设计应着力提高在建筑全生命周期中对资源和能源的利用效率，以减少对土地资源、水资源以及不可再生资源和能源的消耗，减少污染排放和垃圾生成量，降低环境干扰。

（4）自然性原则。在建筑外部环境设计、建设与使用过程中应加强对原生生态系统的保护，避免和减少对生态系统的干扰和破坏，尽可能保持原有生态基质、廊道、斑块的连续性；对受损和退化生态系统采取生态修复和重建的措施；对在建设过程中造成生态系统破坏的情况，采取生态补偿的措施。

（5）健康性原则。绿色建筑设计应通过对建筑室外环境营造和室内环境调控，构建有益于人的生理舒适健康的建筑热、声、光和空气质量环境，以及有益于人的心理健康的空间场所和氛围。

（6）经济性原则。基于对建筑全生命周期运行费用的估算，以及评估设计方案的投入和产出，绿色建筑设计应提出有利于成本控制的具有经济运营现实可操作性的优化方案；进而根据具体项目的经济条件和要求选用技术措施，在优先采用被动式技术的前提下，实现主动式技术与被动式技术的相互补偿和协同运行。

（7）进化性原则。在绿色建筑设计中充分考虑各相关方法与技术更新、持续进化的可能性，并采用弹性的、对未来发展变化具有动态适应性的策略，在设计中为后续技术系统的升级换代和新型设施的添加应用留有操作接口和载体，并能保障新系统与原有设施的协同运行。

二、国内外主要绿色建筑认证

绿色建筑认证，是根据绿色建筑评价标准进行评价，并获得绿色建筑标识的一种评价活动。

1. 中国绿色建筑标识认证

中国的绿色建筑标识,是指表示绿色建筑星级并载有性能指标的信息标志,包括标牌和证书。绿色建筑标识由住房和城乡建设部统一式样,证书由授予部门制作,标牌由申请单位根据不同应用场景按照制作指南自行制作。

绿色建筑评价指标体系由安全耐久、健康舒适、生活便利、资源节约、环境宜居 5 类指标组成,每类指标均包括控制项和评分项;评价指标体系还统一设置了加分项。控制项的评定结果为达标或不达标,评分项和加分项的评定结果为分值。绿色建筑评价分值的设定详见表 5-1 的规定。

表 5-1 绿色建筑评价分值

类别	控制项基础分值	评价指标评分项满分值					提高与创新加分项满分值
		安全耐久	健康舒适	生活便利	资源节约	环境宜居	
预评价分值	400	100	100	70	200	100	100
评价分值	400	100	100	100	200	100	100

绿色建筑评价的总得分按下列式进行计算:

$$Q = (Q_0 + Q_1 + Q_2 + Q_3 + Q_4 + Q_5 + Q_A)/10$$

式中:Q——总得分;

Q_0——控制项基础分值,当满足所有控制项的要求时取 400 分;

$Q_1 \sim Q_5$——分别为评价指标体系 5 类指标(安全耐久、健康舒适、生活便利、资源节约、环境宜居)评分项得分;

Q_A——提高与创新加分项得分。

绿色建筑划分为基本级、一星级、二星级、三星级 4 个等级。当满足全部控制项要求时,绿色建筑等级为基本级。绿色建筑星级等级按以下规定确定。

(1)一星级、二星级、三星级 3 个等级的绿色建筑均应满足《绿色建筑评价标准》(GB/T 50378)全部控制项的要求,且每类指标评分项得分不应小于其评分项满分值的 30%。

(2)一星级、二星级、三星级 3 个等级的绿色建筑均应进行全装修,全装修工程质量、选用材料及产品质量应符合国家现行有关标准的规定。

（3）当总得分分别达到60分、70分、85分且满足表5-2的要求时，绿色建筑等级分别为一星级、二星级、三星级。

表5-2 一星级、二星级、三星级绿色建筑的技术要求

内容	一星级	二星级	三星级
围护结构热工性能的提高比例，或建筑供暖空调负荷降低比例	围护结构提高5%，或负荷降低5%	围护结构提高10%，或负荷降低10%	围护结构提高20%，或负荷降低15%
严寒和寒冷地区住宅建筑外窗热传系数降低比例	5%	10%	20%
节水器具用水效率等级	3级	2级	
住宅建筑隔声性能	—	室外与卧室之间、分户墙（楼板）两侧卧室之间的空气声隔声性能以及卧室楼板的撞击声隔声性能达到低限标准限值和高要求标准限值的平均值	室外与卧室之间、分户墙（楼板）两侧卧室之间的空气声隔声性能以及卧室楼板的撞击声隔声性能达到高要求标准限值
室内主要空气污染物浓度降低比例	10%	20%	
外窗气密性能	符合国家现行相关节能设计标准的规定，且外窗洞口与外窗本体的结合部位应严密		

注：1 围护结构热工性能的提高基准、严寒和寒冷地区住宅建筑外窗传热系数降低基准均为国家现行相关建筑节能设计标准的要求。
 2 住宅建筑隔声性能对应的标准为现行国家标准《民用建筑隔声设计规范》（GB 50118）。
 3 室内主要空气污染物包括氡、甲醛、苯、总挥发性有机物、氨、可吸入颗粒物等，其浓度降低基准为现行国家标准《室内空气质量标准》（GB/T 18883）的有关要求。

2. 美国LEED认证

LEED是美国绿色建筑委员会（USGBC）制定的绿色建筑评价体系，目前被国际广泛认可。在认证过程中，LEED通过提高建造的能效表现、提高水资源利

用率、二氧化碳减排、提高室内空气质量、资源管理、减少对周边环境的影响等方法,对建筑物在设计及建造中提供第三方的相关认证。整套认证体系由美国绿色建筑协会建立并推行,LEED 认证为业主及建筑物使用人员提供了一个简明且可行的方法,以在设计、建筑及运行维护中提供相应的绿色建筑方案。LEED 认证可适用于不同类型的建筑,包括商业楼宇及居民楼,并在建筑的全生命周期(设计、建造、运行及维护、装修和翻新等)内提高楼宇的性能。

评估指标:LEED 主要包括可持续的场地设计、有效利用水资源、能原材料和资源、室内环境质量、创新和设计 6 大项评估指标,满分 110 分。根据得分卡总分,确定项目所达 LEED 绿色建筑类型,如认证级、银级、金级、铂金(白金)级。

(1)认证级:40~49 分。

(2)银级:50~59 分。

(3)金级:60~79 分。

(4)铂金(白金)级:80~110 分。

3. 英国 BREEAM 认证

BREEAM 是世界上第一个绿色建筑评估体系,由英国建筑研究所于 1990 年制定。该评估体系采取"因地制宜、平衡效益"的核心理念,是全球唯一兼具"国际化"和"本地化"特色的绿色建筑评估体系。BREEAM 由于有英国建筑师学会的参与,该证书在英国具有相当高的权威性。

(1)BREEAM 体系:涵盖从建筑主体能源到场地生态价值的范围,包括社会、经济可持续发展的多个方面。

(2)评价内容:核心表现因素、设计和实施、管理和运作。

(3)评价对象:任何新建建筑和既有建筑。

(4)评价条目:包括管理、能源、健康舒适、污染、交通、土地使用、生态、建筑材料以及水资源 9 个方面。

(5)评估方式:当建筑物通过或超过某一项指标基准时,就会获得该项分数;每项指标分值统一,评分标准根据评价内容有不同规定。

(6)等级划分:按照得分给予 4 个主要级别的评定,分别是"通过""好""很好""优秀"。

4. 德国 DGNB 认证

DGNB 是当今世界第二代绿色建筑评估体系,2007 年由德国可持续建筑委员会组织、德国建筑行业的各专业人士共同开发。它不仅是绿色建筑标准,而且还涵盖生态、经济、社会三大方面的因素,以及建筑功能和建筑性能评价指标的体系。

(1)评价内容:生态质量、经济质量、社会文化及功能质量、技术质量、程序质量、场址选择。

(2)评分标准:每个专题分为若干标准,在每一条标准中都有一个明确的界定办法及相应的分值,最高为 10 分。

(3)评估方法:根据建筑已经记录或者计算出的质量,每条标准最高得分为 10 分,每条标准根据其所包含的内容可评定为 0~3 分,因为每条单独的标准都会作为上一级或者下一级标准使用。根据评估公式计算出质量认证要求的建筑达标度。达标度:达标度为 90% 的为 1.0 分、达标度为 80% 的为 1.5 分、达标度为 65% 的为 2.0 分。

(4)等级划分:评估分为金级、银级、铜级,得分总数 50% 以上为铜级、65% 以上为银级、80% 以上为金级。

5. 澳大利亚 NABERS、GSC 认证

目前在澳大利亚主要有两种评估体系:第一种是国家建筑环境评估(NABERS),第二种是绿色之星评价(GSC)。

(1)国家建筑环境评估体系:由澳大利亚环境与遗产保护署于 2003 年颁布实施。NABERS 评估体系有 4 大项 14 个指标来评估一个建筑的建筑环境。

①温室气体排放:能源及温室气体、制冷导致的温室效应等问题。

②水资源:水资源的使用、雨水排放、污水排放。

③环境:雨水污染、自然景观多样性、有害物资、质量引起的臭氧层破坏、垃圾排放量和掩埋处理、室内空气质量。

④使用者反馈:使用者满意程度。

NABERS 评估对象:一部分是对既有商用办公建筑进行等级评定,另一部分是对住宅进行等级评定。评估的建筑星级等级越高,实际环境性能就越好。

（2）绿色之星评价体系：包括 9 个部分的内容,分别是管理、室内环境、能源、交通、水、节材、土地利用与生态、排放物、创新。每个部分均细分为几类,每一类别分别评分,均强调提高环境表现的主动性。此外考虑到地域差异,每个评价系统中,往往会附有一个关于权重分析的附件。"绿色之星"的评价等级如下。

① 四星绿色之星评价认证(得分 45～59 分)：表明该项目为环境可持续设计和(或)建造领域"最好的实践"。

② 五星绿色之星评价认证(得分 60～74 分)：表明该项目为环境可持续设计和(或)建造领域"澳大利亚杰出"。

③ 六星绿色之星评价认证(得分 75～100 分)：表明该项目为环境可持续设计和(或)建造领域"世界领先"。

三、绿色建筑咨询工作内容

绿色建筑咨询是根据委托人的要求,对项目开展绿色建筑星级评价提供咨询,取得绿色建筑评价标识的咨询服务。绿色建筑咨询的主要工作内容如下。

1. 绿色投资决策咨询服务

（1）对项目的轮廓设想,提出项目建议书。

（2）进行可行性研究。

2. 初步设计方案咨询服务

（1）分析项目适用的技术措施与实现策略。

（2）完成初步方案、投资估算、星级评估。

3. 方案优化设计阶段咨询服务

（1）确定项目技术措施要求。

（2）完成设计各专业的提案,落实技术要点、相关产品。

（3）指导施工图设计。

（4）完成认证所需要的各项模拟分析。

4. 绿色建筑预评价咨询服务

（1）完成相关各项方案分析报告和计算书。

(2)制作绿色建筑预评价全部材料。

(3)完成预评价材料的内部审核。

(4)进行专家评审会汇报和答辩。

(5)完成绿色建筑预评价。

5.绿色建筑施工咨询服务

(1)绿色建筑专项施工技术交底。

(2)绿色建筑施工过程监管。

6.项目检测咨询服务

(1)提供所有现场检测所需资料清单。

(2)完成项目申报材料的内部审核。

(3)编制检测计划,确定检测项目、检测指标。

(4)根据现场情况进行自我评估。

(5)进行相关现场检测资料的审核和验证。

7.对评价标识项目材料整理、审核

(1)项目竣工图纸及资料审核。

(2)审核和验证物业管理部门提供的资料,完善相关报告。

8.评价标识认证资料汇总及申报服务

(1)整理汇总所有资料报告。

(2)专家评审会现场汇报和答辩。

(3)对评审意见的反馈及解释。

(4)取得绿色建筑标识。

9.运营管理咨询服务

(1)对物业管理公司和操作人员进行专业知识培训。

(2)定期进行运营管理取证,定期审查运行记录。

(3)提出整改方案,指导物业管理公司制定管理制度。

四、绿色建筑评价基本要求

(1)绿色建筑评价应遵循因地制宜的原则,结合建筑所在地域的气候、环境、资源、经济和文化等特点,对建筑全生命期内的安全耐久、健康舒适、生活便利、资源节约、环境宜居等性能进行综合评价。

(2)绿色建筑应结合地形地貌进行场地设计与建筑布局,且建筑布局应与场地的气候条件和地理环境相适应,并应对场地的风环境、光环境、热环境、声环境等加以组织和利用。

(3)绿色建筑评价应以单栋建筑或建筑群为评价对象。评价的对象应落实并审核上位法定规划及相关专项规划提出的绿色发展要求;涉及系统性、整体性的指标时,应基于建筑所属工程项目的总体进行评价。

(4)绿色建筑评价应在建筑工程竣工后进行。在建筑工程施工图设计完成后,可进行预评价。

(5)申请评价方应对参评建筑进行全生命期技术和经济分析,选用适宜的技术、设备和材料,对规划、设计、施工、运行阶段进行全过程控制,并应在评价时提交相应分析、测试报告和相关文件。申请评价方应对所提交资料的真实性和完整性负责。

(6)评价机构应对申请评价方提交的分析、测试报告和相关文件进行审查,出具评价报告,确定等级。

(7)申请绿色金融服务的建筑项目,应对节能措施、节水措施、建筑能耗和碳排放等进行计算和说明,并应形成专项报告。

第二节 海绵城市咨询

一、海绵城市的含义

海绵城市是指通过城市规划、建设的管控,从"源头减排、过程控制、系统治理"着手,综合采用"渗、滞、蓄、净、用、排"等技术措施,统筹协调水量与水质、生态与安全、分布与集中、绿色与灰色、景观与功能、岸上与岸下、地上与地下等关系,有效控制城市降雨径流,最大限度地减少城市开发建设行为对原有自然水文特征和水生态环境造成的破坏,使城市能够像"海绵"一样,在适应环境变化、抵御自然灾害等方面具有良好的"弹性",实现自然积存、自然渗透、自然净化的城市发展方式,有利于达到修复城市水生态、涵养城市水资源、改善城市水环境、保障城市水安全、复兴城市水文化的多重目标。

二、海绵城市设计审查要点

海绵城市设计应按规划要求明确设计内容和指标,设计阶段的审查要点如下。

1. 方案设计审查要点

(1)项目概况。项目类型、区位、规模、土壤与地下水条件、下垫面情况、竖向及排水条件、问题与需求等分析是否全面、准确。

(2)设计依据。国家、地方相关标准、规范、规程、指南及上位规划、审批文件等依据是否正确。

(3)设计标准。年径流总量控制率、年径流污染削减率(以悬浮物 SS 计)、雨水资源利用率。

(4)技术路线。是否符合项目定位、问题与需求、设计标准要求。

(5)整体方案。排水分区划分、设施选择及布局、竖向衔接、规模计算过程是否正确。

(6)目标校核。各指标是否达标。

(7)投资估算。各项设施单价及总价投资是否合理。

(8)相关图示。下垫面情况分析、竖向及排水分区划分、海绵城市设施布局、排水网设计等图示是否齐全。

2. 施工图设计审查要点

(1)项目概况。项目区位、占地面积、现状建设情况等。

(2)国家、地方标准、规范、规程、指南及上位规划、审批文件等依据是否正确。

(3)建设目标。项目建设目标是否明确,包括年径流总量控制率、年径流污染削减率(以悬浮物 SS 计)、雨水资源利用率、雨水管渠设计重现期、内涝防治设计重现期等。

(4)计算。应提供指标校核、设施规模的计算书。

(5)排水分区和径流组织。分区边界、径流组织设计是否结合竖向高程与管网布局,表达是否清晰。

(6)设施平面布局。各设施平面布局是否合理、表达是否清晰。

(7)设施竖向控制。设施进出口、坡向、设计标高表达是否清晰、准确。

(8)排水管网设计图。连接各设施排水管或溢流管的坡度、坡向、尺寸、标高是否合理;管网尺寸、坡度是否达到设计标准。

(9)重要设施详图。重要设施、复杂部位局部节点需附详图。重点审查与周边场地衔接是否合理,平面图、剖面图是否完善合理。

三、海绵城市评价内容与要求

海绵城市建设的评价应以城市建成区为评价对象,对建成区范围内的源头减排项目、排水分区及建成区整体的海绵效应进行评价,具体评价内容与要求见表5-3。

表5-3 海绵城市评价内容与要求

评价内容		评价要求
1.年径流总量控制率及径流体积控制		(1)新建区:不得低于"我国年径流总量控制率分区图"所在区域规定下限值,及所对应计算的径流体积; (2)改建区:经技术经济比较,不宜低于"我国年径流总量控制率分区图"所在区域规定下限值,及所对应计算的径流体积
2.源头减排项目实施有效性	建筑小区	(1)年径流总量控制率及径流体积控制:新建项目不应低于"我国年径流总量控制率分区图"所在区域规定下限值,及所对应计算的径流体积;改扩建项目经技术经济比较,不宜低于"我国年径流总量控制率分区图"所在区域规定下限值,及所对应计算的径流体积;或达到相关规划的管控要求; (2)径流污染控制:新建项目年径流污染物总量(以悬浮物 SS 计)削减率不宜小于70%,改扩建项目年径流污染物总量(以悬浮物 SS 计)削减率不宜小于40%;或达到相关规划的管控要求; (3)径流峰值控制:雨水管渠及内涝防治设计重现期下,新建项目外排径流峰值流量不宜超过开发建设前原有径流峰值流量;改扩建项目外排径流峰值流量不得超过更新改造前原有径流峰值流量; (4)新建项目硬化地面率不宜大于40%;改扩建项目硬化地面率不应大于改造前原有硬化地面率,且不宜大于70%

续表

评价内容		评价要求
2. 源头减排项目实施有效性	道路、停车场及广场	(1)道路:应按照规划设计要求进行径流污染控制;对具有防涝行泄通道功能的道路,应保障其排水行泄功能; (2)停车场与广场: ①年径流总量控制率及径流体积控制:新建项目不应低于"我国年径流总量控制率分区图"所在区域规定下限值,及所对应计算的经流体积;改扩建项目经技术经济比较,不宜低于"我国年径流总量控制率分区图"所在区域规定下限值,及所对应计算的径流体积; ②径流污染控制:新建项目年径流污染物总量(以悬浮物 SS 计)削减率不宜小于 70%,改扩建项目年径流污染物总量(以悬浮物 SS 计)削减率不宜小于 40%; ③径流峰值控制:雨水管渠及内涝防治设计重现期下,新建项目外排径流峰值流量不宜超过开发建设前原有径流峰值流量;改扩建项目外排径流峰值流量不得超过更新改造前原有径流峰值流量
	公园与防护绿地	(1)新建项目控制的径流体积不得低于年径流总量控制率 90%对应计算的径流体积,改扩建项目经技术经济比较,控制的径流体积不宜低于年径流总量控制率 90%对应计算的径流体积; (2)应按照规划设计要求接纳周边区域降雨径流
3. 路面积水控制与内涝防治		(1)灰色设施和绿色设施应合理衔接,应发挥绿色设施滞峰、错峰、削峰等作用; (2)雨水管渠设计重现期对应的降雨情况下,不应有积水现象; (3)内涝防治设计重现期对应的暴雨情况下,不得出现内涝
4. 城市水体环境质量		(1)灰色设施和绿色设施应合理衔接,应发挥绿色设施控制径流污染与合流制溢流污染及水质净化等作用; (2)旱天无污水、废水直排; (3)控制雨天分流制雨污混接污染和合流制溢流污染,并不得使所对应的受纳水体出现黑臭;或雨天分流制雨污混接排放口和合流制溢流排放口的年溢流体积控制率均不应小于 50%,且处理设施悬浮物(SS)排放浓度的月平均值不应大于 50mg/L; (4)水体不黑臭:透明度应大于 25cm(水深小于 25cm 时,该指标按水深的 40%取值),溶解氧应大于 2.0mg/L,氧化还原电位应大于 50mV,氨氮应小于 8.0mg); (5)不应劣于海绵城市建设前的水质;河流水系存在上来水时,旱天下游断面水质不宜劣于上游来水水质

续表

评价内容	评价要求
5. 自然生态格局管控与水体生态性岸线保护	(1)城市开发建设前后天然水域总面积不宜减少,保护并最大限度恢复自然地形地貌和山水格局,不得侵占天然行洪通道、洪泛区和湿地、林地、草地等生态敏感区;或应达到相关规划的蓝线绿线等管控要求; (2)城市规划区内除码头等生产性岸线及必要的防洪岸线外,新建、改建、扩建城市水体的生态性岸线率不宜小于70%
6. 地下水埋深变化趋势	年均地下水(潜水)水位下降趋势应得到遏制
7. 城市热岛效应缓解	夏季按6~9月的城郊日平均温差与历史同期(扣除自然气温变化影响)相比应呈现下降趋势

第三节 超限专项审查

一、超限高层建筑工程范围

根据《超限高层建筑工程抗震设防管理规定》和《超限高层建筑工程抗震设防专项审查技术要点》的规定,超限高层建筑工程,是指超出国家现行规范、规程所规定的适用高度和适用结构类型的高层建筑工程,体型特别不规则的高层建筑工程,以及有关规范、规程规定应当进行抗震专项审查的高层建筑工程。超限高层建筑工程主要包括表5-4~表5-7中的建筑工程。

表 5-4　房屋高度(m)超过下列规定的高层建筑工程

结构类型		6度	7度(含0.15g)	8度(0.20g)	8度(0.30g)	9度
混凝土结构	框架	60	50	40	35	24
	框架—抗震墙	130	120	100	80	50
	抗震墙	140	120	100	80	60
	部分框支抗震墙	120	100	80	50	不应采用
	框架—核心筒	150	130	100	90	70
	筒中筒	180	150	120	100	80
	板柱—抗震墙	80	70	55	40	不应采用
	较多短肢墙		100	60	60	不应采用
	错层的抗震墙和框架—抗震墙		80	60	60	不应采用
混合结构	钢外框—钢筋混凝土筒	200	160	120	120	70
	型钢混凝土外框—钢筋混凝土筒	220	190	150	150	70
钢结构	框架	110	110	90	70	50
	框架—支撑(抗震墙板)	220	220	200	180	140
	各类筒体和巨型结构	300	300	260	240	180

注：当平面和竖向均不规则(部分框支结构指框支层以上的楼层不规则)时，其高度应比表内数值降低至少10%。

表 5-5　同时具有下列三项及三项以上不规则的高层建筑工程
（不论高度是否大于表 5-4 中的高层建筑工程）

序号	不规则类型	简要含义	备注
1a	扭转不规则	考虑偶然偏心的扭转位移比大于1.2	参见 GB 50011-3.4.2
1b	偏心布置	偏心率大于0.15或相邻层质心相差大于相应边长15%	参见 JGJ 99-3.2.2

续表

序号	不规则类型	简要含义	备注
2a	凹凸不规则	平面凹凸尺寸大于相应边长30%等	参见 GB 50011 – 3.4.2
2b	组合平面	细腰形或角部重叠形	参见 JGJ 3 – 4.3.3
3	楼板不连续	有效宽度小于50%,开洞面积大于30%,错层大于梁高	参见 GB 50011 – 3.4.2
4a	刚度突变	相邻层刚度变化大于70%或连续三层变化大于80%	参见 GB 50011 – 3.4.2
4b	尺寸突变	竖向构件位置缩进大于25%,或外挑大于10%和4m,多塔	参见 JGJ 3 – 4.4.5
5	构件间断	上下墙、柱、支撑不连续,含加强层、连体类	参见 GB 50011 – 3.4.2
6	承载力突变	相邻层受剪承载力变化大于80%	参见 GB 50011 – 3.4.2
7	其他不规则	如局部的穿层柱、斜柱、夹层、个别构件错层或转换	已计入1~6项者除外

注:深凹进平面在凹口设置连梁,其两侧的变形不同时仍视为凹凸不规则,不按楼板不连续中的开洞对待;序号a、b不重复计算不规则项;局部的不规则,视其位置、数量等对整个结构影响的大小判断是否计入不规则的一项。

表 5 – 6　具有下列某一项不规则的高层建筑工程(不论高度是否大于表 5 – 4 中的高层建筑工程)

序号	不规则类型	简要含义
1	扭转偏大	裙房以上的较多楼层,考虑偶然偏心的扭转位移比大于1.4
2	抗扭刚度弱	扭转周期比大于0.9,混合结构扭转周期比大于0.85
3	层刚度偏小	本层侧向刚度小于相邻上层的50%
4	高位转换	框支墙体的转换构件位置:7度超过5层,8度超过3层
5	厚板转换	7~9度设防的厚板转换结构
6	塔楼偏置	单塔或多塔与大底盘的质心偏心距大于底盘相应边长20%
7	复杂连接	各部分层数、刚度、布置不同的错层 连体两端塔楼高度、体型或者沿大底盘某个主轴方向的振动周期显著不同的结构
8	多重复杂	结构同时具有转换层、加强层、错层、连体和多塔等复杂类型的3种

注:仅前后错层或左右错层属于表 5 – 5 中的一项不规则,多数楼层同时前后、左右错层属于本表的复杂连接。

表 5-7 其他高层建筑

序号	简称	简要含义
1	特殊类型高层建筑	抗震规范、高层混凝土结构规程和高层钢结构规程暂未列入的其他高层建筑结构，特殊形式的大型公共建筑及超长悬挑结构，特大跨度的连体结构等
2	超限大跨空间结构	屋盖的跨度大于120m或悬挑长度大于40m或单向长度大于300m，屋盖结构形式超出常用空间结构形式的大型列车客运候车室、一级汽车客运候车楼、一级港口客运站、大型航站楼、大型体育场馆、大型影剧院、大型商场、大型博物馆、大型展览馆、大型会展中心，以及特大型机库等

注：表中大型建筑工程的范围，参见《建筑工程抗震设防分类标准》（GB 50223）。

二、超限专项审查的主要内容

（1）建筑抗震设防依据。

（2）场地勘察成果。

（3）地基和基础的设计方案。

（4）建筑结构的抗震概念设计和性能目标。

（5）总体计算和关键部位计算的工程判断。

（6）薄弱部位的抗震措施。

（7）可能存在的其他问题。

三、超限专项审查要点

1. 申报专项审查资料要求

（1）高层建筑工程超限设计可行性论证报告应说明其超限的类型（如高度、转换层形式和位置、多塔、连体、错层、加强层、竖向不规则、平面不规则、超限大跨空间结构等）和程度，并提出有效控制安全的技术措施，包括抗震技术措施的适用性、可靠性，整体结构及其薄弱部位的加强措施和预期的性能目标。

（2）岩土工程勘察报告应包括岩土特性参数、地基承载力、场地类别、液化评价、剪切波速测试成果及地基方案。当设计有要求时，应按规范规定提供结构工程时程分析所需的资料。处于抗震不利地段时，应有相应的边坡稳定评价、断裂影响和地形影响等抗震性能评价内容。

(3)结构设计计算书应包括:软件名称和版本,力学模型,电算的原始参数(是否考虑扭转耦连、周期折减系数、地震作用修正系数、内力调整系数、输入地震时程记录的时间、台站名称和峰值加速度等),结构自振特性(周期,扭转周期比,对多塔、连体类含必要的振型)、位移、扭转位移比、结构总重力和地震剪力系数、楼层刚度比、墙体(或筒体)和框架承担的地震作用分配等整体计算结果,主要构件的轴压比、剪压比和应力比控制等。对计算结果应进行分析。采用时程分析时,其结果应与振型分解反应谱法计算结果进行总剪力和层剪力沿高度分布等的比较。对多个软件的计算结果应加以比较,按规范的要求确认其合理、有效性。

(4)初步设计文件的深度应符合《建筑工程设计文件编制深度的规定》的要求,设计说明要有建筑抗震设防分类、设防烈度、设计基本地震加速度、设计地震分组、结构的抗震等级等内容。

(5)抗震试验数据和研究成果,要有明确的适用范围和结论。

2.建筑结构抗震概念设计审查

(1)各种类型的结构应有其合适的使用高度、单位面积自重和墙体厚度。结构的总体刚度应适当(含两个主轴方向的刚度协调应符合规范的要求),变形特征应合理;楼层最大层间位移和扭转位移比符合规范、规程的要求。

(2)应明确多道防线的要求。框架与墙体、筒体共同抗侧力的各类结构中,框架部分地震剪力的调整应依据其超限程度比规范的规定适当增加。主要抗侧力构件中沿全高不开洞的单肢墙,应针对其延性不足采取相应措施。

(3)超高时应从严把握建筑结构规则性的要求,明确竖向不规则和平面不规则的程度,应注意楼板局部开大洞导致较多数量的长短柱共用和细腰形平面可能造成的不利影响,避免过大的地震扭转效应。对不规则建筑的抗震设计要求,可依据抗震设防烈度和高度的不同有所区别。主楼与裙房间设置防震缝时,缝宽应适当加大或采取其他措施。

(4)应避免软弱层和薄弱层出现在同一楼层。

(5)转换层应严格控制上下刚度比;墙体通过次梁转换和柱顶墙体开洞,应有针对性地加强措施。水平加强层的设置数量、位置、结构形式,应认真分析比较;伸臂构件内力计算宜采用弹性膜楼板假定,上下弦杆应贯通核心筒的墙体,墙体在伸臂斜腹杆的节点处应采取措施避免应力集中而导致的破坏。

(6)多塔、连体、错层等复杂体型的结构,应尽量减少不规则的类型和不规则的程度;应注意分析局部区域或沿某个地震作用方向上可能存在的问题,分别采取相应的加强措施。

(7)当几部分结构的连接薄弱时,应考虑连接部位各构件的实际构造和连接的可靠程度,必要时可取结构整体模型计算结果和分开模型计算结果的不利情况,或者要求将某部分结构的抗震性能提高到设防烈度下仍处于弹性工作状态。

(8)注意加强楼板的整体性,避免楼板的削弱部位在大震下受剪破坏;当楼板在板面或板厚内开洞较大时,宜进行截面大震受剪承载力验算。

(9)出屋面结构和装饰构架自身较高或体型相对复杂时,应参与整体结构分析,材料不同时还需适当考虑阻尼比不同的影响,其与主体结构的连接部位应特别加强。

(10)高宽比较大时,应注意复核地震下地基基础的承载力和结构整体稳定性。

3. 结构抗震性能目标审查

(1)根据结构超限情况、震后损失、修复难易程度和大震不倒等确定结构抗震性能目标。

(2)选择预期水准的地震作用设计参数时,中震和大震可仍按规范的设计参数采用。

(3)加强结构抗震承载力复核,如水平转换构件在大震下受弯、受剪极限承载力复核。竖向构件和关键部位构件在中震下偏压、偏拉、受剪屈服承载力复核,同时受剪截面满足大震下的截面控制条件。竖向构件和关键部位构件中震下偏压、偏拉、受剪承载力设计值复核。

(4)确定所需的延性构造等级。中震时出现小偏心受拉的混凝土构件应采用《高层混凝土结构规程》中规定的特一级构造,拉应力超过混凝土抗拉强度标准值时宜设置型钢。

(5)按抗震性能目标论证抗震措施(如内力增大系数、配筋率、配箍率和含钢率)的合理可行性。

4. 结构计算分析模型和计算结果审查

(1)正确判断计算结果的合理性和可靠性,注意计算假定与实际受力的差异(包括刚性板、弹性膜、分块刚性板的区别),通过结构各部分受力分布的变化,以及最大层间位移的位置和分布特征,判断结构受力特征的不利情况。

(2)结构总地震剪力以及各层的地震剪力与其以上各层总重力荷载代表值的比值,应符合抗震规范的要求,Ⅲ类、Ⅳ类场地时尚宜适当增加(如10%左右)。当结构底部的总地震剪力偏小需调整时,其以上各层的剪力也均应适当调整。

(3)结构时程分析的嵌固端应与反应谱分析一致,所用的水平、竖向地震时程曲线应符合规范要求,持续时间一般不小于结构基本周期的5倍(结构屋面对应于基本周期的位移反应不少于5次往复);弹性时程分析的结果也应符合规范的要求,即采用3组时程时宜取包络值,采用7组时程时可取平均值。

(4)软弱层地震剪力和不落地构件传给水平转换构件的地震内力的调整系数取值,应依据超限的具体情况大于规范的规定值;楼层刚度比值的控制值仍需符合规范的要求。

(5)上部墙体开设边门洞等的水平转换构件,应根据具体情况加强;必要时,宜采用重力荷载下不考虑墙体共同工作的手算复核。

(6)跨度大于24m的连体计算竖向地震作用时,宜参照竖向时程分析结果确定。

(7)错层结构各分块楼盖的扭转位移比,应利用电算结果进行手算复核。

(8)对于结构的弹塑性分析,高度超过200m时应采用动力弹塑性分析;高度超过300m时应做两个独立的动力弹塑性分析。计算应以构件的实际承载力为基础,着重于发现薄弱部位和提出相应的加强措施。

(9)必要时(如特别复杂的结构、高度超过200m的混合结构、大跨空间结构、静载下构件竖向压缩变形差异较大的结构等),应有重力荷载下的结构施工模拟分析,当施工方案与施工模拟计算分析不一致时,应根据实际施工方案重新进行施工模拟分析。

（10）当计算结果有明显疑问时，应另行专项复核。

5. 结构抗震加强措施审查

（1）对抗震等级、内力调整、轴压比、剪压比、钢材的材质选取等方面的加强，应根据烈度、超限程度和构件在结构中所处部位及其破坏影响的不同，区别对待、综合考虑。

（2）根据结构的实际情况，采用增设芯柱、约束边缘构件、型钢混凝土或钢管混凝土构件，以及减震耗能部件等措施。

（3）抗震薄弱部位应在承载力和细部构造两方面采取相应的综合措施。

6. 岩土工程勘察成果审查

（1）波速测试孔数量和布置应符合规范要求；测量数据的数量应符合规定。

（2）液化判别孔和砂土、粉土层的标准贯入锤击数据以及黏粒含量分析的数量应符合要求；水位的确定应合理。

（3）场地类别划分、液化判别和液化等级评定应准确、可靠；脉动测试结果仅作为参考。

（4）处于不同场地类别的分界附近时，应要求用内插法确定计算地震作用的特征周期。

7. 地基和基础的设计方案审查

（1）地基基础类型合理，地基持力层选择可靠。

（2）主楼和裙房设置沉降缝的利弊分析正确。

（3）建筑物总沉降量和差异沉降量控制在允许的范围内。

8. 试验研究成果和工程实例、震害经验审查

（1）对按规定需进行抗震试验研究的项目，要明确试验模型与实际结构工程相符的程度以及试验结果可利用的部分。

（2）借鉴国外经验时，应区分抗震设计和非抗震设计，了解是否经过地震考验，并判断是否与该工程项目的具体条件相似。

（3）对超高很多或结构体系特别复杂、结构类型特殊的工程，宜要求进行实际结构工程的动力特性测试。

第四节 消防设计审查

一、消防设计审查范围

根据住房和城乡建设部《建设工程消防设计审查验收管理暂行规定》的要求,受委托的咨询机构对特殊建设工程以及其他按照国家工程建设消防技术标准需要进行消防设计审查的施工图进行消防设计审查,主要包括以下工程。

(1)总建筑面积大于 2 万 m^2 的体育场馆、会堂,公共展览馆、博物馆的展示厅。

(2)总建筑面积大于 1.5 万 m^2 的民用机场航站楼、客运车站候车室、客运码头候船厅。

(3)总建筑面积大于 1 万 m^2 的宾馆、饭店、商场、市场。

(4)总建筑面积大于 $2500m^2$ 的影剧院,公共图书馆的阅览室,营业性室内健身、休闲场馆,医院的门诊楼,大学的教学楼、图书馆、食堂,劳动密集型企业的生产加工车间,寺庙、教堂。

(5)总建筑面积大于 $1000m^2$ 的托儿所、幼儿园的儿童用房,儿童游乐厅等室内儿童活动场所,养老院、福利院,医院、疗养院的病房楼,中小学校的教学楼、图书馆、食堂,学校的集体宿舍,劳动密集型企业的员工集体宿舍。

(6)总建筑面积大于 $500m^2$ 的歌舞厅、录像厅、放映厅、卡拉 OK 厅、夜总会、游艺厅、桑拿浴室、网吧、酒吧,具有娱乐功能的餐馆、茶馆、咖啡厅。

(7)国家工程建设消防技术标准规定的一类高层住宅建筑。

(8)城市轨道交通、隧道工程,大型发电、变配电工程。

(9)生产、储存、装卸易燃易爆危险物品的工厂、仓库和专用车站、码头,易燃易爆气体和液体的充装站、供应站、调压站。

(10)国家机关办公楼、电力调度楼、电信楼、邮政楼、防灾指挥调度楼、广播电视楼、档案楼。

(11)设有本条第(1)~(6)项所列情形的建设工程。

(12)第(10)项、第(11)项规定以外的单体建筑面积大于 4 万 m^2 或者建筑高度超过50m的公共建筑。

二、消防设计审查内容

根据《建设工程消防设计审查规则》,消防设计审查内容主要包括资料审查、消防设计文件审查和技术复核。

1. 资料审查

(1)建设工程消防设计审核申报表/建设工程消防设计备案申报表。

(2)建设单位的工商营业执照等合法身份证明文件。

(3)消防设计文件。

(4)专家评审的相关材料。

(5)依法需要提供的规划许可证明文件或城乡规划主管部门批准的临时性建筑证明文件。

(6)施工许可文件(备案项目)。

(7)依法需要提供的施工图审查机构出具的审查合格文件(备案项目)。

2. 消防设计文件审查

(1)建筑类别和耐火等级。

(2)总平面布局和平面布置。

(3)建筑防火构造。

(4)安全疏散设施。

(5)灭火救援设施。

(6)消防给水和消防设施。

(7)供暖、通风和空气调节系统防火。

(8)消防用电及电气防火。

(9)建筑防爆。

(10)建筑装饰和保温防火。

3. 技术复核

(1)设计依据及国家工程建设消防技术标准的运用是否准确。

(2)消防设计审查的内容是否全面。

(3)建设工程消防设计存在的具体问题及其解决方案的技术依据是否准确、充分。

(4)结论性意见是否正确。

三、消防设计审查要点

根据《建设工程消防设计审查规则》附录 B 建设工程消防设计文件审查要点,消防设计从建筑类别和耐火等级,总平面布局和平面布置,建筑防火构造,安全疏散设施,灭火救援设施,消防给水和消防设施,供暖、通风和空气调节系统,消防用电及电气防火,建筑防爆,建筑装修和保温防火共 10 个方面进行审查。

1. 建筑类别和耐火等级

(1)根据建筑物的使用性质、火灾危险性、疏散和扑救难度、建筑高度、建筑层数、单建筑类别层建筑面积等要素,审查建筑物的分类和设计依据是否准确。

(2)审查建筑耐火等级确定是否准确,是否符合工程建设消防技术标准要求。

(3)审查建筑构件的耐火极限和燃烧性能是否符合规范要求。

2. 总平面布局和平面布置

(1)审查火灾危险性大的石油化工企业、烟花爆竹工厂、石油天然气工程、钢铁企业、发电厂与变电站、加油加气站等工程选址是否符合规范要求。

(2)审查防火间距是否符合规范要求。

(3)根据建筑类别审查建筑平面布置是否符合规范要求。

(4)审查建筑允许建筑层数和防火分区的面积是否符合规范要求。

(5)审查消防控制室、消防水泵房的布置是否符合规范要求。

(6)审查医院、学校、养老建筑、汽车库、修车库、铁路旅客车站、图书馆、旅馆、博物馆、电影院等的总平面布局和平面布置是否满足规范要求。

3. 建筑防火构造

(1)审查防火墙、防火隔墙、防火挑檐等建筑构件的防火构造是否符合规范要求。

(2)审查电梯井、管道井、电缆井、排烟道、排气道、垃圾道等井道的防火构造是否符合规范要求。

(3)审查屋顶、闷顶和建筑缝隙的防火构造是否符合规范要求。

(4)审查建筑外墙和屋面保温、建筑幕墙的防火构造是否符合规范要求。

(5)审查建筑外墙装修及户外广告牌的设置是否符合规范要求。

(6)审查天桥、栈桥和管沟的防火构造是否符合规范要求。

4. 安全疏散设施

(1)审查各楼层或各防火分区的安全出口数量、位置、宽度是否符合规范要求。

(2)审查疏散楼梯和疏散门的设置是否符合规范要求。

(3)审查疏散距离和疏散走道的宽度是否符合规范要求。

(4)审查避难走道、避难层和避难间的设置是否符合规范要求。

5. 灭火救援设施

主要审查消防车道、救援场地和入口、消防电梯、直升机停机坪等方面是否符合规范要求。

6. 消防给水和消防设施

主要审查消防水源、室外消防给水及消火栓系统、室内消火栓系统、火灾自动报警系统、防烟设施、排烟设施、自动喷水灭火系统、气体灭火系统、其他消防设施和器材等方面是否符合规范要求。

7. 供暖、通风和空气调节系统

(1)审查供暖、通风与空气调节系统机房的设置位置,建筑防火分隔措施,内部设施管道布置是否符合规范要求。

(2)根据建筑物的不同用途、规模,审查场所的供暖通风与空气调节系统的形式选择是否符合规范要求。

(3)审查通风系统的风机、除尘器、过滤器、导除静电等设备的选择和设置是否符合规范要求。

(4)审查供暖、通风空调系统管道的设置形式,设置位置、管道材料与可燃物之间的距离、绝热材料等是否符合规范要求。

(5)审查防火阀的动作温度选择、防火阀的设置位置和设置要求是否符合规范要求。

(6)审查排除有燃烧或爆炸危险气体、蒸气和粉尘的排风系统,燃油或燃气锅炉房的通风系统设置是否符合规范要求。

8. 消防用电及电气防火

(1)审查消防用电负荷等级,保护对象的消防用电负荷等级的确定是否符合规范要求。

(2)审查消防电源设计是否符合规范要求。

(3)审查消防配电设计是否符合规范要求。

(4)审查用电系统防火设计是否符合规范要求。

(5)审查应急照明及疏散指示标志的设计是否符合规范要求。

9. 建筑防爆

(1)审查有爆炸危险的甲类、乙类厂房的设置是否符合规范要求,包括是否独立设置,是否采用敞开或半敞开式,承重结构是否采用钢筋混凝土或钢框架、排架结构。

(2)审查有爆炸危险的厂房或厂房内有爆炸危险的部位、有爆炸危险的仓库或仓库内有爆炸危险的部位、有粉尘爆炸危险的筒仓、燃气锅炉房是否采取防爆措施、设置泄压设施是否符合规范要求。

(3)审查有爆炸危险的甲类、乙类生产部位、设备、总控制室、分控制室的位置是否符合规范要求。

(4)散发较空气轻的可燃气体、可燃蒸气的甲类厂房是否采用轻质屋面板作为泄压面积,顶棚设计和通风是否符合规范要求。

(5)散发较空气重的可燃气体、可燃蒸气的甲类厂房和有粉尘、纤维爆炸危险的乙类厂房是否采用不发火花的地面。

(6)使用和生产甲类、乙类、丙类液体厂房,其管、沟是否与相邻厂房的管、沟相通,其下水道是否设置隔油设施。

(7)甲类、乙类、丙类液体仓库是否设置防治液体流散的设施,遇湿会发生燃烧爆炸的物品仓库是否采取防止水浸渍的措施。

(8)设置在甲类、乙类厂房内的办公室、休息室,必须贴邻本厂房时,是否设置防爆墙与厂房分隔;有爆炸危险区域内的楼梯间、室外楼梯或与相邻区域连通处是否设置防护措施。

(9)安装在有爆炸危险的房间的电气设备、通风装置是否具有防爆性能。

10.建筑装修和保温防火

(1)查看设计说明及相关图纸,明确装修工程的建筑类别、装修范围、装修面积。装修范围应明确所在流程。局部装修应明确局部装修范围的轴线。

(2)审查装修工程的使用功能是否与通过审批的建筑功能相一致,装修工程的使用功能如果与原设计不一致的,则要判断是否引起整栋建筑的性质变化,是否需要重新申报土建调整。

(3)审查装修工程的平面布置是否符合规范要求。

(4)审查装修材料的燃烧性能等级是否符合规范要求;装修范围内是否存在装修材料的燃烧性能等级需要提高或者满足一定条件可以降低的房间部位。

(5)审查各类消防设施的设计和点位是否与原建筑设计一致,是否符合规范要求。

(6)审查建筑内部装修是否遮挡消防设施,是否妨碍消防设施和疏散走道的正常使用。

(7)审查照明灯具及配电箱的防火隔热措施是否符合规范要求。

(8)审查建筑保温是否符合规范要求。

第五节 建筑信息模型(BIM)

一、建筑信息模型(BIM)概述

建筑信息模型(Building Information Modeling,BIM)技术是一种应用于工程设计、建造、管理的数据化工具,通过对建筑的数据化、信息化模型的整合,在项目策划、运行和维护的全生命周期过程中进行共享和传递,使工程技术人员对各种建筑信息作出正确理解和高效应对,为设计团队以及包括建筑、运营单位在内的各方建设主体提供协同工作的基础,在提高生产效率、节约成本和缩短工期方面发挥重要作用。BIM具有以下特点。

1. 可视化

可视化即"所见所得"的形式,对于建筑行业来说,可视化真正运用在建筑业的作用是非常大的。例如,经常拿到的施工图纸,只是各个构件的信息在图纸上采用线条绘制表达,但是其真正的构造形式就需要建筑业从业人员去自行想象。BIM 提供了可视化的思路,将以往的线条式的构件形成一种三维的立体实物图形展示在人们的面前;建筑业也有设计方面的效果图,但是这种效果图不含有除构件的大小、位置和颜色以外的其他信息,缺少不同构件之间的互动性和反馈性。而 BIM 提到的可视化是一种能够同构件之间形成互动性和反馈性的可视化,由于整个过程都是可视化的,因此可视化的结果不仅可以用效果图展示及报表生成,更重要的是,项目设计、建造、运营过程中的沟通、讨论、决策都在可视化的状态下进行。

2. 协调性

协调是建筑业中的重点内容,无论是施工单位,还是业主及设计单位,都在做着协调及相互配合的工作。一旦项目在实施过程中遇到了问题,就要将各有关人员组织起来召开协调会,寻找施工问题发生的原因及解决办法,然后作出变更,提出相应的补救措施等来解决问题。在设计时,往往由于各专业设计师之间的沟通不到位,因此会出现各种专业之间的碰撞问题。例如,暖通等专业的管道在进行布置时,由于施工图纸是各自绘制在各自的施工图纸上的,在实际施工过程中,可能在布置管线时正好有结构设计的梁等构件在此阻碍管线的布置,对这样的碰撞问题就只能在问题出现之后再进行解决。BIM 的协调性服务就可以帮助处理这种问题,也就是说,BIM 建筑信息模型可在建筑物建造前期对各专业的碰撞问题进行协调,生成协调数据,并提供出来。当然,BIM 的协调作用并不是只能解决各专业间的碰撞问题,它还可以解决如电梯井布置与其他设计布置及净空要求的协调、防火分区与其他设计布置的协调、地下排水布置与其他设计布置的协调等。

3. 模拟性

模拟性并不是只能模拟设计出的建筑物模型,还可以模拟不能够在真实世界中进行操作的事物。在设计阶段,BIM 可以对设计上需要进行模拟的一些东西进行模拟实验。例如,节能模拟、紧急疏散模拟、日照模拟、热能传导模拟等;在招投标和施工阶段可以进行 4D 模拟(三维模型加项目的发展时间),也就是根据施工的组织设计模拟实际施工,从而确定合理的施工方案来指导施工。同时,还可以进行 5D 模拟(基于 4D 模型加造价控制),从而实现成本控制;后期运营阶段可以模拟日常紧急情况的处理方式,例如,地震人员逃生模拟及消防人员疏散模拟等。

4.优化性

事实上,整个设计、施工、运营的过程就是一个不断优化的过程。当然,优化和 BIM 也不存在实质性的必然联系,但在 BIM 的基础上可以做更好的优化。优化受三种因素的制约:信息、复杂程度和时间。没有准确的信息,做不出合理的优化结果,BIM 模型提供了建筑物的实际存在的信息,包括几何信息、物理信息、规则信息,还提供了建筑物变化以后的实际存在信息。复杂程度较高时,参与人员本身的能力无法掌握所有的信息,必须借助一定的科学技术和设备的帮助。现代建筑物的复杂程度大多超过参与人员本身的能力极限,BIM 及与其配套的各种优化工具提供了对复杂项目进行优化的可能。

5.可出图性

BIM 模型不仅能绘制常规的建筑设计图纸及构件加工的图纸,还能通过对建筑物进行可视化展示、协调、模拟、优化,并出具各专业图纸及深化图纸,使工程图纸表达更加详细。

二、建筑信息模型(BIM)咨询工作内容

1.前期规划阶段 BIM 咨询工作内容

(1)依据建设单位的指导意见,结合项目的实际需求,编制《BIM 实施大纲》,明确项目 BIM 实施总体目标及主要任务。

(2)审核规划或设计单位提交的《前期规划阶段 BIM 实施方案》。

(3)对规划或设计单位 BIM 工作进行监督,并对规划或设计单位提交的 BIM 成果进行审核,及时反馈优化信息或修改意见。

2.设计阶段 BIM 咨询工作内容

(1)审核设计单位提交的《设计阶段 BIM 实施方案》。

(2)通过会议及邮件等形式,对各设计单位的 BIM 工作进行过程监督,并对设计单位提交的 BIM 成果进行审核,及时反馈优化建议或修改意见。

(3)监督设计单位提交设计阶段 BIM 成果,模型应符合项目模型的细度要求。

(4)设计阶段完成后,BIM 全过程咨询单位应对设计单位提交的 BIM 成果进行质量审核,保证成果的一致性。

3.施工阶段 BIM 咨询工作内容

(1)审核施工单位提交的《施工阶段 BIM 实施方案》。

(2)制定施工阶段 BIM 应用实施流程,建立 BIM 会议机制、模型管理机制、各项 BIM 应用点工作要求、基于 BIM 模型验收办法、现场施工误差反馈机制等,为管理各分包单位 BIM 实施提供支持。

(3)协调各单位针对工程实际完成情况及设计变更,分阶段完成 BIM 模型的细化,利用 BIM 技术辅助现场管理施工,安排施工顺序节点,确保现场施工顺畅,按进度计划保质保量完成项目建设。

(4)审核施工单位提交的 BIM 成果。

4.运维阶段 BIM 工作内容

(1)编制 BIM 运维实施方案。

(2)在 BIM 竣工模型的基础上完成 BIM 运维模型。

(3)通过 BIM 运维平台,基于 BIM 技术实现对项目的空间管理、资产管理、设备管理、应急管理、能源管理等。

(4)完成合同规定的其他 BIM 应用要求。

三、建筑信息模型(BIM)咨询工作要点

1.各阶段 BIM 模型审查要点

(1)模型完整性检查:检查 BIM 模型中所应包含的模型、构件等内容是否完整,BIM 模型所包含的内容及深度是否符合交付等级要求。

(2)建模规范性检查:检查 BIM 模型是否符合建模规范,如 BIM 模型的建模方法是否合理,模型构件及参数间的关联性是否正确,模型构件间的空间关系是否正确,语义属性信息是否完整,交付格式及版本是否正确等。

(3)设计指标、规范检查:检查 BIM 模型中的具体设计内容,设计参数是否符合项目的设计要求,是否符合国家和行业主管部门有关建筑设计的规范和条例,如 BIM 模型及构件的几何尺寸、空间位置、类型规格等是否符合合同及规范要求。

(4)模型协调性检查:检查 BIM 模型中模型及构件是否具有良好的协调关系,如专业内部及专业间模型是否存在直接的冲突,安全空间、操作空间是否合理等。

2. 建筑专业建模审查要求

(1)项目原点、正北、轴网、标高等项目信息准确。

(2)模型构件正确反应设计输入的几何信息、定位信息、材质等。

(3)模型完整、连续,无多余的构件或线条。

(4)建筑构件自身无冲突,与结构模型相吻合。

(5)构件附着的属性满足项目 BIM 技术应用的要求。

(6)建筑构件与其他专业构件模型无冲突,预留孔洞位置准确。

3. 结构专业建模审查要求

(1)结构构件截面尺寸、长度精确,平面定位、空间标高准确,属性准确,正确反应设计。

(2)各楼层楼板标高、开孔等尺寸及定位准确。

(3)模型完整、连续,无多余的构件或线条。

(4)构件附着的属性满足项目 BIM 技术应用的要求。

4. 暖通专业建模审查要求

(1)布置紧凑合理,整体协调。

(2)便于施工和安装,维护方便,满足检修要求。

(3)风管、管道、设备无碰撞。

(4)风管、管道、阀门的材质、规格、设计参数、标识代码等属性满足系统设计要求与 BIM 技术应用要求。

(5)模型完整、连续,无多余的构件或线条,颜色分类符合规定。

5.给排水专业建模审查要求

(1)布置紧凑合理,整体协调。

(2)便于施工和安装,维护方便,满足检修要求。

(3)管道、设备无碰撞。

(4)管道、阀门的材质、规格、设计参数、标识代码等属性满足系统设计要求与 BIM 技术应用要求。

(5)模型完整、连续,无多余的构件或线条,颜色分类符合规定。

6.电气专业建模审查要求

(1)布置合理,整体协调。

(2)便于施工和安装,维护方便,满足检修要求。

(3)桥架、线槽无碰撞。

(4)桥架、线槽及接口的定位准确,外形尺寸准确,规格、设计参数、标识代码等属性满足系统设计要求与 BIM 技术应用要求。

(5)模型完整、连续,无多余的构件或线条,颜色分类符合规定。

四、建筑信息模型(BIM)的应用

1.方案设计阶段

方案设计阶段的 BIM 应用主要是利用 BIM 技术对项目的设计方案可行性进行验证,对下一步深化工作进行推导和方案细化。利用 BIM 软件对建筑项目所处的场地环境进行必要的分析,如坡度、坡向、高程、纵横断面、挖填量、等高线、流域等,作为方案设计的依据。进一步利用 BIM 软件建立建筑模型,输入场地环境相应的信息,进而对建筑物的物理环境(如气候、风速、地表热辐射、采光、通风等)、出入口、人车流动、结构、节能排放等方面进行模拟分析,选择最优的设计方案。

2.初步设计阶段

初步设计阶段的 BIM 应用主要是深化结构建模设计和分析核查,推敲完善方案设计模型,通过 BIM 设计软件,对专业间平面、立面、剖面位置进行一致性检查,将修正后的模型进行剖切,生成平面、立面、剖面及节点大样图。在初步设计过程中,沟通、讨论、决策应围绕方案设计模型进行,发挥模型可视化、专业协同的优势。

3. 施工图设计阶段

施工图设计阶段的 BIM 应用是各专业模型构建并进行优化设计的复杂过程。各专业信息模型包括建筑、结构、给排水、暖通、电气等专业。在此基础上,根据专业设计、施工等知识框架体系,进行碰撞检测、三维管线综合、竖向净空优化等基本应用,完成对施工图阶段设计的多次优化。针对某些会影响净高要求的重点部位,进行具体分析并讨论,优化机电系统空间走向排布和净空高度。

4. 施工准备阶段

施工准备阶段的 BIM 应用主要体现在施工深化设计、施工场地规划、施工方案模拟等方面。该阶段 BIM 应用对施工深化设计准确性、施工方案的虚拟展示等方面起到关键作用。施工单位应结合施工工艺及现场管理需求对施工图设计阶段模型进行信息添加、更新和完善,以得到满足施工需求的施工作业模型。

5. 施工实施阶段

施工实施阶段的 BIM 应用主要体现在施工现场管理,一般是将施工准备阶段完成的模型,配合选用合适的施工管理软件进行集成应用,其不仅是可视化的媒介,而且能对整个施工过程进行优化和控制,有利于提前发现并解决工程项目中的潜在问题,减少施工过程中的不确定性和风险。同时,按照施工顺序和流程模拟施工过程,可以对工期进行精确的计算、规划和控制,也可以对人、机、料、法等施工资源统筹调度、优化配置,实现对工程施工过程交互式的可视化和信息化管理。

6. 运维阶段

运维阶段 BIM 的应用是基于竣工模型搭建运维管理平台并付诸具体实施。其主要工作由运维管理方案策划、运维管理系统搭建、运维模型构件、运维数据自动化集成、运维系统维护 5 个步骤组成。其中基于 BIM 的运维管理的主要功能模块包括空间管理、资产管理、设备管理、能源管理、应急管理等。

第六节　其他专项设计咨询

对于不同行业、不同类型、不同地区、不同使用要求的建设工程项目,根据具体项目可能需要的专项设计咨询也不完全一样。例如,医院项目涉及的专项设计咨询中还包括医疗工艺咨询、医用气体、放射防护、医疗废弃物处理等。其专项咨询具体要求需要参阅国家、地方和行业的相关规定文件。

第二篇

设计咨询实务

第六章

深圳医院群项目

第一节 项目概况与项目特点

一、深圳市医院群项目工程概况

本项目群建设单位是深圳市建筑工务署,重庆赛迪工程咨询有限公司(以下简称赛迪咨询)参与三标段的 5 个项目的全过程工程咨询工作。

1. 深圳市综合医院 A 改扩建工程(二期)

该扩建工程位于深圳市龙岗区,综合医院 A 现址用地范围内,新建面积 283,220m^2;拆除面积 6942m^2;改造面积 31,171m^2,新增床位 950 张。

2. 深圳市综合医院 B 改扩建工程

该扩建工程位于深圳市龙华新区,新建面积 169,000m^2;拆除面积 18,151m^2;改造面积 17,969.07m^2,项目建成后总床位 1000 张。

3. 深圳市综合医院 C 改扩建工程(一期)

该扩建工程位于深圳市龙岗中心城南区,建筑面积约 29,000m^2。

4. 深圳市某专科医院

该工程位于深圳市罗湖区,建筑面积 12,000m^2。

5. 深圳市综合医院 D 新建项目

该扩建工程位于深圳市龙岗区,建筑面积 68,200m²,床位数 500 张。

二、深圳市医院群项目工程特点

医院群项目在建 5 个项目分布在深圳市三个区,分别是罗湖区、龙华新区和龙岗区。项目的分散性对设计咨询工作的开展有较大影响,对设计咨询人员的分配和管理如何保证各个项目前期工作的正常推进具有较高的要求,这也是设计咨询一直以来致力攻克的问题。通过 2018~2020 年,设计咨询板块从驻地现场分项目办公,到由分散式办公到集中办公,各专业间有了更好的沟通,工作效率有效提升。

1. 项目群重难点

(1)项目群属重点民生项目,建设标准高,社会关注度高

本标段 5 个项目中的医疗项目建筑规模较大,属重点民生项目,涉及国计民生,社会效益显著。其质量水平关乎政府的公众形象,劣质的工程必然会极大损害公众利益,造成严重的社会影响。因此,项目管理要高度重视项目质量,以高标准的服务确保工程质量。

(2)群体项目,对统筹管理和资源配置能力要求高

本标段是由 5 个医院组成的项目群,每个子项目分布在不同的区域,群体项目考验全过程工程咨询单位的统筹管理和人力资源配置能力。

(3)全过程工程咨询对负责人的策划能力要求高

全过程工程咨询除了施工阶段外,还包括项目的前期阶段,即总体筹划、需求管理、设计咨询、招标采购管理、工程监理以及后期的移交、结算、与项目相关的其他工作,对项目负责人的策划能力提出更高的要求。

(4)医院项目业主方的需求管理难度大

工程咨询单位要与项目使用单位进行沟通,提出符合各阶段设计深度要求的用户需求,准确表达委托人对工程质量、进度、投资的要求;在设计全阶段(方案、初步设计、施工图、室内装饰、机电等专业工程设计)协调沟通用户需求;负责协调项目使用单位对各阶段设计成果进行确认。各个医院使用方对各科室功

能要求有不一样的地方,工程咨询单位要与院方加强沟通,确定功能需求并请院方签字确认,减少工程变更,以期顺利达成进度目标、投资目标。

(5)医疗项目要求整体定位准确、功能布局明确、医疗流水组织合理

大型医疗项目由于工艺复杂,其项目的整体定位、功能布局、医疗流水组织尤其重要。因此在此阶段项目管理团队要着重考察医疗工艺设计,力求找出医疗功能布局合理、流程明晰、人流物流(洁污)合理的方案。按照《医院建筑设计规范》及医院决策层的管理理念,规划出每个专业所需的房间及净面积,特别要注意重大医疗设备的规划和布局方案,否则就可能留下在建设过程中因医疗功能反复调整造成返工的设计隐患。

(6)医疗工程的特殊性

①功能复杂。综合医院的项目建设由急诊部、门诊部、住院部、医技科室、保障系统、行政管理、院内生活、科研和教学设施等组成,医院建筑由于功能复杂,建筑布局要满足各种流线及功能分区的要求,具体表现在如何将急诊、门诊、病房、医技及其他配套用房清晰地、有机地结合起来。

②医疗专项工程设备多。含洁净工程、医用气体、中央纯水、物流传输、污水处理、放射防护、试验工艺、厨房工程等系统,医疗设备多,如创氧机、高压氧舱、DSA、CT、ECT等,建筑与各专业系统设备之间的衔接是否合理将影响进度、投资和质量。

③信息化程度高。医院的人流、物流、车流、信息流大,需要建立设备管理系统、公共安全系统、信息设备系统、医疗专项系统等30多个子系统,以满足大量信息传递和处理需要,医院智能化系统已由过去的智能建筑,单纯的机电设备管理向越来越宽的领域拓展。

④单方投资大,超概风险大。医院项目单方投资会高于普通公共建筑,投资控制等管理工作贯穿于项目决策、设计、建设实施以及竣工决算等全过程,超概风险大。

(7)医疗工艺设计优化及图纸会审难点

医院工程所涉及的医疗专业配套工程较多,大多数建筑设计院都比较缺乏医疗专业知识,使工程设计难以满足医疗专业需求;需要由专业单位进行深化设

计的内容多，深化设计与原设计、专业工程与土建工程之间容易出现不衔接或矛盾等方面的问题，这就是全过程咨询设计咨询工作难点之一。

医院工程是较复杂的综合性系统工程，任何医院工程的设计都可能存在这样或者那样的问题。因此，针对设计中可能存在的问题要在图纸会审时及时提出，这对参建各方都显得尤为重要。举例如下。

①手术室：是否充分考虑了合理的手术流程、感染的控制，先进的设备与支持空间的配合。

②监护病房：是否充分考虑了护理的位置和流程，以及床边充分的抢救空间。

③放射诊断科：是否充分考虑了机房的防护与设备要求，病人与工作的分流、操作人员合理空间与大型设备的迁入与更换。

④检验科：是否充分考虑了开放宽敞的试验环境，充分的设备支持空间及实验设备的安全。

⑤在规划设计上，是否做到功能清晰、分区合理、便捷高效，人流、物流流程尽可能短捷，并且达到洁污分流。

⑥医技楼是医疗设备较集中的建筑，是否充分考虑了各种医疗设备的安装条件和特殊要求，包括平面布置的面积要求、层高要求、设备的运输要求，以及通风空调、强弱电、给排水、消防等系统的特殊要求。

⑦医院是用电大户，主要包括照明用电、空调通风用电、给排水设备用电以及相关医用设备仪器的用电，各专业工程在设计时应根据医院的特点充分考虑"建筑节能"的有关要求。

(8) 新技术应用多

深圳市属于国家改革开放的前沿阵地，医院项目的建设要体现前瞻性，在装配式建筑、工业化建筑、绿色建筑、智能建筑、综合管廊、海绵城市、BIM技术以及新的医疗设备、新的医疗运营管理系统都可能会在本次招标项目中采用，需要工程咨询单位有丰富的医疗工程经验以及新技术应用的创新技术能力。

(9) BIM技术、智慧工地建设要求高

智慧工地利用互联网技术、BIM技术，推动建筑工地施工项目实现精细化、信息化、标准化管理,实现绿色建造和生态建造,已成为建造业转型升级的发展趋势和要求。通过系统智能设备能实时查看现场人员、环境、设备、物资、质量、安全等各种数据和信息,精准把控现场脉络,及时消除安全隐患,缩短了管理半径,优化了管理流程,提高了管理效率,保障了企业和项目安全生产。在赛迪咨询代理建设的重庆儿童医院项目首次试点中运用了多种智能设备,VR体验避免因陌生环境发生意外事故,最大限度降低事故发生概率;智能安全带便于实时对作业人员进行监控;模糊识别技术通过监控视频获取图像自动识别安全帽是否佩戴,及时抓拍违章图片并保存,降低人为误差,保证设计的有效落地。

(10)设计标准高,二次设计多,设计精细化管理要求高

医院建设项目涉及专业多。除常规的建筑总体设计、装饰设计、供电设计、环境绿化设计外,还包含医院智能化设计、医疗工艺流程设计、手术室净化工程设计、医用气体工程设计、医院标识系统设计以及废弃物和污水处理工程设计。各家设计院若不能形成实质意义的设计交流和会签制度,则容易造成各家设计施工图之间的"差、错、漏、碰"问题,在施工阶段容易引发施工矛盾和造成较大经济、工期损失。

项目实施过程中需要二次深化设计的专业多、变更多,设计协调和限额设计、工程造价控制难度大。与医院管理有关的弱电系统及子系统多,合理地组织配合医疗设备安装、建安工程施工衔接,协调工作量大。应加强设计咨询和协调,特别应加强总体设计院与各单项设计院之间,以及相关联各单体设计院之间的设计联络和接口管理。

(11)专业发包项目多,项目合同管理难度高

合同管理是造价控制、进度管理的重要保证,作为医院项目,本次医疗项目不仅涉及常规建筑的工程类、设备材料采购类、咨询服务类合同,还有建设单位专业发包的机电设备安装工程、室内装修工程、电梯采购、医用气体工程、洁净工程等。将以总包合同、分包合同、平行发包合同等不同形式体现出相互的逻辑关系。合同架构复杂、标段接口多,合同界面管理是重点。咨询单位应树立以合同促进进度、控制投资、保证质量的理念,合理划分标段、及时启动招标和合同谈判,组织好各标段的穿插实施,从而保证工程进度。

（12）统筹协调复杂，难度大

①外部协调：改扩建医院需要保证医院的正常使用，同时医院建设需要协调电力、供水、通信、既有区域与改扩建区域间的交通组织、既有区域与改扩建区域间的接口接驳等各方工作，协调工作难度大。

②技术统筹协调：设计院、业主单位、顾问单位，因涉及医疗专项设计，工艺较为复杂，加之各科室对功能要求也有较多不同，在此之间统筹协调力求找到合理性与经济性的平衡点的难度大。

③参建单位多：主体施工、专项施工单位多，参加的还有医疗设备供应商、设计院、医疗工艺咨询单位、地勘单位、造价咨询单位，相较常规项目多出很多乙方单位，各单位间的联动协调，沟通管理难度大。

综上所述，作为全过程工程咨询单位，在项目全过程中达到总体协调的目标具有较强挑战性。

2. 建设单位的主要关注点

（1）设计咨询人员的配备及程序管理

前期工作特别是设计工作的质量、进度是建设单位最关心的。由于项目的建设周期短，使设计周期非常有限，设计院在短时间的设计过程中往往会出现最终设计成果中内容的疏漏、表达不完整、投资管控不到位的情况，反而影响整个项目的推进速度和施工质量。所以对于全过程工程咨询项目，建设单位希望借助赛迪咨询深厚的设计技术人员班底及成熟可靠的程序管理经验，以其在咨询领域的专业性，对设计阶段进行统筹把控，技术支持，以期起到关键作用。

（2）项目的方案设计的质量

方案设计是整个项目的方向性成果，建设单位要求赛迪咨询在这个阶段确认使用方需求、确认项目整体建设内容、规模及投资估算。

（3）初步设计的进度、质量及概算报批的准确性

进入初步设计，建设单位关注重心落在概算报批的工作上，而初步设计的完整性、功能性及可行性尤为重要，它是编制概算文本的基础资料，所以从设计参数、技术审查、专家论证、审批程序等各方面需要赛迪咨询的全程介入，从设计咨询和技术审查上提高管理力度和工作效率，从而促进初步设计进度顺利达成既

定目标,同时各项报批文件准确无误。

(4)施工图设计的进度、质量

进入施工图设计阶段,建设单位的关注重心偏向项目整体的建设进度,所以施工图的完成节点是赛迪咨询设计咨询管控的重点,过程中对施工图的审查和第三方审查是关键的辅助手段。施工图的进度和质量关系到项目施工整体的推进速度。

第二节 设计咨询任务与内容

一、项目前期阶段设计咨询

设计咨询首先要求保证各个子项目的功能达到医院的使用需求,在目前社会需求下适度超前,满足设计的先进性。在前期设计咨询工作中,需求调查和确认、使用功能完善且齐全、专项设计满足建设单位要求等是设计咨询的重点内容,是项目顺利推进的基础。

1. 方案设计阶段管理

(1)根据设计院的招标文件和合同内容,对设计院进行监督管理。赛迪咨询根据建设单位要求及合同要求编写方案阶段设计工作计划、设置预控要点和完成节点,制定有关项目内部和外部的设计咨询工作制度,配合项目部编写设计咨询规划等,例如,编制了《设计咨询办法(试行版)》,其中包含了管理流程、会议制度、审核制度等。

(2)根据和医院确认的使用功能需求条件,组织和参加设计院各专业讨论和确认设计需求参数,要求设计院按时提交合格的概念方案设计成果,通过给建设单位及院方的汇报,形成修改意见及专家咨询意见,依据意见经设计院修改最终确认概念方案。赛迪咨询在过程中检查并控制设计院的设计进度,检查方案的设计深度及质量,分阶段、分专项对设计成果文件进行设计审查。

(3)赛迪咨询在方案设计阶段,及时组织建设单位、医院及设计院对方案进行不定期的讨论,负责及时上传下达建设单位与设计院之间的各类信息、指令、报告、报表等,做好和医院的沟通协调工作。

(4)协助建设单位编制设计任务书

①根据医院需求和建设单位的建设要求,提出任务书中的建设规模、投资额度、用地与规划条件和主要功能定位等设计内容,并以政府相关主管部门对拟建项目的批复意见为依据完成编制工作。

②组织全咨询部人员对项目可行性研究报告、规划条件和各部门批复意见(包括立项文件、环评等)等项目前期文件进行充分的研究讨论,保证设计任务书的内容客观、真实、准确。

③方案中项目的建设标准拟定、功能空间设置布局、土地等资源的节约合理利用、环保、节能、减排、智能化和工艺、技术、材料、设备的选用等环节是赛迪咨询重点关注和审查的地方,并提供咨询意见给建设单位、医院。

④涉及医疗专项、其他专项(包括景观、幕墙、室内精装等)的方案设计和设备选型时,按照建设单位项目管理要求,以内部审核、建设单位评审委员会等机构的审查等方式保证各类方案的设计质量。

⑤组织和协调方案审批工作,包括组织专家会、向建设单位和医院的汇报会、规土委相关部门对接等,直至方案审批通过,配合完成建设工程规划许可证等前期手续的办理。

(5)总体方案设计阶段控制工作

①审查所需的设计依据,如可行性研究报告、有关批文、设计合同文件、工程资料等是否齐全;采用的设计规范标准的有效性、完整性和准确性。

②协助建设单位向设计院提供方案设计必须的资料。

③编制方案设计进度计划并控制其执行。

④编制阶段进度控制总结报告。

⑤组织完成优化设计方案编制项目总投资修正估算。

⑥编制方案优化阶段资金使用计划并报建设单位确认后执行。

⑦根据工程特点和医院的使用需求,列出各专业技术关键要点作为后期初步设计、施工图设计的关注点和控制点。

⑧审查方案设计的内容和深度要求是否符合设计任务书规定和国家有关规定,形成咨询报告。

⑨组织参建各方及相关部门通过专题会、汇报会和沟通会的形式,确认设计方案的可行性,保证院方需求,满足医院发展,同时将综合技术经济指标控制在合理范围内,达成建设单位建设要求,力求发挥项目最大功效。

⑩在方案文本编制完成后,向规划土地管理部门进行报建咨询,使建筑设计方案符合报送条件。

⑪协助建设单位向规划管理部门报送方案审查资料。

2. 初步设计阶段管理

(1)在医院群的初步设计阶段,赛迪咨询组织设计院根据方案阶段确认的医院需求、建设单位建设时序、规模、投资等内容进行深化,重点监督审核医院各项目使用功能的全面性、合理性和可靠性,使概算批复不超项目估算的建设单位要求。

(2)在初步设计过程中,赛迪咨询协助建设单位按照要求开展初步设计专家评审工作,专家从深圳市建设单位建筑专家库中根据专业进行选取;设计院根据专家评审意见以及赛迪咨询审核意见一并复核后,进一步完善初步设计资料,形成最终初步设计报送建委审批文本。

(3)初步设计阶段控制工作

1)在初步设计正式开展前,要求设计院按合同要求编制设计进度计划、设计团队组成、专项设计分包情况及设计计划;梳理设计依据以及医院项目使用功能;在设计标准方面,须取得建设单位设计中心、技术部的确认。

2)赛迪咨询审核设计院编制的各阶段进度计划,同时检查设计院对设计分包单位的管控计划节点,并督促设计院按计划实施。

3)在初步设计过程中,赛迪咨询每周对设计进度情况进行汇总(各专业及各专项),组织设计院和医院进行使用功能的沟通和确认工作,将相关的专题会、汇报会形成会议纪要,指导后续设计院的修改和确认工作。

4)审查初步设计文件,对初步设计文件中的结构体系、建筑设计、设备系统设计、各专项设计及主要设备的选型等提出审查和优化意见,主要内容如下。

①工艺设备选型先进适用,经济合理。

②技术参数先进合理,与环境相协调,并满足环保要求。

③采用的新技术、新工艺、新设备、新材料安全可靠,经济合理。

5)审查初步设计的内容是否全面、深度要求是否符合施工图设计的需要以及是否符合设计合同规定和国家有关规定;设计文件的专项设计的完整性,如环保、消防、节能、卫生、安全、绿建、医疗5项等。

6)赛迪咨询组织建设单位、医院对初步设计方案提出优化意见,督促设计院结合招标文件确定的设计要求、阶段性进度要求的目标完成设计工作。

7)赛迪咨询对初设图纸中的工程内容进行审查,特别关注设计是否存在缺漏项、是否进行了限额设计,如发现超投资现象应及时与建设单位商议,并和医院进行沟通,组织各方参加设计专题汇报并督促设计院进行调整优化,严格执行限额设计。

8)赛迪咨询组织对设计文件进行技术经济比较,组织并参与对初步设计文件的专家会审和审批会议,并提出初审意见。通过专家会、建设单位内部审核等方式寻求设计挖潜的可能性。

9)向建设单位提交初步设计审查咨询报告,协助建设单位向建设主管部门报建。

3.施工图设计阶段管理

(1)施工图设计计划的审查确认。在开展施工图设计前,要求设计院编制施工图设计的开工计划,在开工计划中要具体落实合同要求及需要建设单位进一步确认的内容、方案及进度安排,赛迪咨询审查设计院施工图设计的进度能否满足建设的要求。

(2)组织设计院协助建设单位编制甲供材料、设备的采购计划,协助建设单位编制材料、设备清单。

(3)及时提醒、协调建设单位对还未确认的功能设计要求及方案调整的设计文件尽快作出决策和审定,避免后期建设过程中因此类事宜发生违约事件。

(4)通过措施控制施工图设计进度满足招标工作、材料设备采购以及施工进度的要求。

(5)根据实际设计进度,动态调整施工图设计阶段进度控制计划,如遇突发情况影响设计计划实施的,须组织各方及时做专题汇报,并提交咨询意见和报告。

(6)要求设计院各专业进行内审,对各类多专业配合中重、难点问题进行专项交叉审核,赛迪咨询组织内部各板块施工图质量的初步审查,审查所需的设计依据,如初步设计审查意见、初步设计及概算批复文件、工程资料等是否齐全;采用的设计规范标准的有效性、完整性和准确性。

①审查初设审批意见的执行情况。

②审查是否符合设计规范。

③审查施工图设计的内容和深度要求是否符合设计合同规定和国家有关规定。

④审查设计是否符合安全可靠、经济合理原则。

⑤审查设计功能是否满足建设单位的需要。

⑥审查图纸与计算书的结果是否一致。

⑦审查选用的标准图是否是有效版本、是否按本工程具体情况作了必要的说明和修改。

⑧审查套用图纸时是否按具体情况作了必要的选用核算。

⑨递交审查图纸与设计最新图纸之间是否出现了更新、版本不统一的情况。

⑩审查设计是否满足施工工艺的要求,即施工可行性。

(7)对工程和设备各构成部分的尺寸、标高、布置、选用材料、施工的可行性及安装质量要求和使用功能等进行施工图设计全过程控制和审查,以进一步满足建设单位的目标要求。

(8)组织各专项设计(如医疗设备设计、工艺设计等)和医院进行三级流程确认工作,通过专题会、沟通会、汇报会、专家评审等方式进行,针对建设单位和医院意见给出咨询建议,提供咨询报告。

(9)对设备系统设计,设备选型提出核查意见。对软件产品审查其设计方案、设计说明书、流程框图,确保设备系统各部分设计均符合建设单位确定的功能及质量要求,符合有关技术法规和技术标准的规定;保证有关设计文件、图纸符合现场施工的实际条件,设计深度应能满足系统集成、装配、安装的要求。

(10)审查施工图设计是否贯彻和满足了初步设计审查中提出的修改要求,

是否切合现场实际,加强设计中间环节的检查,优化设计,提高施工图设计质量。

(11)根据批准的总投资概算,修正总投资规划,提出施工图设计的投资控制目标。

(12)编制施工图设计阶段资金使用计划并控制其执行,必要时对计划提出调整建议。

(13)跟踪审核设计图设计结果,对设计从施工、材料、设备等多方面做必要的市场调查和技术经济论证,并提出咨询报告,如发现设计会突破投资目标,及时向建设单位进行汇报并形成咨询报告。

(14)检查、督促设计院进行限额设计、优化设计,将施工图预算严格控制在批准的初步设计概算投资允许浮动的范围内。

(15)审核施工图预算,挖掘节约投资的可能性。

(16)比较施工图预算与投资概算,提交各种控制报表和报告。

(17)审查各项技术经济指标是否经济合理。技术经济指标包括综合指标和单项指标,是概算价值的综合反映,可参考同类工程的经济指标进行对比,结合其设计内容及情况分析本项目投资额高(低)的原因。

(18)对于施工图设计过程中提出的变更初步设计要求,咨询工程师要研究设计变更给投资和进度带来的影响,并把分析结果及咨询建议提交给建设单位,由建设单位决定是否要变更设计。

(19)在施工图审查的基础上,对各专业设计提出优化意见。

(20)组织施工图设计的会审及第三方审查工作,包括消防审查等。

(21)编制施工图设计阶段投资控制总结报告;协助建设单位向建设主管部门提交报建资料。

4. 专项评审

(1)组织专项审查,包括但不限于交通评估的审查、环境影响评价的审查、结构超限审查论证、消防性能化论证、深基坑论证、建筑节能审查、放射诊疗及核医学应用的环评卫评等。

(2)组织相关各方参加方案专家评审、初步设计专家评审(建设单位要求)、智能化设计方案审核、第三方施工图审查工作、幕墙方案评审(由领导确认)、景观设计方案评审（由领导确认）、室内精装方案评审（由领导确认）、精装设计样板确认、施工样板间点评等，均需形成咨询报告、会议纪要或相关指令后由设计院、施工单位实施。

（3）组织设计院对评估单位提出的意见进行修改、送审，直到通过各种专业评估。根据建设单位项目管理流程及办法进行工程勘察、设计、施工图设计审查、第三方检测等前期阶段的各项服务类招标、签订合同并监督实施。

（4）医疗专项管理

1）医疗设计咨询工作要点

对本项目医疗工艺及相关专业的全过程进行工程咨询管理，对医疗工艺咨询的进度、质量和服务情况进行全过程管理。其中，医院医疗专项设计的咨询一般要点如下。

①洁净手术部建筑环境。例如，洁净手术部在医院内的位置，应远离污染源；洁净手术部必须自成一区，同时应保证与其有密切关系的外科护理单元临近，宜保证与其有关的放射科、病理科、消毒供应室、血库等功能房间路径最短、通行便捷。

洁净手术部最好不设在首层和高层建筑的顶层。

②洁净手术部平面布局。例如，洁净手术部必须分为洁净区与非洁净区；洁净区与非洁净区之间必须设缓冲室或传递窗；洁净手术部的内部平面和通道形式必须符合便于疏散、各功能部门之间路径便捷和洁污分明的原则；洁净区内根据对空气洁净度级别的不同要求分区，不同区之间设置分区隔断门；负压洁净手术室和产生严重污染的房间与其相邻区域之间必须设缓冲室。

③建筑装饰。例如，材料必须满足不产尘、不积尘、耐腐蚀、防潮防霉、容易清洁和符合防火要求；地面应平整，采用耐磨、防滑、耐腐蚀、易清洗、不易起尘与不易开裂的材料制作；墙面应使用不易开裂、阻燃、易清洗和耐碰撞的材料。墙面必须平整、防潮防霉；与室内空气直接接触的外露材料严禁使用木材和石膏；严禁使用可持续挥发有机化学物质的材料和涂料；必须采取防静电措施。

④净化空调系统。例如，洁净手术室应与辅助用房分开设置净化空调系统；新风可采用集中系统，各洁净手术室应设独立排风系统；净化空调系统空

气过滤的设置,至少设置三级空气过滤;排风管出口不得设在技术夹层内,应直接通向室外。

⑤医用气体、给排水、配电。例如,供给洁净手术部用的医用气源,无论气态或液态,都应按日用量要求贮备足够的备用量,一般不少于3天;供给洁净手术部用水的水质必须符合生活饮用水的卫生标准,洗手用水宜进行除菌处理;洁净手术室内用电应与辅助用房用电分开,每个洁净手术室的干线必须单独敷设;洁净手术室内禁止设置无线通信设备;洁净手术部内必须设置能紧急切断集中供氧干管的装置。

⑥严格按照相关程序组织施工,让专业队伍、专业人才实施。例如,严格按照设计选用符合规范标准的材料设备;施工场地清洁、通风管道清洗洁净、系统空吹等;风管密封要严密,风系统漏风需满足要求;高效过滤器要严格按要求安装等。

2)医疗设计咨询措施

由于医疗工程的专业性非常强,除了建筑设计外,应引入专业的医疗工艺咨询机构提供医疗咨询,赛迪咨询设计部负责具体医疗专项的全过程管理工作,在设计咨询阶段提出了采取以下可采取的措施。

①组织制订与项目进度匹配的医疗工艺咨询工作计划,定期向委托人汇报工作计划执行情况,对工期延误原因展开调查分析。

②调研、整理业主单位对项目建设的需求。

第一,组织医疗工艺咨询或其他相关单位进行需求调研,调研形式包括座谈、发放调查问卷、组织召开专题会议、与使用单位和其他行政单位沟通,复核工艺咨询搜集的后台数据和分析资料。

第二,组织医疗工艺咨询单位审核设计任务书、项目建议书、可行性研究报告和项目所有会议对项目需求要求的文件资料,将其审核意见作为业主单位对项目建设需求的补充内容反馈至设计院并监督落实修改。

③工艺流程设计咨询。组织咨询单位开展一级流程、二级流程、三级流程设计,组织委托人、使用单位和设计方对设计成果给予审核确认。

④督促工艺咨询单位提交医疗卫生流程专项复核意见,将意见反馈至项目

设计院,监督项目设计院修改落实。

⑤审核汇总医疗环境要求成果文件,包括人对环境的要求、设备对环境的要求、医疗功能对环境的要求、医疗功能实现目标。

⑥评估工艺咨询输出与使用需求的匹配性、可行性、设计理念(如安全、舒适、节能、环保等)、实现目标(如前瞻性、灵活性、先进性等)。

⑦对医疗工艺流程的调试、验收、检测、认证过程进行管理。

⑧组织召开医疗工艺咨询工作专题会议和评审会。

⑨协调院方医疗设备采购、信息化建设事宜与本项目的协同实施,搜集设备采购和信息化建设项目过程资料。

⑩监督医疗工艺咨询单位工作与本项目整体工作的协同推进。

5. BIM咨询

(1) BIM实施管理目标

执行并达到《深圳市建筑建设单位BIM实施管理标准》、《深圳市建筑建设单位BIM应用指引》及其附录《BIM实施导则》及合同中有关BIM实施要求的相关条款,履行总协调方职责。

(2) BIM实施管理工作内容

①统筹部署BIM咨询平台、与建设单位协调项目BIM咨询平台服务器存放和维护等事宜。根据建设单位的要求,提出BIM咨询平台服务器部署方案,并与BIM咨询单位或承包人一同部署。掌握建设单位BIM咨询平台,统筹安排BIM咨询平台的应用培训,并协助项目组分配管理权限。

②监督各参建单位建立BIM实施团队,明确岗位及职责;指导和检查各参建单位落实BIM实施软硬件环境、BIM实施团队等情况。

③负责BIM制度建设,根据项目的实际需求,提出BIM咨询机制要求,针对项目施工阶段BIM应用,制定BIM应用实施流程,建立各项BIM咨询机制,如会议机制、模型管理机制、基于BIM模型验收办法、现场施工误差反馈机制等,为管理各参建单位的BIM实施提供支持。

④收集并提供建设单位BIM实施标准,组织参建各方学习并督促其在项目中贯彻落实,组织反馈标准应用意见。

⑤督促并指导各参建单位基于建设单位 BIM 咨询平台开展 BIM 实施工作。掌握 BIM 咨询平台,并应用 BIM 咨询平台开展 BIM 咨询服务工作,在应用过程中组织反馈现有 BIM 咨询平台的使用意见和问题,并根据 BIM 咨询工作需要组织反馈 BIM 平台开发需求。

⑥BIM 实施方案编制。确定项目 BIM 定位和预期成果,根据项目的实际需求,提出本项目 BIM 具体的工作要求。统筹本项目 BIM 实施方案编制工作,会同 EPC 承包人根据项目组要求编写 BIM 实施方案,方案要深入细致,为各参建单位分配任务,明确各参建单位的 BIM 实施内容、实施方法、交付物、指标要求和考核方式等;组织各参建单位编写本项目《BIM 实施细则》并审核。制定切实可行的基于 BIM 的工程项目质量和效率提升方案,落实人员、方法、技术方面的要求,保证建设单位相关要求的实现。进行 BIM 实施方案汇报,并根据发包人项目组和专家评审会意见的完善。

⑦管理设计 BIM 模型,检查 BIM 设计模型移交工作,检查 BIM 设计模型是否符合移交要求,并做好 BIM 设计模型的移交记录;组织 BIM 模型会审,建立各 BIM 模型的创建样板;督促施工承包人根据建设单位 BIM 实施规范、BIM 模型创建样板和《BIM 实施方案》中对 BIM 模型创建时间的要求创建各个 BIM 模型(场地布置模型、土建模型、综合管线模型、塔吊模型、设备房模型、二次结构排砖模型、预留孔洞模型、精装修模型、各施工节点模型、施工工况模型和进度模型等);审核 BIM 模型(BIM 模型创建规则、BIM 模型准确性、可实施性等),组织项目组和各参建单位对 BIM 模型进行会审。

⑧督促并检查各参建单位运用 BIM 技术完成相关工作(包括各专业模型创建及深化、管线综合、场地布置模拟、材料设备工程量统计等)并收集相关应用成果;督促承包人在项目不同阶段基于各 BIM 模型进行可视化交底、施工;督促工程监理机构利用 BIM 模型辅助现场验收;监督各参建单位对施工 BIM 模型进行实时更新与维护,准确反映施工的实际情况;根据项目的实际进度等情况,制订 BIM 实施计划并进行实时调整,为项目部署 BIM 工作和制定 BIM 工作决策提供建议和参考。在安全文明施工和智慧工地充分应用 BIM 技术。

⑨管理各参建单位的施工模型创建,建立相应的模型创建管理方法,实现建

设单位"模型为基准"的管理要求,在工程竣工时为发包人提供完整的全套施工模型;解答和指导 BIM 现场实施中的相关问题,包括模型创建、BIM 技术应用、平台和标准应用等。

⑩BIM 会议制度落实,定期召开 BIM 协调会,部署 BIM 工作计划及要求,检查工作进度及质量,给出 BIM 工作决策建议。根据 BIM 会议机制,定期组织召开 BIM 协调会:协助发包人部署 BIM 工作计划及要求,检查工作进度及质量,为发包人决策提供辅助;同时,组织和协助参建各方进行基于 BIM 模型的技术沟通、交流等活动,提高沟通和协调的效率。

⑪成果验收及移交。对施工阶段的 BIM 应用成果进行验收;督促各参建方按要求提交模型、资料等,并负责归档;根据竣工模型存档要求,组织竣工模型创建,并负责整合。根据建设单位及项目施工的要求,督促承包人创建完(竣)工模型。督促承包人年将分散的完(竣)工模型整合成完整的竣工模型,并由 BIM 咨询单位进行竣工模型审核。督促承包人基于 BIM 对使用单位的物业进行培训和交底工作;督促承包人汇总施工 BIM 成果(模型、视频、报告),交付项目组;协助项目组检查 BIM 竣工模型清单及模型。

⑫项目 BIM 工作总结和提升。组织各参建单位参观学习考察优秀 BIM 应用案例;项目 BIM 应用成果的总结(BIM 模型成果、视频成果、BIM 咨询办法、BIM 应用经验数据等)和宣传;组织项目参加 BIM 应用竞赛。协助项目组完成相关组织工作;带领项目学习国内外先进 BIM 应用经验;组织协助项目组对各参建单位 BIM 实施工作进行履约评价。

⑬制定 BIM 工作的评优方案,协助项目组开展本项目 BIM 设计的竞赛及评选等相关工作。

(3)BIM 平台组织架构

1)组织架构

①BIM 管理组织架构。BIM 工作由 BIM 总协调方负责。BIM 总协调方在项目全过程中统筹 BIM 的管理,制定统一的 BIM 技术标准,编制各阶段的 BIM 实施计划,组织协调制定各参与单位的 BIM 实施细则,审核汇总各参与方提交的 BIM 成果,对项目的 BIM 工作进行整体规划、监督、指导。

②BIM 项目管理流程。BIM 总协调方的实施工作应涉及项目实施阶段的全过程,包括策划阶段、设计阶段、施工阶段、运营维护阶段。

2)职责要求

①BIM 总协调方(全过程咨询单位)。

第一,拥有丰富的 BIM 技术及项目管理经验的专业团队,能针对项目的特点和要求制定 BIM 实施细则并贯彻实行。

第二,能够协助业主完成 BIM 成果的收集并对项目各参与方提供 BIM 技术支持能力。

第三,在项目的实施阶段,能整合各参建方的模型,指导设计院、施工单位的 BIM 实施及运用。

第四,应协助业主方开通、管理与维护 BIM 平台。

第五,应针对 BIM 项目特点及需求拓展应用。

第六,全过程咨询单位应配合有丰富现场管理经验、熟悉 BIM 软件和施工规范规程的团队,能审阅 BIM 模型,提供可行性建议,保证 BIM 模型的正确性及可实行性。在对项目实施过程中进行各方联系协调的工作,并完成 BIM 管理的相关记录。

②设计院。

第一,设计院应拥有经验丰富的 BIM 设计团队,在建筑项目设计过程中实现全专业、全流程的 BIM 设计,提高项目设计质量和效率,从而减少后续施工期间的洽商和返工,保证施工周期,节约项目资金。

第二,设计院应拥有丰富的 BIM 设计经验,能利用 BIM 技术在方案设计和初步设计阶段出具建筑性能分析,运用 BIM 技术完成全专业和全流程的设计。

第三,设计院可以利用 BIM 技术在工程实施前进行详细到位的技术交底,同时保证提供的设计阶段 BIM 模型信息的正确性及完整性。

③专业分包单位。

第一,专业分包单位应具有对本专业的 BIM 模型进行深化、更新、维护的能力。

第二,专业分包单位应具有利用 BIM 模型指导现场施工及配合总承包单位完成BIM技术应用的能力。

④造价咨询单位。

第一,造价咨询单位应具有BIM工程量统计方面软件技术应用的能力。

第二,造价咨询单位应能根据施工图纸的工程量信息与实际工程量进行辅助工程量统计。

3) 各参与方的工作职责

①BIM总协调方(全过程咨询单位)。

第一,BIM总协调方应根据项目需求,制定《BIM实施大纲》,组织管理本项目的BIM实施。

第二,在设计及施工阶段组织项目各参与方分别制定具体的《BIM实施方案》,监督各参与方执行,并贯彻实施。

第三,审核与验收各阶段项目参与方提交的BIM成果,并提交各阶段BIM成果审核意见,协助业主方进行BIM成果归档。

第四,充分挖掘BIM技术在工程中的使用价值,保证工程质量、进度及效益的提高。

第五,为各参与方提供BIM支持。

第六,总协调方对各参与方的BIM成果进行监督和审查。对图纸及BIM模型中存在的问题,提出书面意见和建议,按照BIM总协调方案的要求,针对重要节点提交BIM质量评估报告。

②设计院。

设计院作为项目的设计方,应基于BIM平台完成本项目BIM的设计工作。设计院应使用BIM技术与项目各参与方进行BIM设计交底。

③施工总承包单位。

第一,施工总承包单位应接受设计院提供的设计阶段BIM模型,对自身合同范围内的设计阶段BIM模型进行必要校核和调整。

第二,施工总承包单位应根据项目实际施工进展,基于设计BIM模型,完善施工阶段BIM模型,并在施工过程中及时更新,保持适用性。

第三,施工总承包单位应统筹管理好各分包单位施工阶段的BIM模型。

第四,保证 BIM 模型与施工现场相结合,并配合 BIM 总协调完成施工阶段 BIM 应用。

④专业分包单位。

专业分包单位应负责合同范围内的 BIM 模型深化、更新和维护工作,利用 BIM 模型指导施工,配合施工总承包单位的 BIM 工作,并提供相应的 BIM 应用成果。

⑤造价咨询单位。

制定可用于定额套价的 BIM 建模标准,协助 BIM 总协调方开展 BIM 管理工作,利用 BIM 技术辅助进行工程概算、预算及竣工结算工作。在发生变更时,运用 BIM 技术进行变更前后造价对比。

4)各参与方协同

在整个项目的 BIM 协同工作中,通过公用的 BIM 协同平台确保 BIM 模型数据的统一性与准确性,提升 BIM 模型数据传输效率及质量,提高各参与方的协作效率,为工程项目的设计、施工、运营、维护提供数字化基础。

①搭建 BIM 协同平台,在项目策划阶段,应组织开通项目管理平台的项目权限。

②平台应包含文档管理平台及 BIM 协同平台两大类。

③以 BIM 协同平台作为项目 BIM 协同工作的中心,所有本项目 BIM 模型文件及资料均通过协同平台传递。各参与方在 BIM 总协调方的统一管理下完成本项目在实施阶段的 BIM 应用,通过项目服务器上传至协同平台,作为归档及信息传递内容。

5)BIM 成果提交

①BIM 成果在项目服务器整合汇总后,参与方将 BIM 成果提交至 BIM 总协调服务器,由 BIM 总协调方进行审核,形成修改意见及审核记录。

②BIM 总协调方通过书面文件、会议纪要、邮件等方式将修改意见及审核记录反馈给成果提交方,成果提交方应在规定的时间内根据意见进行修改,修改后重新提交 BIM 总协调方审核。

③BIM 成果经 BIM 总协调方检查审核后,整合 BIM 成果,提交项目管理协同平台归档,形成成果归档记录。

6) BIM 的成果提取

①BIM 总协调方根据项目的实施进度,在 BIM 协同平台上提取上阶段的 BIM 成果,作为下一阶段的 BIM 依据文件。

②BIM 总协调方整理上一阶段的 BIM 成果,根据下一阶段的项目在上一阶段既定框架下,结合各参与方的职责范围,将 BIM 成果拆分并分配到各参与方。

③业主方需定时登录 BIM 协同平台,浏览项目 BIM 的阶段成果,了解项目的实际进度,填报及审批表单,参与项目的协同管理。

7) 协同配合管理

①在项目设计及施工准备阶段,由 BIM 总协调方根据项目的实施进度及应用要点,进行各参与方的权限分配,制定统一的协同管理要求及多方协同机制,保证项目平台的正常运作。

②项目参与方根据项目实施进度,定期访问各阶段服务器,及时更新项目进展情况,获取最新的项目信息。

③BIM 总协调通过 BIM 的协同功能,将各参与方的 BIM 模型进行模型合成或拆分。项目参与方必须按照已定的"模型拆分原则""模型搭建原则""模型命名原则"进行 BIM 模型管理。

④各参与方安排人员负责本单位的工作完成的情况检查。BIM 总协调方定时检查各参与方的 BIM 协同平台的执行情况;在各参与方负责的部分完成后,提交至项目协同平台,BIM 总协调方在协同平台上审核是否符合模型标准的要求。

⑤项目全过程的信息、过程资料等应通过 BIM 总协调方审核通过后,收集归档到 BIM 协同平台备份。

(4) BIM 文件管理

1) BIM 模型文件以及 BIM 应用成果文件,是项目文件的一部分,项目文件的管理包括 BIM 文件的管理,同时在 BIM 文件的管理过程中,注明 BIM 模型文件与传统文件之间的关系。

2) 全部 BIM 模型文件和 BIM 应用成果文件的最终版本,应按照时间节点提交业主方,由业主方负责存档、整理、作为本项目的工作成果。

（5）例会制度

1）BIM 例会分为 BIM 设计例会和 BIM 工程例会。BIM 例会的主要内容包括：对上一次例会中关于 BIM 工作要求落实情况的检查，本期例会中出现的 BIM 问题及落实解决要求，对下一阶段 BIM 工作的要求，其他关于 BIM 的工作。

2）在下列时间节点，应召开专项 BIM 工作会议，对 BIM 工作的相关内容进行讨论和决议。

①BIM 实施大纲定案。

②方案阶段 BIM 成果交付。

③初步设计 BIM 成果交付，施工图 BIM 工作启动。

④施工图 BIM 成果交付。

⑤设计阶段全部完成，对本阶段 BIM 工作进行整体回顾和评价。

⑥施工承包方进场时，主要专业分包进场时。

⑦地下工程结束，主体结构达到室外地坪时。

⑧主体结构完工封顶时，幕墙安装工程开工时。

⑨各机电设备安装、医疗设备安装开始时。

⑩各机电专业完成时，各机电系统调试时。

⑪全医疗系统联通调试时。

⑫工程竣工时。

二、项目施工阶段设计咨询

1. 施工阶段设计控制工作

（1）施工阶段严格照按建设单位的设计变更管理办法处理有关的设计变更。

（2）在施工阶段对施工技术难度进行预判，必要时召开现场技术专题会并形成方案必选及咨询意见，经建设单位批准后组织专家进行评估，确认技术解决方案。

（3）对工程承包方单方面提出的变更，要严格控制，防止出现不合理变更，从而保证投资不被突破。

(4)特殊原因的协调。

①若由于客观原因设计院的设计不能完全满足施工需要,应及时组织建设单位、医院及设计院召开专题会,在保证设计质量的前提下,可采取特殊的发图措施以确保施工进度。

②如需采用加大安全系数等方式进行施工图设计,由发起方准备技术文件,赛迪咨询组织专题会,必须与建设单位、医院沟通确认,必要时召开专家会以满足设计质量和施工安全性,满足施工要求。

(5)督促设计院及时整理工程设计技术、经济资料,对已确认的变更督促设计院及时提供变更资料。

(6)负责本工程项目各类设计信息的收集、整理和保存工作,并在设计咨询任务完成后向建设单位提交设计咨询总结。

2. 重大技术咨询

(1)主要对工程建设过程中的特殊结构、复杂技术、关键工序等技术措施和技术方案进行审核、分析和评价,解决施工过程中出现的设计问题,优化设计方案,对工程建设中的新技术、新工艺、新材料进行研究论证,对重要材料、设备、工艺进行考察、调研、论证、总结,从技术角度提出合理化建议或专项技术咨询报告。

①在施工阶段,赛迪咨询针对施工单位提出的技术问题,组织设计院进行方案的复核,通过技术、造价及工期等方面进行初步判断,并提出咨询意见,主要根据施工条件、工期及造价的影响研判技术方案是否具备可实施性。

②对重大施工工艺的调整,由施工单位组织专家咨询会(施工单位汇报应包括但不限于对拟调整工艺的技术可行性、安全性、工期变化及造价变化等方面的分析),各方参加,并初步判断其可行性,由设计院进行进一步的相关技术复核;后由设计院组织专家论证技术方案的可行性和准确性,正式发变更图后由施工单位组织专家论证其施工工艺及安全措施的可行性及全面性,最终由工程造价专业完成变更费用核算。

(2)组织设计院对建设单位、医院和施工单位进行技术交底,对重点工序、重点环节的技术、质量进行控制,及时处理工程建设过程中发生的重大技术质量问题。

（3）在重大技术问题处理过程中，建设单位工程管理中心、设计咨询中心及技术部发挥决策作用，赛迪咨询对整个技术变更过程进行统筹、组织、分析和论证、得出结论并最后监督实施。

（4）现场实施过程中主要技术变更、技术咨询、应急措施等的处理主体，主要是由建设单位（工程部、技术部）、赛迪咨询、医院（基建科）、设计院、施工单位及相关分包单位组成，最终由建设单位根据各方意见（含专家论证意见）作出实施决定。

3. 设计变更管理

严格控制设计变更的发起和审批程序，对任何设计变更都要求发起设计变更的同时，说明变更原因、对相关专业影响、变更预算、是否会发生连锁签证及其费用等，组织初步审核评估并提出意见上报建设单位审定，严格杜绝先施工后补手续。施工阶段按建设单位的设计变更管理办法处理有关的设计变更。

(1) 设计变更管理要求

①在工程招标完成后，所有涉及设计调整的事项，包括图纸会审、现场联系单、建设单位提出的新增工程内容、医院需求变化函件、设计洽商单等形式确定的设计调整内容，均应以设计变更的形式体现，并按照建设单位工程变更的程序进行审批。

②在工程招标完成后，不得以出新版图形式来规避工程变更审批程序；对于确实因前期设计不充分导致变更内容过多，必须出新版图纸的，仍需按建设单位工程变更申报程序和权限完成审批，同时将有关情况以书面形式报现场业主代表，经主管领导批准后方可实施。

③因工程变更导致工程造价超过概算批复限额的（包括超过概算批复的分项指标或分项投资），还应按照建设单位规定及项目工程投资动态控制流程进行管控。

④医院提出的涉及功能、规模和标准的变更，以及变更金额在10万元以上，或对总工期造成影响的变更，需医院以正式函件的形式发函给建设单位或赛迪咨询提出变更申请，由赛迪咨询、建设单位工程管理中心、技术部复核后和医院

协调确认实施的必要性和可行性。

⑤医院现场由于改扩建施工涉及结构安全、强制性标准的工程变更,建设单位确认实施后由项目设计院(和原设计院同资质)复核计算并出具变更文件,报请原施工图审查机构审查后再批准实施。

⑥因设计变更或现场签证导致变更后的预算超过分项概算或者总预算的,建设单位项目组应将工程变更报审计专业局备案;因设计变更或现场签证导致变更后的预算超过分项概算或者总预算的5%或金额超过50万元的,建设单位项目组应通知审计专业局派员现场见证;赛迪咨询应全过程严格按照建设单位工程变更管理办法进行监督管理。

(2)控制变更措施

①赛迪咨询从施工图内审环节开始,强化对图纸变更隐患的审查,从源头控制重大变更,施工图设计过程中加强和建设单位、医院的沟通交流,以汇报会、专题会和方案会审会的形式组织相关施工图设计参数的确认,特别是精装、智能化及医疗专项的三级流程的签字确认,尽可能减少主动变更。

②做实图纸交底和会审工作,给予施工单位足够的时间对施工图进行读图识图,图纸会审后督促设计院对施工单位提出的图纸问题及时复核回复,减少变更次数。

③建设单位、医院及设计院提出的主动变更,或者施工单位提出的现场变更,都需进行设计变更的多方案经济型比选工作,一是要控制整个项目的造价,二是要选取最优方案,保证变更方案有利于现场实施从而确保工期如期达成。

④整个变更按照建设单位工程变更办法执行,线上线下可同步进行对变更初步方案的审核(含技术、造价等方面),确认变更后在规定时间完成设计变更文件及造价测算,现场完成变更流程,并由施工单位或赛迪咨询提出线上流程,原则上变更方案审核通过后方可实施。

⑤要求设计院、施工单位、造价单位、赛迪咨询均需做好变更台账登记,赛迪咨询和建设单位做好动态目标的差值监控。

4.竣工验收资料评审

(1)参加现场组织的项目专业验收和配合总体竣工验收申报手续办理;协

助进行项目专业验收和总体竣工验收,及时解决工程竣工验收中发现的工程质量问题。

(2)配合项目移交工作,包括质量监督、档案验收、项目审计、财务决算、环境保护、卫生监督、劳动安全、消防、工程总结等。

(3)对医疗工艺流程调试、验收、检测、认证过程进行管理。

(4)协调并组织施工单位完成竣工图纸,并组织各方审核通过;督促设计院完成竣工资料的审定工作。

第三节　卓越管理总结

项目设计咨询是实现顾客价值、达到公司经营目标的关键环节,涉及项目规划、建设方案设计、初步设计、施工图设计、技术支持及设计变更等。

全面优化、规范设计咨询活动流程和操作规范,确保项目设计咨询和设计过程受控状态下进行,是项目建设过程中保证设计质量、进度、控制投资的重要途径。

一、目标先行

作为建设单位项目特别是医院项目,设计工作的目标管理尤为重要,它不仅是项目稳步推进的前提,也是整个项目投资控制的前沿阵地。

从需求调研—方案确认(医院一级流程确认)—使用功能确认(医院二级流程确认)—施工图审查合格(医院三级流程确认),每一个阶段的目标都是管控重点,对质量、进度、投资各个目标的确定、实施、动态调整直至最终落地完成,充分体现了赛迪咨询对整个项目专业的管控能力。

1. 明确设计咨询的内容

在项目开始时,赛迪咨询和建设单位工程管理中心、设计咨询中心分别就两个中心的管理职责和工作界面进行确认,并明确各阶段的设计咨询内容。

(1)建设单位设计中心主要负责施工图设计工作前的设计阶段的设计咨询工作,工程管理中心从施工图设计阶段开始负责。

（2）赛迪咨询设计咨询部对项目设计工作进行全过程监管，并和建设单位根据建设单位项目管理制度和办法，共同制定相关管理办法并实施。

（3）各阶段的内容主要包括但不限于：

①根据设计规范和建设单位要求、医院需求等，合理编制、审查各阶段设计任务书。

②在进行设计招标时，配合建设单位进行招标文件编制、修改和补遗答疑等工作。

③审核各阶段经济技术参数，从投资估算、概算、预算各阶段督促设计院进行限额设计。

④赛迪咨询参与各阶段设计资料的衔接、协调和审核，并组织相关的技术审查会。

⑤按照设计咨询办法执行到位，按照规定程序对设计变更等工作进行复核。

⑥对每阶段的设计咨询工作进行分析和总结，提高设计咨询的工作效率和质量。

（4）各设计阶段的监督管理工作安排有计划和专人对接，办法由赛迪咨询编制、建设单位确认；在编制的设计咨询办法里应包含管理计划，该计划必须明确设计过程中监督管理的内容、责任和具体措施，并在实施前进行宣贯。

（5）在实际项目设计过程中，赛迪咨询组织设计院和其他参建方的会议等采用书面会议通知形式，完成会议签到和会议记录，确保设计院等各参建方按规定的要求进行设计信息交流和资料传递、设计成果审查及确认。

（6）设计咨询要求

①赛迪咨询编制的设计咨询办法得到建设单位确认后，在各阶段设计开始前进行办法的交底工作，同时审核各阶段的设计任务书。

②所有应由建设单位、医院提供的设计依据，以及设计技术标准须作为设计任务书的附件一并提交设计院，并和设计院进行确认，这个工作很重要，涉及后续设计工作的目标和方向。

③在后续设计成果审核时，要重点关注和审查设计要求是否达到业主标准和使用功能是否完备且高效，因医院项目设计工作的内容全且复杂，为保证各阶

段设计要求的准确、完整,符合建设单位、医院的需求,使用功能不缺失。

(7)设计过程的跟进

①赛迪咨询按照设计管理办法,依据设计合同和任务书对设计院在设计过程中进行持续的监督、检查和审阅工作,保证各阶段的设计工作满足设计进度计划和规定要求。

②在各阶段设计工作中,所有对设计进度和设计成果有影响的专题会、专家会和讨论会的意见、建议均要形成书面资料,赛迪咨询设计咨询部负责整理、收集和跟进检查落实情况。

③在各阶段设计过程中,建设单位、医院或相关部门提出的确认的意见或要求,均须要求形成书面签字盖章文件,并由赛迪咨询设计工管理部牵头负责。

(8)设计成果

①赛迪咨询配合建设单位进行设计合同签订工作,例如,在合同附件中明确设计成果的提交形式和审查要求,对分包单位的资质要求和审查要求,确保设计院和分包设计单位提交的设计文件完整和质量达标。

②赛迪咨询在各阶段涉及对设计文件专家评审工作时,根据各个医院项目的规模和实际情况,可在建设单位专家库或深圳市、广东省专家库委托技术专家对设计院提交的设计成果进行审查,并跟踪设计院修改完善。

③赛迪咨询对医院项目各设计阶段的重点工作进行归类分析,对各阶段的设计成果审查均须包括经济技术的审查,方案设计、初步设计和施工图设计均须进行成本估算、概算和成本预算,确保在前期设计阶段项目总成本在控制范围内。

④赛迪咨询在审查设计成果过程中,发现问题同时提出建议,要求设计院回复修改情况,均以书面文件的方式进行资料整理和归档,形成完整的过程审核资料。

2.讨论总体计划,制定各关键目标

组织建设单位、医院和设计院讨论并拟定项目建设的总体控制计划,从而确认设计工作完成的各个阶段的各个关键节点(一级目标、二级目标)。

3.根据需求,合理调整目标

在设计阶段由于医院项目的特殊性,医院的需求会经常发生变化,在应对医院需求的变化方面,赛迪咨询采取了以下措施。

(1)每次和医院沟通的会议均形成会议纪要(含签到表、现场照片),会议纪要发医院、建设单位确认。

(2)要求建设单位、医院和设计院均需在统一时间节点完成相关需求确认、方案审核等工作,特别是针对医院涉及不同科室的征求意见时间过长的特点,会建议医院基建科(主要负责工程的科室)邀请医院相关科室参会和审核,赛迪咨询工作中做到对接单一,信息传递有效不重复。

(3)重要的一级、二级和三级流程确认会、重要的专题会等,相关平面图须医院签字确认。这样后期如出现需求和使用功能的变更,也有据可依。

4.针对技术问题,制定解决的目标

例如,在深圳市人民医院龙华分院项目桩基设计过程中,为了做到限额设计,保证有效投资,赛迪咨询针对业主关心问题,结合自身工程经验判断,对基础的设计提出抗拔锚杆的设计思路,通过设计院的复核计算,由抗拔桩改为抗拔锚杆,节约投资近千万元。这就是在审核基础方案前,提前制定限额设计目标(不超概算额)的重要意义。抓住了基础设计这个关键点,通过赛迪咨询的验算审核提出建议,设计院复核优化方案,围绕限额设计、控制投资的目标开展设计咨询工作。

5.目标可控

(1)质量目标控制办法

在医院群项目设计工作中,建设单位、医院从设计院进场开始就提出了对整个项目设计工作的质量目标和创优目标,赛迪咨询必须维护建设单位和医院的利益,严把设计质量关,结合新时代综合医院的功能需求,借鉴国外优秀医院工艺设计和建筑实例,结合深圳市特色,将为建设单位和医院提供优质、经济、美观、创新性的设计作品作为我们的设计目标。

1)建立以专家系统为核心的设计咨询保障制度

建设单位为避免类似业主在工程开始阶段对发展趋势不了解,建立后往往感到在使用功能和内部设施方面存在滞后,留下不少遗憾,从项目伊始就和赛迪咨询一并确认设计质量目标,因此赛迪咨询在工程前期就和建设单位、医院及设计院共同讨论了一些超前的设计思想。提高设计质量的关键是优化设计方案。如何优化设计方案呢？赛迪咨询的设计咨询就是一个有效的方法。赛迪咨询利用建设单位的专家库等资源,通过委托相关专业的权威专家,对业主关心的效益问题、方案的优劣、工艺技术的先进性、合理性进行优化研谈,从而确定最优设计方案,提高投资效益。

2)强化施工图的设计审查

设计是工程建设的龙头,抓好设计审查对保证项目建设,节约总体投资将起到重要作用。在建设单位委托第三方施工图审查单位的同时,赛迪咨询作为全过程咨方就根据建设单位的要求及内部制定的各专业的施工图审查注意事项及实施细则,在设计各阶段通过设计咨询各专业人员的审查工作,以减少、消除施工图设计阶段可能出现的各种问题,提高图纸审查的通过率。

3)实行项目设计目标责任制,项目设计责任到人

赛迪咨询在医院群项目的设计咨询工作中,设置了设计咨询负责人的岗位,它的主要职责是代表建设单位和医院,对项目设计工作进行全过程的监督管理和技术咨询工作,组织、协调和解决各类设计问题,保证项目的正常推进。设计咨询负责人下设各专业技术人员,提供技术支撑,确保设计审核等工作顺利开展,保证设计咨询和技术咨询工作正常开展。

4)配合建设单位和其他板块做好后续服务

①协助业主做好项目工程量清单及工程成本控制。

②协助业主做好工程施工招投标工作及施工队伍的挑选。

③对施工过程遇到的问题做好设计变更处理。

④为建设单位做好质量监督,为施工单位提供施工新工艺、新技术支持。

(2)设计质量管理关注细节

1)方案阶段设计咨询

①组织需求论证,确定建设规模、建设功能。

②组织方案比选论证,确定总平面、外立面、投资规模。

③审查方案设计图纸质量。

a.方案设计文件:应满足编制初步设计文件的需要,应满足方案审批或报批

的需要。

b. 总平面图:表达建筑排布与管网布置,总平面图为核实经济技术指标的依据。

c. 区位分析图:标明临近建筑物位置、道路走向等。

d. 项目周边市政条件分析图:标明市政给水、污水、雨水、供电、燃气等系统到用地边界的接驳点。

e. 项目周边交通条件分析图:标明市政道路系统到用地边界的接驳点以及临近用地边界公交车站的位置。

f. 功能分区与产品分布图:明确科研、实验、办公、配套、公建分区;排布适宜地块档次与形态的产品。

g. 交通分析图:应体现人行与车行流线,明确人车关系;体现主要出入口的位置;对用地已有道路进行功能定位;核实停车方式与数量要求的可行性;体现公交场站与班车停放的位置安排;根据道路设计宽度,示意性表达路网分级。

h. 分期建设示意图:考虑分析功能需求、交通可行性、公建配套、景观分期利用、施工难易程度;各分期建设应有经济技术指标的统计。

i. 景观分析图:表达景观设计概念,如绿化、水系、广场之间的关系;分析地块内、外有价值的景观资源,表达对现状景观的利用方式。

j. 景观视线分析图:若地块内、外存在可利用景观,如山景、海景、湖景等,则应从视角、视线高度两方面分析用地内各建筑单体的观景情况。

k. 日照分析图:体现用地内各区域在冬至日(或大寒日)的日照时数。

l. 区内市政系统分析图:根据现有市政配套情况及政府规划要点考虑区内主要给水、污水、雨水、供电、燃气、供热、弱电等户外管网走向,并考虑是否设置各类技术配套设施(垃圾中转站、水泵房、空调机房、通风机房、污水处理设备),如需设置,考虑大体的位置安排。

m. 坡度与坡向分析图:用地内有坡地时,以不同色块表示不同坡度/坡向的用地分布;坡度应以10%为单位分级,坡向应分为东、西、南、北四向。

n. 地形改造土方平衡图:根据坡度与高程进行土地的利用分析,对有地形的项目需提出地形改造的构想及初次土方挖、填量的估算;对平地项目则需提供填方量的估算。

o. 工作模型：对复杂地形，需根据地形分析模型。效果图或模型照片：根据设计任务书要求提供相关效果图或模型照片。

p. 提供刻录成盘的所有设计文件的电子文件。

2）初步设计阶段管理

①组织设计单位、建设单位对使用需求及平面功能进行确认，形成确认文件。

②同设计院各专业进行市政配套条件，如给排水、电力、燃气供应能力与项目实际需求的复核落实。

③组织设计院确定装饰标准、机电材料选用标准。

④组织协调造价单位、设计单位进行限额设计概算审查。

⑤设计图纸审查要求。

第一，平面功能。审查是否符合需求确认书。

第二，设计专业范围齐全。初步设计范围应该涵盖红线范围内的全部专业。

第三，市政配套对接到位。初步设计阶段要充分调研地块周边市政配套条件，清楚掌握给水、供电、燃气、排水、通信等资源情况。一方面核查上述资源实际接驳点位，另一方面核查上述资源是否满足项目需求。如不能满足，则研究解决方案，避免设计完成后出现相应市政配套条件不能满足使用需求的现象。

第四，重大技术方案得以解决。初步设计是解决工程技术方案可行性的关键阶段，项目所有技术方案必须在初步设计阶段充分分析、论证，确保技术可行、经济合理，不能将悬而未决的技术方案留到施工图阶段处理。重点从结构安全性、经济性、新技术应用成熟性、后期运行便利性等方面进行审核。

第五，设计深度满足规定。对照《建筑工程设计文件编制深度规定》和建设单位管理手册、指引等规定，核查设计文件深度是否满足要求。

第六，特殊专业满足招标及概算编制条件。核查特殊专业如实验室、污水处理等类似专业设计深度能否满足概算编制要求，上述专业主要性能参数及设备选型方向应在初步设计阶段基本确定，以满足概算编制要求。避免上述专业无图、无说明、无概算。导致最终工程发生变更、超概算的结局。

⑥设计说明审查。

第一,设计说明齐全规范。设计说明涵盖总图及各单体、专业设计说明,设计说明与初步设计图纸同步完成。设计文件完成后,一方面需对照工程内容检查设计说明的完整性,检查不同建筑单体说明是否完全雷同、各专业说明是否齐全,特殊专业说明是否有遗漏;另一方面要检查设计说明编制质量,是否有引用废止规范、图集、标准,设计说明中具体内容是否具有针对性,工程概况等内容说明是否完整等。

第二,设计说明与图纸相符。重点检查设计说明中采用的技术方案、技术等级、材料标准等相应指标是否在图纸中得到体现,或出现图纸与设计说明不符现象。对不符之处与设计人员分析原因并予以纠正,保证设计说明与设计图纸的一致性。

第三,符合报批报建要求。初步设计除上报发展改革委审批外,还需要进行节能、消防等专项审查,要求初步设计说明中编制相应节能、消防设计专篇,专篇内容须符合申报要求。

3)施工图设计阶段管理

①施工图设计开始前组织设计单位、使用单位再次确认使用需求。

②组织专业设计界面检查,形成设计接口界面检查书。

③组织专业间交叉互审,防止冲突。

④审查专业施工图设计文件深度符合要求,内容是否齐全、清楚、有无遗漏或差错;平面图、立面图、透视图是否一致等的基础上,还应审查埋地管道的埋置深度、形式,与建筑物基础、道路及其他管线的水平净距和交叉净距是否符合要求,与各专业核对线路布置、走向等有无矛盾或影响安全的地方,管道穿越地下室、水池等构筑物墙、地面及穿越伸缩缝、沉降缝,土建结构中是否预留孔洞,设计是否采取了可靠的防水措施或技术措施等。

⑤审查施工图与初步设计的符合性,符合变化合理性。

⑥审查标准、规范、图集的适用性及时效性。按国家相关标准,建设单位建设单位指引对照检查。

⑦核查各方审图意见的落实情况。

⑧组织前期专家评审。

第一,基坑支护、高边坡及挡土墙支护、桩基施工图专家评审。

第二,幕墙安全性专家评审。

第三,钢结构工程施工图专家评审。

第四,防水工程专家评审。

第五,超限结构设计专家评审《超限高层建筑工程抗震设防专项审查技术要点》。

第六,设计方案专家评审(外立面、室内装饰、景观等提升方案需向建设单位及使用单位汇报通过)。

第七,施工图专家评审。

4)施工期间设计咨询要求

①图纸管理。为保证图纸管理口径一致,所有设计图纸及变更全部经建设单位授权由项目管理公司统一收发、归档,保证所有参建单位获取的设计文件同步、同版,避免图纸混乱造成现场施工与设计不能有效衔接。所有蓝图均保证由设计院提供,严格禁止施工单位私自晒图。

②设计交底。施工单位进场后,设计咨询工程师应第一时间组织相关专业设计师对各自专业设计图纸进行详细交底,以利于监理工程师和施工单位技术人员快速准确理解设计意图,合理组织专业人员审查图纸,必要时可分阶段多次进行设计交底。

③图纸会审。正式施工前,设计咨询工程师组织监理部、施工单位进行图纸会审。

④设计变更管理。严格控制设计变更提出和审批程序,对任何设计变更都要求提出设计变更的同时,说明变更原因、对相关专业影响、变更预算、是否会发生连锁签证及其费用等,组织初步审核评估并提出意见上报建设单位审定。严格杜绝先施工后补手续的现象。

5)竣工验收阶段设计咨询要求

①督促施工竣工图编制并经内部审核。

②协助建设单位完成竣工验收。

(3）进度目标控制办法

设计进度是建设单位对工程建设控制的关键程序，也是设计院提高工作效率和项目管理的关键因素；建设单位、医院和设计院都很重视管理环节。我们在日常工作管理中如何确保在规定时间内完成设计文件的编制工作；制订适合的设计进度计划及控制设计进度的措施尤为关键。

在医院群项目建设过程中，设计进度是建设单位和医院一直强调的关键点，由于项目建设加速，设计进度成为主要影响因素，建设单位和全过程咨方是设计进度管理的主要责任主体。

1）制订设计进度计划

①设计总进度计划。赛迪咨询和设计院共同完成用于安排自设计准备开始至施工图设计完成的总设计时间，并由建设单位确认；所包含的各阶段工作的开始时间和完成时间，从而确保设计总进度目标的实现。

②阶段性设计进度计划。各阶段设计计划主要用以控制各阶段设计进度，从而实现阶段性设计进度目标，并在过程中动态调整以满足项目建设要求；在编制阶段性设计进度计划时，建设单位和全过程咨方必须考虑总进度计划对各阶段计划的时间要求。

③设计准备工作进度计划。在医院群项目中，设计准备进度计划一般考虑规划设计条件的确定、设计基础资料的提供及委托设计等工作的时间安排。提前准备好设计勘察提纲，熟悉项目情况、环境、资源及相关流程，收集相关资料，保证严格按照设计合同要求的现场勘察的程序和时间进行勘察。

④初步设计工作进度计划。初步设计工作进度计划要考虑方案设计、初步设计、医疗工艺设计、估算和概算的编制、概算审核以及设计文件审批等工作的时间安排。

⑤施工图设计工作进度计划。施工图设计工作进度计划主要考虑各专项设计进度及其他专业设计进度的搭接关系。

2）控制设计进度

①在医院群项目中，赛迪咨询考虑集中化服务与项目相结合，配备足够的经验丰富的专业设计人员、勘察仪器仪表设备、交通工具等保障设计进度的条件；

要求设计院每周上报设计进度完成情况。

②建设单位项目组人员负责工程项目设计进度的统筹管理工作,赛迪咨询严格监管,严格按照各医院工程设计阶段进度控制工作流程图(参见各项目的设计咨询办法)执行,并在设计实施过程中,专人跟踪检查这些计划的执行情况,定期将实际进度与计划进度进行比较,进而纠正或修订进度计划,使设计工作进度始终处于可控状态。

③由赛迪咨询组织和牵头建立有效的沟通机制。根据建设单位、医院和设计院的要求和建议,全过程咨询方和设计院共同编制切实可行的设计总进度计划、阶段设计进度计划和设计进度作业计划,在编制过程中,赛迪咨询全面加强与建设单位项目组、医院、设计院、施工单位和设备采购供应商的协作与配合,使设计进度计划积极可靠,并按要求对设计进度以周报、月报制进行汇报。

④严格按照建设单位要求实行限额设计,采取主要负责人设计工作技术经济责任制,制定与设计院相关的履约评价及工作绩效核管理办法,通过项目组与各单位召开会议的形式,明确各项目组、全过程咨询方、设计院的工作任务和具体指标,将各单位的支付工作与其完成的任务数量和质量挂钩。

⑤坚持按照基本程序办事,尽量避免"边设计、边准备、边施工"的三边设计。

⑥赛迪咨询建立设计"再复核"制度,在每次设计成果审核全部完成发给设计院后,还需对设计院的回复再次进行复核,通过沟通明确修改完成或未修改的原因,组织设计院各专业和各专项主动对所设计工程进度的效果进行调查、了解;不断分析总结进度控制工作经验,逐步提高设计进度控制工作水平。

综上所述,通过长期、有效、严谨、科学、实用的设计进度计划制订与控制措施,积累了设计人员对项目管理的认知认同,不断提高管理水平及服务标准,做到卓越管理,提高工作成效。

(4)成本目标控制办法

在工程项目整个建设过程中,设计阶段是工程项目建设过程中承上启下的重要阶段,是建设项目成本控制的关键与重点。尽管设计费在建设工程全过程费用中的比例不大,但资料显示,设计阶段对工程造价的影响可达75%以上。

特别是初步设计阶段对项目经济的影响更是达到70%~95%。由此可见,设计质量的好坏直接影响建设费用的多少和建设工期的长短,直接决定人力、物力和财力投入的多少。因此,设计阶段对项目投资的影响是极其重要的。

另外,在方案设计批复之后,工程项目付之于行动之时,存在的技术问题、费用问题都将很难得到解决,因此,要有效地控制工程造价,就要坚决地把控制重点转到设计阶段这个关键阶段上来,未雨绸缪,以取得事半功倍的效果。在医院群项目里,赛迪咨询按照上述的把控思路取得了显著成效。

在医院群建设中把握设计阶段的主要因素,通过合理设计控制成本。设计过程中对工程成本的影响因素主要有以下3个大的方面。

1)总平面设计

大量工程实践表明,总平面设计对工程造价的影响很大,总平面设计分为总平面布置和医疗工艺平面设计两个主要部分,医院群项目在方案设计阶段通过各方的多次讨论、专家评审等程序,科学合理地完成了对医院群项目的总平面布置、项目的占地面积和功能分区,较大程度上减少工程量和工期,同时节约土地资源和建设性投资。

2)建筑设计

建筑设计对工程造价的影响可以分为以下几个方面。

①考虑建筑面积的影响,医院群项目设计的过程表明,合理地确定建筑面积有利于降低建筑造价。

②考虑建筑层数的影响,根据建设单位和医院的要求,医院群项目的层高均不能超过100m,收集的理论数据和工程实践表明,对造价的影响因素之一就是建筑类型和结构形式。在结构形式不变的情况下,增加层数,通常能够降低建筑物的单位造价;不过当建筑增加到一定的层数时,其结构形式必须要改变,这样又会提高单位造价,因此,在设计上必须综合考虑项目的功能性合理地设计层数。

③考虑平面形状的影响,显而易见的是,建筑的平面形状越简单其单位造价就越低。医院群在设计过程中,首先考虑的设计前提是平面形状必须满足医院建筑的使用功能要求,在满足此前提的基础上,设计上应注重平面形状简洁、布

局科学合理,借此降低工程总造价。

④考虑地基基础的影响,大量统计数据表明,地基基础所占资金能够高达结构工程投资的 1/3 以上,同时,工程实践表明,地基基础也是确保结构安全的重中之重。在医院群项目中,赛迪咨询充分利用赛迪的技术力量,仔细分析现场勘查资料,综合分析地质条件和上部结构,对项目的基础形式及设计参数进行了优化复核,确保科学地确定基础类型,有效地确保结构安全,同时降低造价、缩短工期。

二、计划管理

(1)在建设单位医院群项目的前期设计咨询工作中,赛迪咨询重点关注设计工作计划的执行力和落地性,主要做到以下方面。

①计划要有柔性,按照项目实际情况动态调整。

②计划要有刚性,各方通过的计划各方都须遵守。

(2)设计咨询团队架构。

①人员构成:设计咨询负责人、设计咨询执行负责人、项目联系人、专业工程师。

②设计咨询团队下设 7 个专业组:建筑组、结构组、给排水组、暖通组、电气组、装饰组、BIM 组。

③岗位设置:设计咨询负责人、设计咨询执行负责人、项目联系人、口腔医院项目联系人、龙华医院项目联系人、肿瘤医院项目联系人、总图及建筑工程师、结构工程师、给排水工程师、暖通工程师、电气工程师、装饰及景观工程师、BIM 工程师。

(3)各方参与制订计划。

设计工作计划的制订是根据项目总控计划而编制和实施的,所以赛迪咨询内部需要各板块共同参与,对外需要建设单位、医院参加讨论,目的是赛迪咨询各板块配合默契,各参建方配合及时。

(4)设计工作计划动态调整,符合项目实际进展,满足项目建设需要。

(5)在医院项目设计的每个阶段,经常会因为建设单位从建设进度角度、医院从功能需求角度对设计提出较高的要求,使得原定设计工作计划需要重新调整。计划的调整不是简单地提前或者延后时间节点,而是要求各板块的通力配合,满足所有工作的协同开展,例如,设计计划的调整会影响招标、造价、报批报建等工作的进度和质量。

设计计划调整一般主要按照以下程序开展。

①建设单位、医院提出需求,赛迪咨询组织参建各方召开会议,提出咨询意见,形成会议纪要;设计院以纪要为依据,对计划进行相应调整报赛迪咨询审核后,建设单位确认。

②施工单位提出需求,赛迪咨询根据现场情况进行分析并汇报建设单位,进行内部讨论确认是否实施;如须实施,通过现场会议或现场工作联系单的形式发赛迪咨询,赛迪咨询代表建设单位发联系单(施工单位联系单为附件)给设计院,设计院以此为依据动态调整计划,并严格执行。

(6)计划过程监督,沟通到位。

结合设计院工作的实际情况,赛迪咨询以设计院设计人员的配备、各专项和各专业之间配合、整体设计进度和质量的内部控制等方面作为重点关注工作,通过参加设计院设计工作的内部沟通会,组织设计院在设计过程中向医院、建设单位交流讨论,安排内部设计咨询板块人员同步参与和审核、定期组织视频会议或现场会议等方式,保证设计计划的落地性和准确性。

三、程序化管理

医院群项目在设计工作周期中,程序化管理起到了关键作用,正是由于在项目伊始,结合建设单位相关管理制度和管理办法,根据项目的推进实际情况,赛迪咨询和建设单位制定了设计相关工作的流程化管理办法,让设计工作在合理的工作流程下灵活变通,让整个医院群项目的设计工作开展较为顺利。

1. 设计咨询

(1)方案文本程序化管理

①方案完成后,由赛迪咨询进行内部审核,之后由设计院进行复核并进行相关修改。

②设计院修改后,赛迪咨询审核后组织建设单位、医院和设计院进行专家评审阶段工作,形成专家咨询意见并由设计院进行再次修改和完善。

③根据专家意见修改过的方案文本由建设单位设计中心组织建设单位分管领导、内部相关部门和相关专业人员进行内部评审并最终确认方案,进入下一阶段设计工作。

(2)初步设计程序化管理

①初步设计开始前由赛迪咨询组织方案交底会,指导初步设计任务书编制和制订初步设计工作计划。

②初步设计关于医疗工艺二级流程的沟通确认工作,设计院积极和医院基建科(其他相关科室)对接,初步确认使用功能需求,赛迪咨询督促设计院修改完善后组织建设单位、医院和设计院通过专题会形式进行签字确认。

③初步设计内审过后,由赛迪咨询组织设计院通过邀请建设单位专家库专家的评审(各专业),设计院根据专家意见最终完成初设文本,并配合概算报批工作。

(3)施工图程序化管理

①施工图设计开始前由赛迪咨询组织召开初步设计交底会,指导施工图设计任务书编制和制订初步设计工作计划。

②施工图设计关于医疗工艺三级流程的沟通确认工作,设计院积极和医院基建科(其他相关科室)进行对接,初步确认各专业各专项点位等需求后,赛迪咨询督促设计院修改完善后组织建设单位、医院和设计院通过专题会形式签字确认。

③施工图设计内审过后,由赛迪咨询组织设计院通过第三方审图机构、消防局等完成图纸审查工作,取得审图合格证,配合工程总包招标工作及预算编制工作。

(4)与招采合约部的工作界面划分

①对接设计院,完成图纸收集,交付招采负责人。

②对招采合约部涉及技术问题的确认,设计咨询部协助负责解决技术问题,并将结果反馈给招采合约部相关负责人。

③协助编制招标文件技术章节的相关专业技术内容。

④参加相关的讨论会或者专题会。

(5)与各子项目部的工作界面划分

①作为各项目部的技术支撑部门,配合项目部解决技术问题。

②配合各项目部完成设计交底工作。

③协助各项目部做好图纸变更的确认工作。

④对图纸的审核意见及时通知各项目部。

(6)与综合计划部的工作界面划分

①提供有关设计的各类会议的照片。

②提供图纸等有关设计方面的资料。

③按时提供设计咨询部的周报及月报。

(7)与报建后勤部的工作界面划分

提供有关设计的图纸资料。

2. 技术管理

(1)对医院群项目建设过程中的特殊结构、复杂技术、医疗工艺、关键工序等技术措施和技术方案进行审核、评价、分析,解决施工过程中出现的设计问题,对工程建设新技术、新工艺、新材料进行研究论证,从技术角度提出合理化建议或专项技术咨询报告。一般程序如下。

①建设单位或医院提出的技术问题,由建设单位技术部或医院基建科组织开会和设计院进行沟通,赛迪咨询根据会议要求跟进设计院的复核工作。

②设计院复核后,通过技术可行性、工期和造价的分析和对比,提交设计院复核报告,赛迪咨询提供咨询报告并组织建设单位、医院和设计院开会确认。

③施工单位提出技术问题,由施工单位提供技术支撑资料(技术可行性、工期和造价的分析和对比等),由赛迪咨询和设计院进行初步会审是否可行;如可行,由设计院进行技术复核形成复核报告(有必要的话走专家评审程序),赛迪咨询提出咨询意见并组织建设单位、医院、设计院和施工单位开会确认,由施工单位组织相关专家论证施工技术及安全措施可行性并得到建设单位确认后方可实施。

(2)组织设计院对现场进行技术交底,对重点工序、重点环节的技术、质量进行控制,处理工程建设过程中发生的重大技术质量问题。一般程序如下。

①赛迪咨询组织设计院和施工单位进行技术交底和图纸会审工作,由建设单位和医院参加;根据医院群项目的特殊性可以分栋、分层、分专业进行交底,保证交底会的效率和交底质量。

②现场遇到重大技术难题或由于现场施工条件有限无法满足设计要求的情况,由施工单位提出现场工作联系单发赛迪咨询确认后,发设计院复核,需要专家评审的技术问题从建设单位专家库中选择3~5名专家进行现场专家评审后,由设计院进行修改并以变更图的形式发现场实施。

(3)遇到突发事件,例如,基坑检测数据出现异常,边坡有失稳风险等危险情况,赛迪咨询立即组织建设单位、医院、设计院、地勘和施工单位进行现场会审,立即形成应急预案,并由设计院复核后出具技术措施发建设单位和赛迪咨询审核,建设单位技术部、赛迪咨询和设计院经过讨论确认最终解决方案,危险性较大的突发事件进行现场专家评审会,由设计院依据专家意见出具解决方案。

3. 文件管理制度

设计咨询资料的收集、汇总等工作由各项目的项目联系人负责,其主要工作如下。

(1)负责外来资料的收集和整理工作。

(2)每周六前将本周收集、汇总的各种资料(主要为与设计相关的资料等)以及资料清单,交给设计咨询执行负责人。

(3)文件处理过程中,所有人员均应遵守有关保密规定,所有文件和资料向外部传送前须得到部门负责人同意;违反规定,擅自向外部发送资料文件的,按公司相关规定处理。

四、经验交流和培训

(1)建设单位的医院群项目,在整个建设阶段由建设单位组织了不同形式的技术交流会、施工工艺培训专题会等,例如,在项目前期由建设单位工程管理中心组织的每月的技术讨论会、每月的设计工作汇报会、建设单位设计中心组织的大师讲座等,建设单位都邀请各参建方参加,希望通过技术的讲解和普及,提高现场管理人员和技术人员的业务能力和知识储备,能为项目提供更好的服务。

(2)由赛迪咨询组织的内部和外部的专家讲座、设计交流会、施工技术视频学习等活动均要求建设单位、医院、设计院和施工单位参加,在讨论的过程中增加了技术交流的深度,提高了各参建方的现场解决问题的技术能力。

(3)根据医院建设需要,组织设计院、赛迪咨询设计咨询板块针对项目医疗专项、各专业设计思路和技术难点召开交流会,邀请建设单位、医院、施工单位、造价咨询等单位参加,起到了提前熟悉技术方案、设计重难点的作用。

由于在项目整个建设过程中,将业主倡导的经验交流和技术培训有效的坚持下去,使医院群项目建设参与人员能够在工作中提高技艺,学习中提升知识面,使参建各方有效互融互通,加强了相互之间的交流和配合,对医院群建设项目起到了积极作用。

五、有效沟通

由于医院项目复杂的特点,因此在医院群项目建设过程中,参建各方的沟通和信息传递显得尤为重要,复杂的问题往往会因为沟通不畅或者传递不到位、不及时而耽误了解决的最佳时机,甚至引起参建各方的争执,影响到项目的顺利推进。

1. 及时沟通

在处理医院群项目设计问题以及管理工作过程中,信息传递和沟通的及时性尤为重要。

(1)赛迪咨询在工作中首先明确沟通对象包含建设单位(工程管理中心)、医院(基建科)、设计院(两家)及施工单位,指定主要对接人,人员调动要及时告知各方。

(2)每天和建设单位、医院对接设计工作进展及问题沟通,避免因设计需求变化或者技术问题不能及时通知设计院,延误解决时间。

(3)沟通信息要做到当天互相传递,赛迪咨询在各个单位之间传递信息时起到了枢纽作用。

2. 深度沟通

由于医院设计的复杂性,在沟通设计和技术问题时,要做到和各参建方的深度沟通,真正抓住问题的关键点,在设计院复核后,各方确认解决方案。

(1) 各专项、各专业的设计确认工作。例如,二级流程、三级流程的确认工作,需要赛迪咨询组织设计院、协调建设单位和医院一起进行专门对接和沟通,清晰了解建设单位和医院的真正需求,可以采取当面沟通、现场踏勘会议以及视频会议等多种形式保证设计院的思路正确,复核准确,不走弯路。

(2) 技术问题沟通须专业对专业,保证问题说清楚,解决方案有针对性。

(3) 会议制度。

①所有设计咨询部人员参加的各类会议,均应在当天把会议的主要内容告知设计咨询执行负责人或设计咨询负责人,负责人根据实际情况及时告知设计咨询部相关人员。

②由建设单位、设计咨询部发起的设计例会、专题会等与技术有关会议,会议纪要由设计咨询部参会人员编写;由其他单位发起的专题会等会议,会议纪要由发起方编写。

③设计咨询部内部例会原则每周召开1次,各项目联系人汇报每个项目的进展情况以及重点需要协调解决的问题,以及下周的工作安排。

④每个项目的设计、技术审核工作的咨询意见,由每个项目的项目联系人负责汇总和成稿后,发给设计咨询执行负责人和设计咨询负责人审核,终稿由各项目联系人发出,并交综合部备案。

(4) 对建设单位的沟通机制。

①设计咨询执行负责人、项目联系人每周保证1~2天,与工程中心和设计中心进行工作对接和沟通,保证现场和设计信息及时传递并及时解决问题。

②设计图纸、文件等资料等文件由项目联系人负责汇总,并及时交付给各项目资料员。

③定期通过设计周报、设计月报、设计咨询报告等方式,向建设单位项目组汇报工作情况。

④组织设计院和建设单位项目组成员定期召开设计专题会,针对设计进度、

设计质量和设计问题的解决办法等情况进行沟通、协调。

第四节 精细管理总结(设计咨询过程中的提炼)

一、进度管理

医院群项目对设计进度的管理更加严格,按照建设单位设计中心和工程管理中心的管理办法,赛迪咨询在设计进度管理中须结合其他板块工作计划和报批报建进度,进行动态调整。

1.设计阶段进度管理要点

表6-1 设计阶段进度管理要点

阶段		进度管理要点
设计阶段	方案设计阶段	(1)编制设计方案进度计划并监督其执行,方案设计周期根据各个医院项目的建设规模和内容,按建设单位要求确认。 (2)审核方案设计文件,结合委托方的设计要求提出优化意见,一般要求3个工作日完成。 (3)组织参加医疗工艺方案设计专家评审会。 (4)督促完成方案报批工作
	初步设计阶段	(1)确定初步设计阶段的进度目标。 (2)审核设计院提出的设计进度计划并监督其执行,此阶段一般每半个月召开一次设计例会。 (3)组织设计院内部各专业、各专项交叉会审(每周一次),满足进度要求。 (4)跟踪设计进度,监督各设计专业的配合情况,确保按计划出图。 (5)督促完成初设专家评审和审批工作
	施工图设计阶段	(1)确定施工图设计进度目标,审核设计院的出图计划。 (2)编制甲供材料、设备的采购计划,在设计院的协助下编制各材料、设备技术标准。 (3)及时对设计文件进行审定并提出咨询意见。 (4)参加设计院组织的专家评审会,如深基坑等。 (5)协调参与和医院的三级流程确认会;注意设计过程的配合问题,确保按时出图,控制设计变更及其审查批准实施的时间。 (6)督促完成施工图第三方审查工作

续表

阶段	进度管理要点
专项设计及深化设计阶段	考虑到医院项目的专业性和复杂性，须由设计总包单位编制设计总进度计划，并将专项设计及深化设计纳入其出图计划中： (1)委托方审核、批准后的设计总进度计划应下达至各专项设计及深化设计院，各专项设计(包括医疗专项、景观、精装、智能化等)及深化设计院必须严格执行设计总包的出图计划，并提交各自的进度报告。 (2)赛迪咨询应进行对口督促和检查，如出现异常情况需要查明原因，提出解决办法，及时调整并落实出图计划。 (3)督促设计总包监督专项及深化设计的实际进度，确保按计划出图

2. 设计阶段进度管理的一般措施

(1)根据医院项目的总控计划编制设计节点计划，并考虑招标、造价板块的实施计划。

(2)统筹协调完善设计前期准备工作，具体包括：

①设计任务书。

②地勘勘察。

③需求、使用功能的沟通交流及确认、专项调研等。

(3)协调落实设计相关批文及基础资料，具体包括：

①经批准的项目可行性研究报告。

②政府职能部门下发的"规划设计条件通知书"和地形图。

③原有市政管线图、道路图、供电位置图。

④建筑单位与有关部门签订的供电、供气、供水、雨污水排放方案或协议书，建设工程环境影响审批表和城市节水部门批准的节水措施批件。

⑤水文地质和工程地质勘察报告。

⑥对医院建筑的采光、照明、供电、供气、供热、给排水、空调及电梯要求；建筑构配件的适用要求。

⑦医用专项系统界面分区、基本工艺要求、大型医疗设备的基本参数要求。

⑧根据设计节点计划编制各专业控制性计划、说明前置条件、工序分解。

⑨审核设计院各阶段设计成果完成计划，优化设计进度。

(4)检查设计院的设计进度，提出预警并采取措施，协助设计院解决设计技术问题,协调加快设计进度。

二、投资管理

医院群项目对投资控制的要求很高,按照建设单位设计中心和工程管理中心的投资管理办法,赛迪咨询在各阶段设计咨询工作中限额设计的监督、审核工作非常重要。

1. 设计阶段投资管理要点

表6-2 设计阶段投资管理要点

阶段		投资管理要点
设计阶段	方案设计阶段	(1)对设计院方案设计文件提出关于投资管理的优化意见。 (2)督促设计院根据设计方案优化意见编制项目总投资修正估算。 (3)组织编制方案设计阶段资金使用计划并控制其执行。 (4)比较修正投资估算与投资估算,完成建设单位的相关报批报建工作
	初步设计阶段	(1)组织审核初步设计任务书中有关投资管理的内容。 (2)审核项目设计总概算,并控制节约投资的可能性。 (3)编制本阶段资金使用计划并控制其执行。 (4)比较设计概算与修正投资估算,完成项目建设各种投资管理报表和报告
	施工图设计阶段	(1)组织审核施工图设计任务书中有关限额设计咨询的内容。 (2)根据批准的总投资概算,提出施工图设计的投资管理目标。 (3)编制施工图设计阶段资金使用计划并控制其执行,必要时对上述计划提出调整建议。 (4)跟踪审核施工图设计成果,要求设计从施工、材料、设备等多方面进行必要的市场调查和技术经济论证,并提出询价结论;如发现设计可能会突破投资目标,组织参建方讨论相关技术方案并形成造价专题报告,提出解决办法。 (5)审核施工图预算,如有必要调整总投资计划,应采用价值工程的方法,在充分考虑满足项目功能的条件下进一步挖掘节约投资的可能性。 (6)组织审核设计变更,注意审核设计变更的技术可实施性和费用等,组织设计院及时处理设计过程中出现的索赔和与资金有关的事宜
	专项设计及深化设计阶段	应将各专业、各专项及深化图设计的投资管理纳入投资管理中,并引入"限额设计、标准设计"等思想

2. 设计阶段投资控制的一般措施

（1）设计任务书应全面反映委托方的需求，确定设计标准及工程所需材料、设备的标准，以便设计院开展设计。

（2）医院建筑方案（含一级流程）专家评审和优化工作是设计阶段控制投资的关键。通过及时协调建设单位、医院、设计单位召开会议并确认需求的方法实现医院方案的确认。

（3）组织分析和审核地勘资料，通过邀请专家会同设计人员对基础选型、二级流程合理性、使用功能的必要性等进行分析研究，选用最佳设计方案，减少不必要的投资。

（4）进行医院项目的投资分析。结合建设单位投资管理目标，将项目的投资计划分解至各板块设计工作，以指导各板块设计工作的开展。

（5）全过程推行限额设计。要求设计院积极推行限额设计，明确限额目标，使限额设计贯穿可行性研究、初步设计、技术设计以及施工图设计等各阶段。

（6）审查设计概算。重点审查设计概算是否在批准的投资估算内，若概算超过估算，应找出原因并完善设计，调整报概资料。

（7）对设计院进行履约评价，招标文件约定设计收费与工程设计经济性相结合的办法，制定设计奖惩制度，对优化方案可实施的设计院及个人给予一定奖励，鼓励参建各方思考最佳方案。

（8）加强设计变更管理，规范设计变更制度和现场签证的程序。

三、质量管理

医院项目对设计质量的管理主要通过设计中心各阶段的专家审核、技术部审核和赛迪咨询的内审组织进行，按照建设单位设计中心和工程管理中心的设计咨询办法，赛迪咨询在设计质量管理中结合建设单位的制度和技术部的要求，以及内审制度进行质量把控。

1. 设计阶段质量管理要点

表6-3 设计阶段质量管理要点

阶段		质量管理要点
设计阶段	方案设计阶段	(1)组织审核方案设计任务书中有关质量管理的内容。 (2)组织和参加建设单位组织的专家评审并协助建设单位和医院选定设计方案。 (3)审核设计方案满足国家及委托方的质量要求和标准。 (4)设计板块内审时提出方案优化意见。 (5)审核设计优化方案是否满足规划及其他规范要求。 (6)在方案设计阶段进行协调,督促设计院完成设计工作。 (7)编制方案设计阶段质量控制咨询工作报告
	初步设计阶段	(1)组织方案设计交底,审核初步设计任务书中有关质量管理的内容。 (2)审核初步设计满足国家及委托方的质量要求和标准。 (3)组织设计院对重要技术问题组织专家论证,提出咨询报告。 (4)组织专家对初步设计进行评审。 (5)分析初步设计对质量目标的风险,并提出风险管理的对策与意见。 (6)组织设计院邀请专家对结构方案进行分析论证,如结构超限等。 (7)对各专项方案进行专题论证及技术经济分析,形成咨询报告。 (8)审核各专项设计是否符合规范要求。 (9)审核各特殊工艺设计、设备选型,提出合理化建议。 (10)审核初步设计概算,使之符合立项时的投资要求。 (11)编制初步设计阶段质量控制咨询工作报告
	施工图设计阶段	(1)组织施工图交底,在施工图设计阶段进行设计协调,跟踪审核设计图,发现图中的问题,及时向设计院提出并监督设计院完成回复和修改工作。 (2)审核施工图设计与说明是否符合国家有关设计规范、有关设计质量要求和标准。 (3)审核施工图设计是否有足够的深度,是否满足总包招标及现场实施要求。 (4)组织设计院和内部设计板块审核各专项、各专业施工图纸是否符合设计任务书的要求,是否符合规范及政府有关规定的要求,是否满足材料设备采购及施工的要求。 (5)要求设计院对项目所采用的主要设备、材料充分了解其用途,并作出市场调查报告;对设备、材料的选用提出咨询报告。 (6)审核施工图预算,满足不超概要求。 (7)编制施工图设计阶段质量管理咨询工作报告

续表

阶段	质量管理要点
专项设计及深化设计阶段	(1)组织审核专项设计及深化设计任务书,明确建设单位和医院需求、设计总包配合要求、专项设计及深化设计技术标准、完成的设计成果内容,要求专项设计及深化设计人员严格按照规定执行。 (2)加强专项设计及各专业深化设计过程的沟通与交流,定期组织技术沟通会和设计专题会。 (3)专项设计及深化设计(三级流程)应履行完善的签字、盖章等手续的出图程序。 (4)加强设计成果的会审工作,层层把关,全面较审,确保满足总设计要求

2. 设计阶段质量控制的一般措施

(1)采用动态控制的方法,通过参与设计院内部各专业会审、组织设计专题会和医院沟通会等形式,保证设计质量满足业主要求。

(2)在各个设计阶段前审核设计任务书,督促设计单位内部宣贯各阶段设计要求和内容,组织各参建方在各阶段设计过程中和结束后及时对设计提出修改意见,并对设计成果进行评审形成咨询报告。

(3)加强各参建方之间的沟通、配合。

(4)注重设计评审,通过早期预警克服设计缺陷,对设计进行跟踪审查,及时向设计人员反馈工程设计中出现的错误及设计深度不够的地方,并提出相应的改进意见,协助设计院优化设计方案。

(5)加强施工过程的专项设计审核和深化设计审核,并跟踪技术问题的解决。

四、信息及资料管理

(一)主要管理内容

(1)制定设计信息传递和资料发放等管理办法,并向建设单位、医院及设计院交底确认后实施。

(2)组织各参建方统一建立信息处理发布平台,包括但不限于微信群、公用电子邮箱、建设单位管理平台或线下资料文件的传递等方式。

(3)明确设计信息沟通原则和传递路径,规范现场设计变更的程序和资料发放流程。例如,施工图由赛迪咨询下发至监理部,由监理部发放图纸到总包单位。

(4)参加建设单位设计资料上传和设计变更管理平台的培训学习,组织各参建方学习交底,严格监督参建各方按照项目信息处理流程执行。

(二)信息及资料管理的一般措施

(1)根据医院群项目的特点,结合建设单位项目管理办法,制定设计咨询办法并对设计院进行交底,固化相关制度并执行。

(2)根据各阶段的不同情况,形成会议制度,如设计月度例会、医疗专项专题会、技术讨论会、专家评审会等。

(3)建立信息平台,对各参建方的通讯录进行动态更新。根据不同阶段、不同专业及专项设计的需求,建立微信群、QQ 群及公共邮箱,各参建方确认主要信息对接人,负责内部信息的传递工作。

(4)制定和规范赛迪咨询内部板块、设计院和施工单位工作联系单、设计联络单等形式及签字盖章要求,要求各参建方各自建立资料归档目录和文件,并定期核对和检查。

第七章
巴布亚新几内亚某镍钴项目

第一节 项目概况与项目特点

一、项目概况

巴布亚新几内亚某镍钴项目由瑞木镍钴管理(中冶)有限公司投资建设,项

图7-1 巴布亚新几内亚某镍钴项目实景

目建设地点为巴布亚新几内亚马当省。项目是超大型有色金属冶炼工程。由矿山的采矿、选矿,135km 的矿浆输送管道、冶炼、深水港码头、深海填埋等主体工程及公辅设施,连接矿山至冶炼厂的道路、马当基地等组成。

本项目冶炼工艺为国外引进的先进技术,共涵盖 198 个子单位工程,总占地面积 240km^2;长输矿浆管道由美国 BRASS 公司独立设计,是世界上直径最大的矿浆输送管道。本项目于 2006 年 11 月开工建设,2012 年年底投产,总投资约 127 亿元人民币,是迄今为止中国在南太平洋投资最大的一个项目。本项目主要参建单位情况如下。

(1)建设单位:瑞木镍钴管理(中冶)有限公司。

(2)全过程工程咨询单位:重庆赛迪工程咨询有限公司、中冶赛迪工程技术股份有限公司。

(3)设计单位:中国恩菲工程技术有限公司、中冶集团武汉勘察研究院有限公司。

(4)设计分包单位:黄河勘测规划设计有限公司、美国 BRASS 公司、沈阳东大自动化有限公司。

(5)总承包单位:中国恩菲工程技术有限公司、美国 BRASS 公司。

(6)施工单位:中国十九冶集团有限公司、中国二十冶集团有限公司、中国二十二冶集团有限公司。

(7)分包单位:中交第一航务工程局有限公司、中矿资源勘探股份有限公司、沈阳东大自动化有限公司、瑞木镍钴 RABUSS 公司。

二、项目特点

(1)工程所在地的基础配套差,特别是基础设施、社会服务功能、社会配套技术功能差,当地资源匮乏、交通运输困难。工程所需的材料、设备、机具、技术管理人员等绝大部分资源、生产要素均需参建单位从所在国提供。

(2)技术难度大,国际和国内均没有类似项目可借鉴的成功经验,技术上有许多是全球有色界的难题,项目参与的国外公司多,技术标准不统一。因此,本项目不仅前期要保证设计可行,而且在施工时,必须保证施工质量,以确保设计意图的实现。

(3)工程地处地震多发区,项目设计抗震设防烈度为9度,工程安全风险控制难度大、要求高。

(4)工程所在地旱季、雨季明显,年降水量高达4500mm,尤其2月降水量高达1200mm。这给项目施工带来了极大挑战,要求总承包单位/施工单位科学合理地组织施工,避免因雨季影响施工效率,确保项目在工期内完成。

(5)工程设计工作由多个国家的设计单位参与,不同国家标准转化为通用标准的难度大。

(6)地理、自然条件差,社会治安乱,热带传染病高发,医疗条件差,生活条件艰苦,这些给项目的顺利实施带来较大困难。

第二节 设计咨询范围与工作内容

一、设计咨询的范围

本项目采用全过程工程咨询服务模式,咨询服务内容包含设计咨询、设备监制、施工监理、造价咨询、工程结算等工作。其中,设计咨询服务范围为除连接矿山和冶炼厂的长距离矿浆输送管道、湿法冶炼工艺、制酸工艺、浸渣深海填埋工艺、码头工艺以外的其他所有设计内容的咨询工作。

二、设计咨询的工作内容

为使工程项目安全可靠,确保其实用性、经济性、科学性和安全性,控制其勘察设计深度、质量、进度、工程投资是本工程勘察设计咨询的基本任务。其重点是审查工程设计的技术经济指标的合理性,督促设计单位按照批准的可行性研究投资估算进行设计。对设计结构的安全性、可靠性进行严格把关,确保工程的整体安全性。

1. 前期准备阶段的工作内容

(1)建立健全设计咨询组织机构,完善设计咨询人员的职责分工,采用各项控制措施以保证设计咨询工作的顺利实施。

(2)编制设计咨询各项管理办法,建立有效的设计咨询工作制度和工作程序。

(3)编写设计咨询规划、设计咨询实施细则等。

(4)编写有关的设计咨询文件,设置预控要点。

(5)备齐设计咨询工作需要的设施及设备。

(6)建立与委托人正常的工作联系渠道。

(7)根据工作需要配齐符合项目要求的各类专业咨询人员。

2.招标及勘察阶段的工作内容

(1)勘察设计招标。本项目勘察设计总体单位已确定,主要工作是协助委托人和总承包单位对专业设计分包单位的选择提供咨询意见和建议。

(2)建立工程勘察设计例会制度,并整理会议纪要。提交本阶段设计咨询工作总结和设计工作质量评估报告。

(3)进行勘察合同跟踪管理,处理工程勘察合同中有关的索赔与反索赔事宜,处理勘察合同纠纷,为仲裁提供正确的、全面的维护委托人正当权益的法律凭证。

(4)负责勘察管理工作,审查并确认设计(包括勘测、地质、水文、地震等)所需的技术条件、地质、勘测大纲、地质勘测成果报告等基础资料,并提出审查意见。

3.初步设计阶段的工作内容

(1)参与专业设计方案的评审,对设计方案提出有关先进、实用、安全、经济的方案评选并提出书面意见。

(2)对初步设计方案提出优化意见,督促设计单位按照合同约定的设计要求、阶段性进度要求的工期目标完成设计工作。

(3)审查初步设计文件,对初步设计文件中的结构体系、建筑设计、设备系统设计、主要关键设备的选型等提出审查和优化意见。

(4)控制设计进度和质量,审查设计文件深度及有关质量、进度的保证措施,并进行跟踪管理,及时向委托人报告有关情况。

(5)组织初步设计文件初审,审查工程初步设计概算,严格控制设计的概算投资。

(6)组织并参与对初步设计文件的专家会审和审批会议,并提出初审意见。

(7)审核各阶段设计文件是否符合当地和国家有关规范、质量要求和标准,并提出修改意见。负责对设计图纸进行会审和设计文件的验收。

(8)对工程项目设计总投资进行切块、分解、分析、论证,并在项目实施过程中控制其实施。

(9)对工程项目设计总工期目标进行分析、论证,审核设计单位编制的各阶段进度计划,并控制其实施。

4. 施工图设计阶段的工作内容

(1)施工图设计是在初步设计的基础上进行详细、具体设计的,用以指导建筑安装工程的施工,非标准设备的加工与制造等。设计咨询必须对工程和设备各构成部分的尺寸、标高、布置、选用材料、施工的可行性及安装质量要求和使用功能等进行施工图设计全过程控制,以进一步满足委托人的目标要求。

(2)审查施工图设计是否贯彻和满足初步设计审查中提出的修改要求,是否切合现场实际,确保质量和工期,并节约投资,加强设计中间环节的检查,优化设计,提高施工图的设计质量。

(3)对施工图设计文件的质量进行审查,把好设计质量关;审核施工图预算,把好投资控制关。

(4)审查施工图设计的深度是否满足当地和国家设计标准要求的设计深度和施工的可行性要求。

(5)跟踪控制施工图设计进度和质量,审查施工、设计单位制订的施工图供图计划,报业主批准后控制其实施。审查设计文件深度及有关质量、进度的保证措施,及时协调解决影响设计进度和质量的有关问题,并及时向委托人报告有关情况。

(6)检查、督促设计单位进行限额设计、优化设计,严格控制施工图预算在批准的初步设计概算投资允许的范围内。

(7)组织施工图设计的会审。负责施工过程中各类设计变更方案及变更设计图的审查与认可,杜绝工程施工中不合理的设计变更。

(8)对设备系统设计,设备选型提出核查意见。对软件产品审查其设计方案、设计说明书、流程框图,确保设备系统各部分设计均符合委托人确定的功能及质量要求,符合有关技术法规和技术标准的规定;保证有关设计文件、图纸符合现场施工的实际条件,设计深度应能满足系统集成、装配、安装的要求。

(9)督促设计单位及时整理工程技术、经济资料。

(10)负责本工程项目各类设计信息的收集、整理和保存,并在设计咨询任务完成后向委托人提交设计咨询总结及设计咨询的全部资料。

(11)施工阶段按委托人的设计变更管理办法处理有关的设计变更。

第三节 设计咨询方案

一、设计咨询工作方法与程序

设计阶段作为项目实施阶段中对项目投资影响最大的阶段,是影响工程根本质量的阶段,也是影响项目工期的关键性阶段。设计水平的高低、设计工作的成功与否关系到整个工程的成败。设计咨询主要是对本项目技术方案的总体设计、初步设计、施工图设计等实施全过程咨询,在设计阶段对工程的投资、进度、技术、质量进行控制,从而在根本上奠定项目建设成功的基础。

1. 设计咨询工作方法

设计咨询工作要做到事前预测,事中控制,事后检查。重大事情要事前预测,加强事中控制和事后检查。对投资、进度、质量三大目标采取主动控制和反馈控制相结合的方法,对工程目标实施动态管理,即在工程进展过程中设计咨询人员深入实际,定期或分阶段跟踪采集有关信息,如质量、进度、投资信息,并对设计单位提供的重要工序的各种自检数据、报告进行签认或抽查,然后进行分析、整理,并与计划目标进行比较,同时进行风险分析,预测并发现偏差,采取相应措施进行修正,从而达到各种预定目标。动态控制流程如图7-2所示。

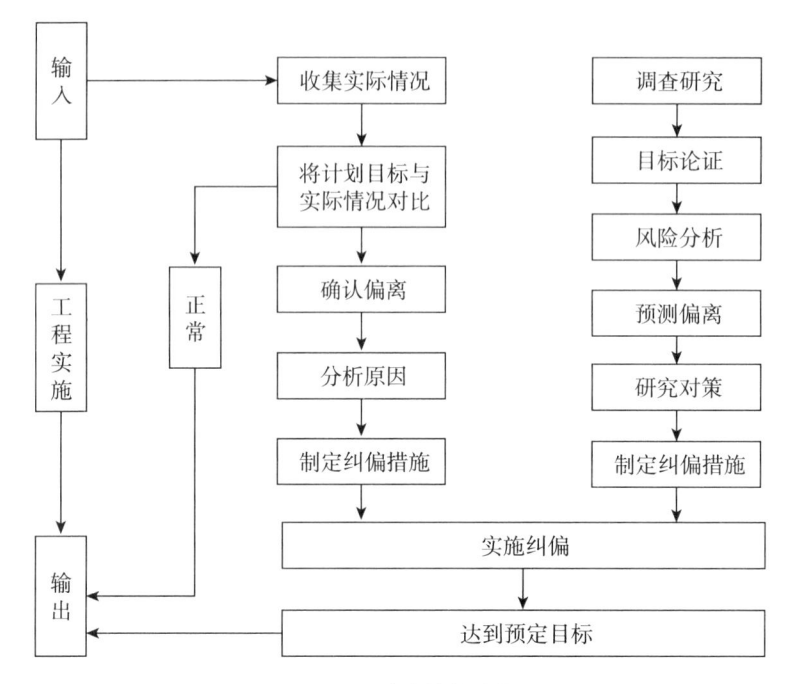

图 7-2 动态控制流程

2. 设计咨询工作程序

根据项目特点,本项目设计咨询的工作程序如下。

(1)签订全过程工程咨询(设计咨询)委托合同。

(2)熟悉业主的建设意图、需求以及对质量、进度、投资的要求,并尽快熟悉技术资料。

(3)建立项目设计咨询机构。根据工作要求组建设计咨询部;组建专家组,以备重大技术问题咨询。

(4)设计咨询经理主持编制设计咨询规划,并报委托人审核。

(5)采取预控措施,制定预控要点。

(6)检查计划的落实,并及时修正计划,采取纠偏措施。

(7)阶段设计计划完成后提交阶段设计咨询评估报告。

(8)设计全部完成后提交设计咨询总结报告。

二、设计咨询关键控制点

1. 对设计单位的管理

(1)设计程序必须按照有关规定执行

设计单位的设计程序必须按照当地和国家有关规定的设计程序进行设计,设计工作必须满足整个工程建设程序的需要,满足工程建设的客观规律要求。按照工程设计客观规律的要求,分期分批地提供设计资料,使设计、采购、施工能在确保各自必需的合理周期条件下进行合理的交叉,为缩短整个工程周期创造条件。

(2)抓好接口工作

在设计咨询工作中,要抓好业主与设计、设计与采购、设计与施工的接口工作,要根据整个工程建设程序要求,详细落实、协调好设计与上述各单位之间的条件内容和工作进度。

(3)抓好设计质量和限额设计工作

为了对设计单位的质量和费用控制进行有效的管理,除了要求设计单位提供必要的质量保证体系和健全的运行制度外,还应特别注意抓好以下几个方面的工作。

①业主提供给设计单位的基础资料必须准确,要对其可靠性进行质量把关。

②抓好业主对设计单位提出的设计要求、采用的设计标准、规范及重大设计方案的确认内容和方式,并确认工作的安排。另外,还需搞好设计与施工、设计与采购之间的确认和交底工作,必须保证一经确认的条件和内容,不得随意修改和变更。以减少整个工程设计中返工工作量及错误设计的发生。

③在工程投资控制中,要求设计单位必须按照批准的可行性研究报告中的投资估算,按主项和专业,进行限额设计。协调好设计与采购和施工之间的投资控制管理工作。

(4)抓好设计单位的工作报告制度和报表工作

设计咨询部应要求设计单位按时提供有关进度、质量和投资的简报和报表,随时掌握设计工作的进展情况。主要包括设计工作的形象进度、业主和施工单位审查和确认的时间,以及限额设计的指标执行情况等的报表。

2.初步设计阶段关键控制点

(1)按工程建设程序的要求确定设计的进度

按工程建设程序的要求明确分期分批交图和资料的时间。要保证设计图纸及资料的交付进度,不影响采购和施工的进展。在质量管理中,增加需业主确认会审的内容及时间,以及对限额设计的要求。从工程的第一步设计环节就为加强工程项目建设的三大目标控制打下了良好的基础,防止在设计过程中临时向设计提出要求而出现相互扯皮的现象;其次必须明确业主按设计要求提供设计所必需的设计条件的内容和进度。

(2)要求设计单位编制设计开工报告和设计统一规定

在初步设计正式开展前,应要求设计单位按合同要求编制详细的设计开工报告和设计统一规定,并协助业主进行审查。审查的内容主要有:设计主要成员,设计标准,分解限额情况和设计进度是否符合合同的情况;在设计标准方面,必须取得业主的确认。只有经审查确认后的设计开工报告和设计统一规定,才能作为设计的正式依据,全面开展设计工作。

(3)组织审查初步设计

在设计单位基本完成了初步设计时,设计咨询经理应组织业主和专业咨询人员参加对设计方案的预审会议,并协助业主对设计方案进行确认。以确保设计满足业主的要求和意图,同时减少设计的返工工作量,从而满足整个工程建设的需要。

(4)确认岩土工程试验补充资料

业主对设计方案审查后,设计咨询经理应要求设计单位在开展施工图设计时补充详细工程勘察和岩土工程试验的要求。根据具体要求,组织业主安排开展相关工作,为设计单位最后确定设计方案和开展正式施工图设计创造条件,为缩短建设周期创造有利条件。

(5)要求设计单位提供关键材料、设备采购询价资料

方案设计预审会后,对制造周期长的主要设备,应要求设计单位提供设备采购询价资料,以便业主掌握采购询价情况,并与设计单位协商确定需供货厂商返

回的设计条件和进度要求,为设计单位编制设计概算和落实施工图设计的计划安排创造条件。

(6)要求设计单位提供开展施工图设计需要的资料清单

根据批准的初步设计,要求设计单位提供开展施工图设计所必需补充的设计基础资料清单,并协助业主收集和安排资料的收集工作,为设计单位开展施工图设计创造条件。

(7)参加第一次总图会议

第一次总图会议是在设计单位编制初步设计的基础,确定工程项目总体布置设计的关键会议。设计咨询经理及有关专业咨询人员应参加第一次总图会议。

3.施工图设计阶段关键控制点

(1)协调好设计、采购和施工的关系,合理交叉,把握好以下几个原则:

①若由于客观原因设计单位的设计不能完全满足施工需要时,应及时和业主及施工单位协商,在保证设计质量的前提下,可采取特殊的发图措施以确保施工进度。

②为了满足工程建设的客观规律,往往要求设计单位采取分期分批方式交付设计资料,由于提前交付资料,设计单位可能会运用其设计经验通过加大安全系数等方式进行施工图设计。设计咨询部必须与业主协商,把握好尺度,要满足施工要求。

(2)抓好施工图设计的开工报告的审查确认

在开展施工图设计前,要求设计单位编制施工图设计的开工报告。在开工报告中要详细落实需要业主进一步确认的内容、方案及进度安排,其次审查设计单位施工图设计的进度能否满足建设的要求。另外,应注意审查限额设计指标分配变动的情况及其可靠性。对开工报告中的原则问题,必须协助业主进行认真的审查,并应得到业主的认可,对认可的内容不能随意变动,为顺利开展设计工作创造良好的条件。设计咨询经理必须重视抓好对设计单位编制的开工报告的审查,为整个设计打下一个良好的基础。

(3)抓好设计单位与业主的接口

在施工图设计阶段,各部门之间的接口中,设计咨询经理必须首先抓好设计与业主的接口工作。这是各项接口工作中的主要基础,这样可以避免整个工程建设中大的原则问题的变动,而影响其他接口工作的开展。一般有以下几个环节。

①在业主与设计的接口中,应协助业主提供给设计单位开展施工图的补充设计基础资料,如补充详勘资料和需进行人工地基处理的岩土工程试验报告。

②应着重落实业主对设计单位编制施工图的设计标准、设计方案和重大设计原则的确认,尤其应落实与初步设计中有变动的部分的最后确认工作。

(4)厘清设计与采购部门的接口

为了保证施工图设计的顺利完成,必须厘清设计与采购部门的接口。设计单位向供货厂商提供详细准确的设计数据,是实现限额设计和影响整个工程建设投资控制的关键。因此除了设计单位和采购部门间要协调好外,还必须与业主协商,由业主确定供货的厂商。在这方面主要应注意抓好以下几个环节。

①为了缩短建设周期,设计与采购部门之间必须进行合理交叉。设计单位应根据设计的进展情况,分期分批地提供设备和材料采购所需的设计资料。一般将订货制造周期长的设备资料以及要求首先投产的设备资料提前交付。对重要、关键的设备需要提前开展订货工作。有条件时应在初步设计阶段的业主审查会后,就开展采购询价工作,以便落实工程的设计方案和设计概算工作。

②设计与采购的接口中,设计提供的设备订货资料与采购所需资料有矛盾时,应要求设计单位先提供设备询价数据表和非标设备的制造总图。这样采购部门就可以开展设备采购的询价与招标工作,在业主确定供货厂商后,再由设计单位提供整套的设备制造图。

③在选择供货厂商时,采购部门除了在满足设计对供货质量和供货时间及价格的因素外,还必须考虑满足设计单位开展施工图设计所需要的资料及提供的时间。采购部门需与设计单位协商确定后,与供货厂商在供货合同中加以明确,并要求供货厂商对其提供资料内容的准确性负责。

④在工程材料的采购和订货中,设计单位不能在施工开展前提供全部材料清单时,应要求设计单位在施工图设计完成之前,分批分期地提供材料订货资料。对大宗的主要材料可根据初步设计的内容和设计单位的经验,先提供部分

能满足施工要求的材料订货清单,在完成施工图设计时再提供全部准确的材料订货清单。合理交叉既可以保证土建和安装工作的开展,又可以避免材料订货余量过多的浪费和增加工程建设的投资。

(5)抓好设计单位与施工单位的接口

施工图设计阶段是设计与施工交叉的阶段,为了组织好设计与施工的合理交叉,需特别注意安排好设计单位分批分期提供设计资料的内容深度及进度与施工的接口问题。一般应注意抓好以下几个主要接口。

①工程建设通常先总体再局部,先地下再地上,为满足开展施工准备和创造安全文明施工的条件,首先是要求设计单位提供总图设计中的场地平整图纸、主要道路和主要地下干管线的设计图纸。

②为满足先土建后安装的建设程序,应要求设计单位提供地基及主要基础施工图设计的时间。可以将设计基础图与上部结构分期分批提供,同时也应与业主协商,为设计创造条件。

③厂房钢结构,往往需要外部厂商进行加工。因此也应按采购订货的流程,抓好订货工作,以满足施工和安装的进度要求。

(6)组织好设计单位进行设计复查工作

在设计单位提供施工图设计资料后,一定要组织好设计单位与施工单位的设计交底工作。要力争通过设计交底将设计的错误和问题消灭在施工之前。若在设计交底和与施工单位会审设计资料中发现设计问题较多,必须要求设计单位限期组织设计人员进行设计复查,以确保在施工之前将设计错误减少到最低限度,确保施工能顺利进行。

三、设计阶段目标控制措施

1.质量控制措施

(1)总体方案阶段

①审查所需的设计依据,如可行性研究报告、有关批文、总承包合同文件、工程资料等是否齐全;采用的设计规范标准的有效性、完整性和准确性。

②进行多方案比较,并有推荐方案,使设计方案可行,技术、经济指标先进

合理。

③审查工艺系统、设备系统是否安全可靠。

④审查方案设计的内容和深度要求是否符合设计合同规定和当地及国家的有关规定。

⑤审查有关方案设计文件的有效性、完整性。

⑥功能能否满足业主的需要,综合技术经济指标是否合理,在既定条件下能否最大限度地为业主发挥效益。

⑦在审查基础上提出优化意见。

(2)初步设计阶段

①审查所需的设计依据,如方案设计批文、环评报告、主要设备清单、工程资料等是否齐全;采用的设计规范标准的有效性、完整性和准确性。

②审查是否按方案的审批意见和要求开展设计。

③工艺设备选型是否先进适用,经济合理。

④技术参数是否先进合理,与环境相协调,并满足环保要求。

⑤采用的新技术、新工艺、新设备、新材料应安全可靠,经济合理。

⑥审查初步设计的内容和深度是否符合施工图设计的要求,是否符合设计合同规定、当地及国家有关规定;设计文件的完整性,如环保、消防、卫生安全等。

⑦在审查的基础上提出优化意见。

⑧协助业主组织初步设计专家评审。

(3)施工图设计阶段

①审查所需的设计依据,如初步设计审查意见、初步设计批复文件、工程资料等是否齐全;采用的设计规范标准的有效性、完整性和准确性。

②审查初步设计审批意见的执行情况。

③审查施工图设计是否符合设计规范。

④审查施工图设计的内容和深度要求是否符合设计合同规定和当地及国家的有关规定。

⑤审查设计是否符合安全可靠、经济合理原则。

⑥审查设计是否满足业主的需要。

⑦各专业施工图会签是否齐全。

⑧图纸与计算书的结果是否一致。

⑨选用的标准图是否是有效版本、是否按本工程具体情况作了必要的说明和修改。

⑩套用图纸时是否按具体情况作了必需的选用核算。

⑪图纸与图纸之间是否出现了交接界面表达不完整、深度不够的情况。

⑫审查设计是否满足施工工艺的要求,即施工的可行性。

2. 投资控制措施

(1)选择先进性、可靠性和经济性相统一的方案是投资控制的基础,要坚持设计多方案比选,优化设计。

(2)专业咨询工程师一方面要及时对图纸中的工程内容进行估算和设计跟踪,另一方面要及时审查估算、概算和预算,如发现超投资,应与业主商议并及时通知设计单位修改设计,以控制投资。

(3)专业咨询工程师要对设计进行技术经济比较,通过比较寻求设计挖潜节约投资的可能性。

(4)应采用价值工程法进行项目的全生命费用分析,不仅考虑一次性投资,还要考虑项目投产后的运行费用、维护费用和管理费用。工艺设备要先进合理,确保优质、高效、节能、降耗,以降低生产成本,节约投资。

(5)督促设计单位采用限额设计方法。限额设计就是在计划投资范围内进行设计,实现项目投资控制的目标;要求设计人员在设计中必须考虑经济性;限额设计贯穿设计的全过程,实现限额设计的投资纵向控制(投资估算≥设计概算≥施工图预算)和限额设计投资横向控制(各专业按分配的投资限额控制设计);限额设计中采用动态管理方式。

(6)在施工图设计、施工过程中严格控制设计变更。对于施工图设计过程中提出的变更初步设计要求,专业咨询工程师要慎重对待,认真分析,要充分研究设计变更对投资和进度带来的影响,并把分析结果提交给业主,由业主决定是否进行设计变更;对施工单位单方面提出的变更,要严格控制,防止出现不合理的变更;严格控制主要材料、设备的选用。

3. 进度控制措施

(1) 根据项目总体进度的安排,审查设计单位主要设计进度的计划开始时间、计划结束时间,核查各专业设计进度安排的合理性、可行性,满足设计总进度情况。

(2) 要求设计单位在各设计阶段,对各专业设计进度安排要具体到每套图。图纸完成后,再检查实际进度情况,如果滞后,要分析原因,并在后续工作中,采取有效措施将进度赶上去。

(3) 督促设计单位投入足够的人力资源,确保设计进度满足工程建设的要求。

第四节 设计咨询精细管理总结

一、设计咨询组织机构

全过程工程咨询单位设立设计咨询部,并在北京、重庆分别设置设计咨询项目组。设计咨询部设置设计咨询经理1人,设计咨询副经理2人,分别负责北京和重庆项目组的工作。

设计咨询部配备了从事设计工作多年,具有丰富的设计经验,涉及采矿、选矿、总图运输、土建、电气、设备、机修、动力、环保、经济等19个专业共45人的咨询团队。其中,教授级高级工程师10人,高级工程师28人,一级注册结构工程师5人,一级注册建筑师2人,注册土木工程师(岩土)1人,注册造价工程师3人。针对项目特点,成立了专家顾问组,对设计质量和投资控制进行把关,提供技术支撑。本项目设计咨询组织机构如图7-3所示。

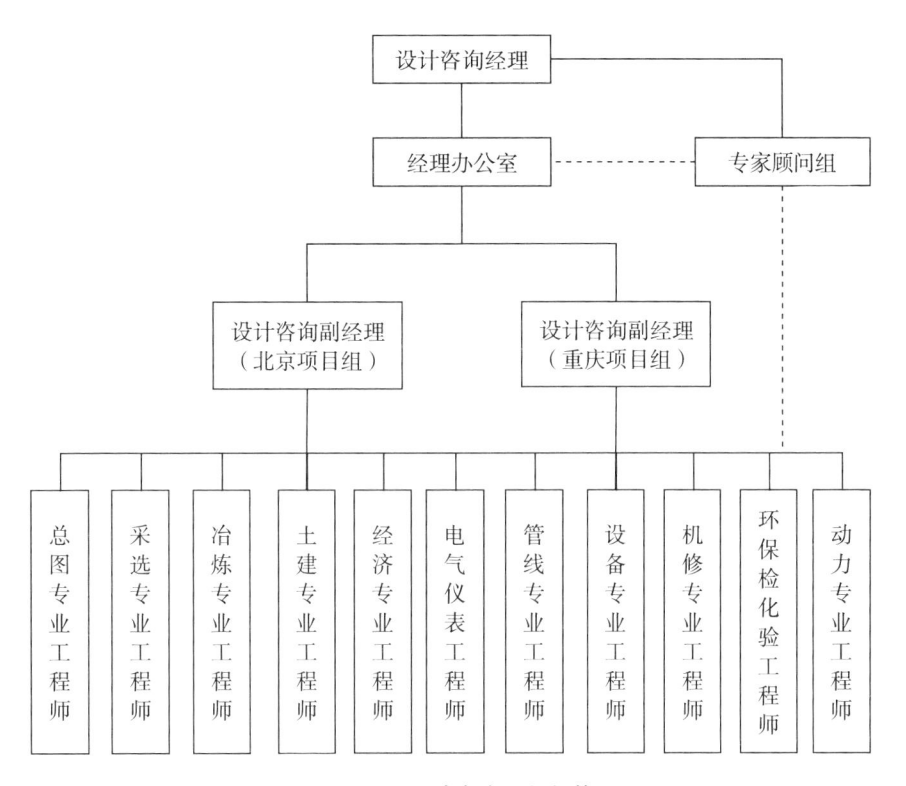

图 7-3　设计咨询组织机构

二、设计咨询前期工作

(1) 向设计单位介绍设计咨询工作的目的、工作范围、工作程序等。

(2) 要求设计单位提交工程资料和有关设计标准。

(3) 要求设计单位提交专业设计负责人资料,初步设计和施工图设计采用的 PNG 标准。

(4) 要求设计单位按要求编写本工程《初步设计统一技术规定》和《施工图设计统一技术规定》,编制《瑞木项目设计质量计划》。

(5) 建立设计资料的报送程序,建立设计例会制度,提出周报、月报和月计划的编制要求。

(6) 编制项目设计咨询规划。

(7) 进行设计咨询工作交底。

三、初步设计阶段工作

1. 初步设计进度控制措施

(1) 重视设计人员的投入

设计人力资源是设计进度和质量的重要保证。设计工作从 2007 年 4 月开始,设计单位的人力资源一直不能满足项目设计进度和质量的要求,设计咨询部进行了多次检查和协调,于 4 月 9 日下发了通知单,要求设计单位高度重视人力资源不足的问题,对有关专业人力资源情况做了一次认真的调查和评估,提出符合实际的人力资源需求计划;对人力资源的缺口提出解决方案和措施;建立本项目的激励机制,对确保质量和进度的部门和个人给予嘉奖,以调动设计人员的积极性。通过设计咨询部的努力,设计单位开始重视人力资源的投入,有效解决了人力资源的紧张情况,从而满足了项目设计进度和质量要求。

为了保证设计人员的投入,设计咨询部要求设计单位在每周的设计周报中列出本周各专业投入的人力及总计投入的人员,并提出下周的人力资源计划。

2007 年 6 月,设计咨询部分析了设计进度的执行情况:自项目设计工作开始以来,设计单位对设计进度计划进行了 4 次大调整,每次调整设计进度计划均推迟 2 个月。设计单位投入的人力严重不足,仅为要求人力资源的 1/3。为此,设计咨询部于 2007 年 6 月 5 日,下发了《关于保障人力投入、确保设计进度的通知》,再次强调保障人力资源的投入对保证设计进度、提高设计质量的重要性,要求设计单位高度重视人力资源的投入问题,并于 6 月 15 日前将加大投入、保证进度的整改措施报送设计咨询部,从而再次引起了设计单位对人力投入的重视,使人力投入得到了进一步加强。

(2) 及时向管理公司提出设计进度预警报告

2007 年 11 月,矿山区初步设计未能按照计划节点完成,并且严重滞后。针对此情况,设计咨询部于 11 月 12 日及时向管理公司发出了《瑞木项目初步设计进度预警报告》,提出设计单位对设计进度管理不力、人力资源不足、设计优化不足等是造成设计滞后的主要原因,使管理公司及时了解了设计进度情况。同时,设计咨询部也加强了对设计进度的检查和监督。

2. 初步设计质量控制措施

(1) 要求编制初步设计统一技术规定

初步设计统一技术规定是保障初步设计质量的一项重要措施,是设计和设计咨询工作共同遵守的基本原则。

2006 年 12 月 1 日,设计咨询部下发通知单,要求设计单位编制《初步设计统一技术规定》。设计单位于 2007 年 2 月提交了各专业初步设计统一技术规定,但上报的 14 个专业的初步设计统一技术规定中,部分专业的深度不够,内容不全,且缺乏总体策划;专业间规定不协调,不能全面达到指导初步设计的目的。为此,设计咨询部要求设计单位进行修改完善。

2007 年 3 月,设计单位完成了各专业的《初步设计统一技术规定》的编制,4 月初设计咨询部再次进行了审查,管理公司于 4 月 10 日批复同意执行。

(2) 与设计单位交流质量控制问题

为了引起设计单位管理部门对本工程设计质量管理工作的重视,2006 年 12 月 26 日,设计咨询部与设计单位交流了关于加强设计质量管理问题。强调设计单位应针对本项目制定相应的质量管理措施;应当对本项目进行全过程的质量控制;着重加强设计输入、专业接口、设计方案、设计成果等的控制;要求对马当基地餐厅、医院和宾馆出现的质量问题进行认真的分析,提出控制质量的措施。

(3) 控制设计人员的资质

为保证设计质量,控制设计专业负责人资质,设计咨询部于 2006 年 12 月 8 日签发了《关于设计专业人员的资质问题》的通知单,要求设计单位设计专业负责人必须由具备 5 年以上相关设计工作经验的工程师承担。

2006 年 12 月 18 日,设计咨询部审核了设计单位上报的专业负责人资质,提出选矿、给排水的专业负责人不足 5 年以上相关设计经验,要求设计单位进行更换。

2007 年 7 月 23 日至 8 月 9 日,管理公司组织国内外专家对矿山初步设计进行了阶段性审查,审查中反映出较多的设计质量问题,除其他因素外,技术力量和管理力量投入不足也是一个重要原因。设计单位参与本项目设计的部分专业设计人员的经验不足,部分专业的主要设计人员是近年毕业的大学生;部分专业的审核人和设计人与提交业主的审核人和设计人名单相比发生了变化。为了确保本工程的设计质量,设计咨询部下发了《关于上报各专业设计人和审核人资质的通知》,要求设计单位在组织结构、人员配备等方面进行必要的调整和优化;开展一次人员资格的自查工作,确保参与项目的各级人员符合质量管理体系的要求;设计单位于8月20日报送自查的结果和设计人、审核人的名单及简历。专业负责人变更应报管理公司和设计咨询公司批准。

(4)认真审查设计单位提交的初步设计文件

设计咨询部对设计单位提交的各专业初步设计文件进行认真审查,并提出了审查意见。例如,矿山初步设计文件共进行了7个版本的审查。第一版,2007年1月;第二版,2007年3月;第三版,2007年4月;第四版,2007年5月;第五版,2007年7月;第六版,2007年12月(2007年12月19~21日,管理公司组织审查);第七版,2008年3月(最终报审版,包括设计附件资料)。

(5)认真落实初步设计专家审查意见

管理公司于2007年7月23日至8月9日,组织国内外专家分别对矿山工程、矿浆中和、CCD逆流洗涤、石灰石加工等工程的初步设计进行了审查。从审查的情况看,存在初步设计内容不完整、设计深度不符合要求、设计依据不充分、上下游工艺接口不清楚、工艺方案设计和设备选型过于保守等问题。为此,设计咨询部下发了《关于认真贯彻落实瑞木工程初步设计专家审查意见的通知》,要求设计单位重视本工程的设计质量,加强公司一级对本工程的质量管理,根据管理公司"关于瑞木镍钴项目初步设计问题的通报"中的整改要求和专家的审查意见以及设计咨询部在审查过程中提出的有关意见逐条进行落实整改,尽快完成初步设计的修改。

(6)重视设计概算

设计咨询部于2007年5月10日下发了《关于尽快编制瑞木镍钴项目概算编制原则的通知》,要求设计单位根据2007年4月25日管理公司召开的概算计价会议确定的原则,结合工程的特点,编制本工程的概算编制原则,并提出了编制原则的参考内容:概算编制依据,初步设计项目一览表(三级项目表),概算编制原则,工程建设其他费用,预备费的取定,专项费用,概算文件组成及概算表格形式。为保证矿山设计概算的编制进度和质量打下了基础。

(7)加强与设计单位有关专业进行设计交流

在设计过程中出现的设计问题,及时从重庆派专家到北京与设计单位有关专业技术人员进行沟通,以及时达成共识指导下一步的工作,并向管理公司及时汇报有关情况。

(8)派专家参加业主主持的各种审查会

积极支持业主的工作,在管理公司需要时,及时派专家到北京参加各种审查会议,先后派专家共计22人次。

四、施工图设计阶段工作

1. 施工图设计进度控制措施

(1)向设计单位提出详细勘察资料对确保设计进度的重要性

勘察资料对确保施工图设计进度十分重要。在矿山初步设计审查通过后,设计咨询部就及时向设计单位提出要抓紧施工图设计的勘察工作,并在2008年4月的两次设计例会上提出协调中矿人员尽快进入项目现场。同时希望管理公司协调现场尽快完成场平施工为详细勘察创造条件。

(2)重视设备订货问题

洗矿车间(C203D)、选铬车间及铬精矿堆(C204D)、矿浆浓缩车间(C205D)、洗矿车间至选矿车间泵站及管道(C209D)施工图设计工作开始后,设计咨询部及时向设计单位提出了抓紧设备采购获取施工图设计资料的重要性,但是设计单位由于各种原因迟迟未签订设备采购合同。因得不到施工图设计资料,设计工作于2008年3月初暂停。设计咨询部再次向设计单位提出要从工程进度大局着眼,抓紧设备采购合同的签订,引起了设计单位的重视,及时完成了合同签订,在3月下旬重新恢复了施工图设计工作。

(3)重视设计人员的投入

不定期检查设计人员的投入情况,发现人力不足和专业间人力不平衡时及时指出。

(4)认真审核设计单位上报的月进度计划

严格按管理公司确定的网络计划的子项进度和节点,审核设计单位上报的月进度计划,对无特殊原因延迟进度的子项,要求设计单位重新修改上报。

(5)充分发挥设计例会的作用

在每周设计例会上认真检查设计进度节点,检查每个子项的设计进度执行情况,同时也加强了对日常进度计划执行情况的检查。

(6)对延期子项及时汇报

对设计进度延期的子项,认真了解原因并及时向管理公司汇报。

(7)加强现场专业咨询人员与公司总部的配合

现场咨询人员加强与公司总部的沟通,对设计单位提交的设计图纸及公司总部提出的审查意见,做到当天完成处理;对现场急需的图纸需要公司总部特殊处理的,及时安排相关人员进行审查并提出审查意见。

(8)采取特殊措施发图

为保证管理公司确定的630目标,保证施工图设计的发图,设计咨询部采取了一些特殊的措施。按正常的发图程序,施工图需经设计咨询单位审查,并根据审查意见修改后才能发出,但由于时间紧,未能给设计咨询单位预留审查时间。在2008年7月、8月大量出施工图的阶段,项目采取了发图和送审同步进行的办法,以保证现场先作施工准备,咨询审查意见提出后,设计单位采取设计变更方式进行修改。

(9)坚决贯彻管理公司进度控制动态管理专题会精神

管理公司进度控制动态管理专题会确定了矿山工程施工图设计完成时间为2008年7月28日,冶炼厂施工图设计完成时间为2008年10月16日。设计咨询部在审批设计单位的周进度计划和月进度计划时都严格按此要求进行,并落实到每个子项的进度计划。对个别延期的子项,要求设计单位详细说明理由并制定赶工措施。

2.施工图设计质量控制措施

(1)重视设计单位各专业负责人的资质

随机检查设计单位各专业负责人的变动情况,对与上报审批过的专业负责人不符合的,及时指出并要求更换。

(2) 要求设计单位编制施工图设计统一技术规定

要求设计单位制定施工图设计统一技术规定,控制施工图设计质量。

(3) 严格按施工图设计统一技术规定进行审查

要求设计咨询部各专业咨询工程师严格按施工图设计统一技术规定进行审查。

(4) 通过审查确保施工图设计符合初步设计

设计咨询部在施工图设计审查中,注意对照初步设计进行审查,确保施工图设计符合初步设计,对不符合初步设计的要求说明原因,并经设计咨询单位和管理公司审批同意。

(5) 严格按当地和我国有关设计标准和规范进行审查

审查中对设计不符合当地和我国有关设计标准和规范的,严格要求设计单位进行修改。

(6) 严格审查设计单位的审查意见回复单

要求专业咨询工程师对设计单位的每份审查意见回复单都要进行认真审查和确认,对设计单位的保留意见必须要有充足的理由。

(7) 认真落实管理公司对设计的意见

对管理公司各部门对设计提出的审查意见,设计咨询部都认真处理,及时将意见提交给公司总部有关专业人员,并将处理意见及时反馈给设计单位和监督落实。

(8) 重视对施工图设计发出的图纸进行抽查

2007年5月,设计咨询部对马当基地办公楼已发施工图设计图纸进行了抽查,共涉及6个专业图纸,发现设计单位部分专业对审查意见落实不够,为此设计咨询部下发了《关于加强设计质量管理、加强施工图设计质量的通知》,要求设计单位高度重视设计质量问题。对发图时间要求紧的项目,经设计咨询部同意,修改后先发图,再补报质量控制检查表、进度控制检查表等。设计中要认真对待审查意见,不仅对同意的意见要修改,还应在审查意见的基础上查找类似的问题并改正。要求设计单位进行一次全面清查,落实审查意见,对未修改的图纸及时进行变更,并将自查结果报送设计咨询部。严格执行相关程序,对于正常设计工期的设计,发图前及时报送有关成果报表,经设计咨询部审查后发图。

(9)设计例会重视设计质量

每周的设计例会都会强调设计质量的重要性,提出设计质量存在的问题及改进措施。

(10)重视设计缺陷和图面质量问题

各专业咨询工程师在审查设计主要质量的同时,也对设计中出现较多的设计缺陷和图面质量问题提出了审查意见。

五、设计阶段投资控制工作

1. 投资控制的目标

(1)促使设计在满足质量和功能要求的前提下,按照合同的目标控制各阶段、各子项的设计投资费用。

(2)按照项目计划投资控制初步设计投资。

(3)按照初步设计批准的设计概算控制施工图设计投资。

2. 投资控制的措施

(1)选择先进性、可靠性和经济性相统一的方案是投资控制的基础,在设计咨询过程中坚持设计多方案比选,优化设计,得到最佳的经济效益。

(2)专业咨询工程师及时对图纸中的工程内容进行设计跟踪,并严格审查设计概算。设计咨询过程中,发现超投资后,及时与业主商议并通知设计单位,要求修改设计,从而实现了投资控制在设计概算范围内。

(3)专业咨询工程师对设计进行技术经济比较,为业主和设计单位提供专业的咨询意见,对投资控制发挥了重要作用。

(4)应用价值工程法进行项目全生命费用分析,在考虑一次性投资的同时,也考虑项目投产后的运行费用、维护费用和管理费用。

(5)在施工图设计、施工过程中严格控制设计变更。对于施工图设计过程中提出的变更初步设计要求,设计咨询部进行了认真分析,并充分研究设计变更对投资和进度带来的影响,为业主是否进行变更提供了决策依据。

(6)设计咨询过程中,严格控制设计对主要材料、设备的选用,确保项目经济效益最大化,投资可控。

第八章

某民用高层项目技术咨询

第一节 项目工程概况

项目位于重庆市九龙坡区,地块北面临界虎支路,地块东西长134m,东南长56m,西北长50m。

项目总占地面积5594.2m^2,总建筑面积43,411.0m^2,计容建筑面积29,524.61m^2,总停车位355辆。大杨石组团A分区A35-3/06地块,建设用地面积4178.0m^2,总建筑面积33,548.36m^2,计容建筑面积23,168.65m^2,容积率5.55;大杨石组团A分区A35-5/03地块,建设用地面积1816.2m^2,总建筑面积9862.64m^2,计容建筑面积6355.96m^2,容积率3.5。

图 8-1　项目效果图

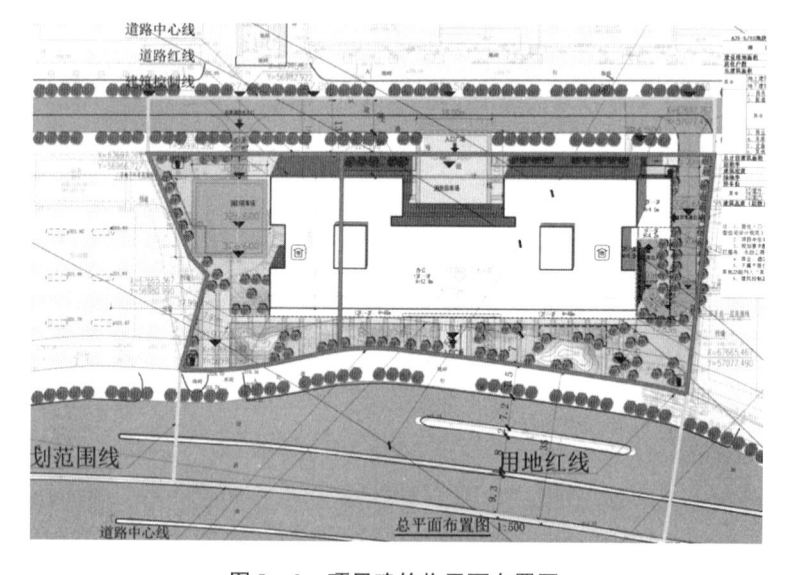

图 8-2　项目建筑物平面布置图

表 8-1 建筑物工程特征

建筑物名称	室内地面设计高程(m)	层数(层)		建筑物高度(m)		结构类型	基础形式
		地上	地下	地上	地下		
商务用房	326.60（±0）	13	3	52.8	19.8	框架—剪力墙	独立基础 条形基础
裙房	326.60（±0）	2	-3	9.0	19.8	框架—剪力墙	独立基础 条形基础
纯地下室	326.60（±0）	—	-3	—	19.8	框架	独立基础 条形基础

第二节 技术咨询的目的

该项目工程投资较大,为降低建安投资,确保工程设计经济合理、安全可靠,并满足正常使用功能,赛迪咨询对其设计进行安全性、经济性评价,提出设计修改意见和设计优化建议。

第三节 技术咨询的依据

(1)该项目有关设计资料,包括设计图纸及计算书
(2)该项目工程地质勘察报告(详细勘察)
(3)现行有关规范及标准
《建筑设计防火规范》(GB 50016-2014)(2018年版)
《办公建筑设计规范》(JGJ 67-2006)
《车库建筑设计规范》(JGJ 100-2015)
《无障碍设计规范》(GB 50763-2012)
《商店建筑设计规范》(JGJ 48-2014)
《建筑结构荷载规范》(GB 50009-2012)
《混凝土结构设计规范》(GB 50010-2010)(2015年)

《建筑抗震设计规范》(GB 50011-2010)(2016年)

《高层建筑混凝土结构技术规程》(JGJ 3-2010)

《建筑地基基础设计规范》(GB 50007-2011)

《重庆建筑地基基础设计规范》(DBJ 50-047-2016)

《建筑给水排水设计规范》(GB 50015-2003)(2009年版)

《城镇给水排水技术规范》(GB 50788-2012)

《民用建筑电气设计规范》(JGJ 16-2008)

《民用建筑供暖通风与空气调节设计规范》(GB 50736-2012)

(4)国家和地方规定的相关法律法规

第四节　场地工程地质情况

一、地形地貌

拟建场地位于重庆市九龙坡区高九路北侧,属浅丘斜坡地貌,总体地形北高南低、西高东低,场地附近最高点位于西面斜坡,高程为333.01m,最低点位于南东侧,高程为317.45m,相对高差为15.56m,地形坡角为5°~15°,局部斜坡较陡为50°~60°。

图8-3　场地卫星照片

二、地质构造

拟建场区位于重庆—石马河向斜北西翼,附近无断层及构造破碎带通过,现场踏勘时在地表调查场区内基岩出露处发现岩层呈单斜产出,岩层产状140°∠13°,岩层层面较平整,结合差,属硬性结构面,地质构造简单。场区外出露基岩中发育2组裂隙。

(1)裂隙1:产状45°∠69°,裂面较平直,裂隙宽2~3mm,局部泥质充填,间距1~3m,延伸长度2~4m,结构面结合差,属硬性结构面。

(2)裂隙2:产状250°∠71°,裂面较平直,裂隙宽1~2mm,局部泥质充填,间距2~3m,延伸长度3~4m,结构面结合差,属硬性结构面。

区内无断层及构造破碎带,裂隙较发育,地质构造简单。

三、地层岩性

拟建场地勘察范围内岩土层主要为第四系全新统的人工填土(Q_4^{ml})、侏罗系中统沙溪庙组(J_2s)的砂岩。

1. 土层

素填土(Q_4^{ml}):杂色,主要成分为粉质黏土夹砂岩碎块,局部表层有20cm混凝土层,粒径为20~199mm,碎块含量为36%~44%,结构稍密,稍湿,为人工堆填而成,堆填时间约3年。本次勘察在部分钻孔中有揭露,但后期按设计标高将全部挖出,其揭露厚度为0.60m(ZK20)~5.75m(ZK11)。

2. 岩石(J_2s)

砂岩(J_2s):浅灰色,中至细粒结构,中厚层状构造,主要成分为石英、长石及云母碎片等,钙泥质胶结,分布于整个场地地表,该层为场地次要岩层。钻孔揭露厚度为1.35m(ZK15)~13.35m(ZK19)。

泥岩(J_2s):紫红色,泥质结构,中厚层状构造,主要成分为石英、长石及云母碎片等,钙泥质胶结,分布于整个场地的中下部位,该层为场地主要岩层。钻孔揭露厚度为10.10m(ZK19)~29.85m(ZK1)(未揭穿)。

四、基岩顶面及基岩风化带特征

强风化带:岩芯破碎,多呈碎块状、块状,少许短柱状,风化裂隙发育,岩质较软。钻孔揭露强风化带的厚度为1.15m(ZK22)~1.65m(ZK6)。

中等风化带:岩芯呈短柱状、长柱状、块状,岩体较完整,岩质硬。各孔均有揭露,未钻穿,顶界埋深为1.20m(ZK18)~7.20m(ZK11),顶界高程为314.95m(ZK22)~328.38m(ZK5)。

五、水文地质条件

1.地下水类型及储存条件

根据野外地质调查及钻探揭露,场地地下水主要为基岩裂隙水。场地基岩裂隙水主要分布于强风化基岩风化裂隙及中等风化基岩的构造裂隙中,主要接受大气降水和地表水补给。强风化基岩属于透水层。

2.地下水的补径排

拟建场地整体西高东西低,地下水主要受大气降水的补给,受季节、气候和地形地貌影响大;主要由地表入渗,通过土层进入基岩风化裂隙、构造裂隙中,并排向南东侧地势较低处。

3.地下水的分布情况

场地地势较高,地下水的主要补给来源为大气降水,钻孔施工完毕抽干孔内循环水后,经24小时观测钻孔无水位恢复情况。拟建地下车库在做好盲沟、集水井等措施有效抽排可能积水的情况下可不考虑抗浮设计。

六、场地水和土腐蚀性评价

1.场地水的腐蚀性评价

根据对场地周围的环境调查,拟建场地范围及周边无污染源,按《岩土工程勘察规范》(GB 50021-2001)(2009版)并结合重庆市经验可知,环境类型为Ⅱ类,判定地下水对混凝土结构及钢筋混凝土结构中的钢筋具微腐蚀性,对钢结构具微腐蚀性。

2.场地土的腐蚀性评价

场地主要土层为素填土,根据现场踏勘及周边的调查访问,按《岩土工程勘察规范》(GB 50021-2001)(2009版)并结合重庆市经验可知,环境类型为Ⅱ类,该区域内土对混凝土结构及钢筋混凝土结构中的钢筋具微腐蚀性,对钢结构具微腐蚀性。

七、不良地质作用

经地质调查测绘和钻孔揭露,场地内及附近无断层、滑坡、泥石流、岩溶等不良地质现象;无埋藏的河道、沟滨、墓穴、防空洞、孤石等对工程不利的埋藏物。场地主要工程地质问题为存在地下硐室即场地外西侧的轨道5号A线区间隧道,以及场地内的轨道5号线区间隧道,拟建物的建设须考虑与区间隧道之间的影响问题。

八、地下硐室(区间隧道)

(1)地铁5号线A线富华路至歇台子区间隧道在场地用地范围外,从场地外西侧即中石油六店子加油站的北西角下穿过,距离红线范围最近约为30m,设计轨底高程约为230.544m,顶板高程约为237m,高约为7m,左右两线单洞跨度约为6.8m。顶板与拟建场地标高之差达70m左右,平距30m以上,可不考虑相互影响。

(2)地铁5号线红岩村至歇台子区间隧道从场地北西至南东部下穿过,位于红线范围内,设计轨底高程为255.069~255.248m,顶板高程为262m,高约为7m,左右两线单洞跨度约为6.8m。地下车库的底板与轨道洞顶板之间的中风化岩层厚度约为44.80m,满足规范"基础底面至洞顶间的岩体厚度大于或等于洞跨且大于6倍条形基础宽度或3倍独立基础宽度时可不考虑硐室对地基稳定性的影响"的要求。

第五节 工程设计基本情况

一、建筑专业

本项目负一层至负三层为地下车库及设备房,1~2层设置底层商业及地下车库,3层设置商业、物管用房、消费控制室及商务用房,4~13层均为商务用房。

二、结构专业

(1)本工程建筑结构及各类结构构件的安全等级均为二级,重要性系数均为1.0。

(2)建筑抗震设防类别为标准设防类。

(3)本工程结构类型为框架—剪力墙,房屋高度为61.2m,嵌固部位为负一层顶板,框架和剪力墙抗震等级均为三级。

(4)本工程地基基础设计等级为甲级。

(5)基础持力层为中风化泥岩,基础采用墙下嵌岩条形基础、柱下嵌岩独立基础。

(6)混凝土等级:垫层、构造柱等非结构构件均采用C20,基础采用C30,挡土墙采用C35,梁、板、楼梯均采用C30,墙、柱采用C30~C55。

(7)钢筋采用HPB300级和HRB400级(带E)。

(8)型钢混凝土梁钢骨采用Q345B钢,其余零星钢结构采用Q235-B钢。

三、给排水专业

(1)从北侧市政给水管上分别接一条DN200的给水引入管和DN150的室外消火栓环管。DN200的引入管进入本地块后分为4支:DN150的生活供水管、DN150的室外消火栓管、DN100的商业供水管、DN80的绿化供水管。供水管上设总水表和倒流防止器。生活和商业用水管进入车库顶板后形成支状管网。本工程冷水最高日用水量为493.2m³,冷水最大时用水量为53.1m³。

(2)消防水量:本工程按一类高层公建作为计算标准,建筑高度52.8m,最大一次消防用水量为990m³。

四、电气专业

(1)变、配、发电系统。本工程引入1路市政10kV电源,在地下车库负一层、负二层设置3间专用配电房,配电房1内设1×630kVA干式变压器,配电房2内设4×800kVA干式变压器,配电房3内设1×800kVA干式变压器,总装机容量为4630kVA。在地下车库负二层设置1台柴油发电机,功率为600kW,电压等级为380V。

(2)动力系统。低压配电系统采用放射式与树干式结合的方式,对于单台容量较大的负荷或重要负荷采用放射式供电;对于照明及一般负荷采用单回路分区树干式的供电方式。

(3)照明系统。本工程设置正常照明、应急照明(备用照明和疏散照明)、预留景观照明和光彩照明等。各场所按《建筑照明设计标准》(GB 50034-2013)规定范围取其照度值、照明功率密度值、眩光值、一般显色指数等参数。

(4)防雷及接地系统。本工程为一类高层公共建筑(人员密集),雷击次数为0.1906次/a,属于二类防雷建筑物;接地形式为TN-S系统,共用接地体,接地电阻不大于1Ω。

(5)电气消防系统。包含火灾自动报警及联动控制系统、防火门监控系统、消防电源监控系统、电气火灾监控系统。

(6)弱电系统。包含有线电视系统、电话系统、宽频网络系统、监控系统等,本设计只预留管线通道,由甲方委托专业公司进行专项设计。

五、暖通专业

本项目空调均为预留分体空调设计,设计预留空调室外机位、电量,以及冷凝水排放等安装条件,设备由用户自行购买及安装。

防烟楼梯间以及前室分别采用机械正压送风系统。标准层内走道超过20m,采用机械排烟措施。风机设备均设在建筑屋顶机房内。

第六节 设计图纸复核及优化建议

通过对本工程的设计施工图纸的全面复核,提出的设计优化建议和修改意见如下。

一、建筑专业

1. 建筑设计优化建议

原设计图纸中的部分构造措施、材料做法不甚合理，局部平面布置、设备房间、功能房间布置不甚合理，部分设备管线交叉，会增加施工成本和后期运营成本。建议依据以下内容进行优化处理。

(1) 对施工材料、构造做法进行优化

①原施工图设计说明 7.2.5 "应做 600 高，厚度同墙厚的 C20 现浇混凝土"。可以优化成 "应做 300 高，厚度同墙厚的 C20 现浇混凝土"。同理，设计说明 11.7 可以依此进行优化。

②原施工图设计说明 15.6.5 "管道井入口设 300 高、厚度同墙后的成 C20 细石混凝土"。可以优化成 "管道井入口设 200 高、厚度同墙后的成 C20 细石混凝土"。上述两项优化，可以节省 C20 混凝土 52m³。

③原构造做法屋面 1 "……(内配 Φ6.5 钢筋单层双向……烧结陶粒混凝土找坡层，起点厚度 30"。可以优化成 "……(内配 Φ6.5 钢筋单层双向……1:2.5 水泥砂浆找坡找平层，起点厚度 30"。同理，其他屋面做法依此进行优化。

④原构造做法地面 1 "……100 厚 C20 细石混凝土面层(掺 5% 防水剂，内配 Φ6.5 钢筋……100 厚碎石卵石混凝土垫层"。可以优化成 "……60 厚 C20 细石混凝土面层(掺 5% 防水剂，内配 Φ6.5 钢筋……80 厚碎石卵石混凝土垫层"。同理，地面 2 依此进行优化。此项优化，可以减少 C20 细石混凝土 700m³ 左右。

⑤原构造做法内墙面 2 "……1.5 厚聚氨酯防水涂膜，四周从楼层标高至顶板"。可以优化成 "……1.5 厚聚氨酯防水涂膜，四周从楼层标高至距楼层标高 2m 处"。

⑥原构造做法踢脚 2 "……1.5mm 聚氨酯涂膜防水层……"。可以取消该道做法。上述两项关于防水涂膜的优化，可以减少 1.5 厚防水涂膜 1408m² 左右。

(2) 对施工图纸进行优化

①原设计图纸中，多处地方存在挑空、架空现象，热桥部分比较多，节能构造

措施成本较大。以图8-4为例,施工图三层平面图中,⑩～⑪轴、Ⓕ轴上未设置门窗,该处为开敞空间,周边门窗、墙面、地面、屋顶须考虑进行保温构造处理。

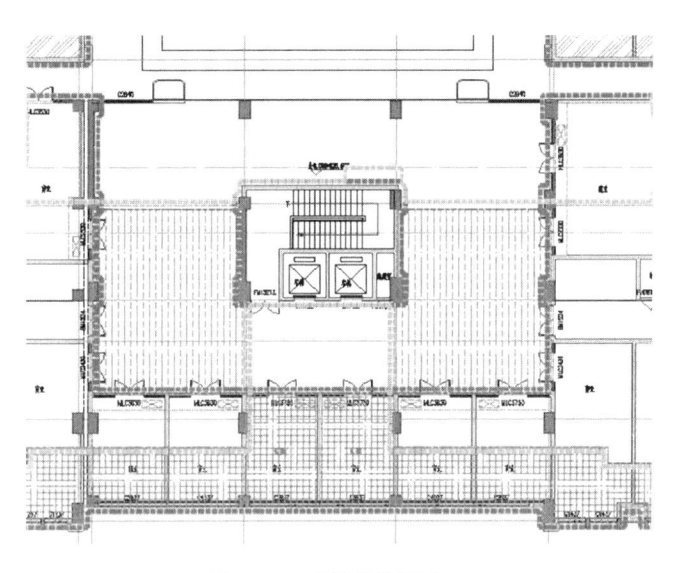

图8-4 建筑优化图之一

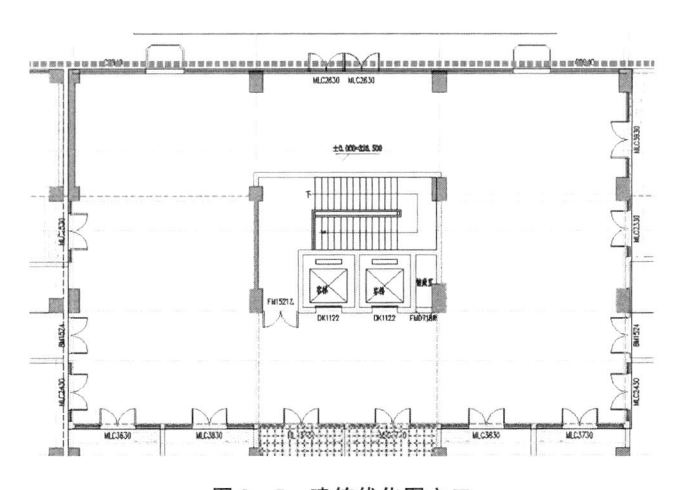

建议:在⑩～⑪轴交Ⓕ轴处增设门窗,这样可以极大地降低保温构造措施的费用。如图8-5所示。

图8-5 建筑优化图之二

其他类似问题,建议依此进行优化。

②原设计图纸屋顶平面图中,高出屋面标高的门窗采用 LOW-E 门窗。建议更改成普通门窗。上述两项节能相关的优化,可以减少岩棉板 1200m² 左右;约 1665m² 断桥窗改成普通窗。

③原设计图纸中,部分设备用房、管井面积设置过大,部分面积设置过小,部分位置布置不太合理。以图 8-6 为例,负一层平面中,ⓒ~ⓓ轴、③~⑥轴处配电房。

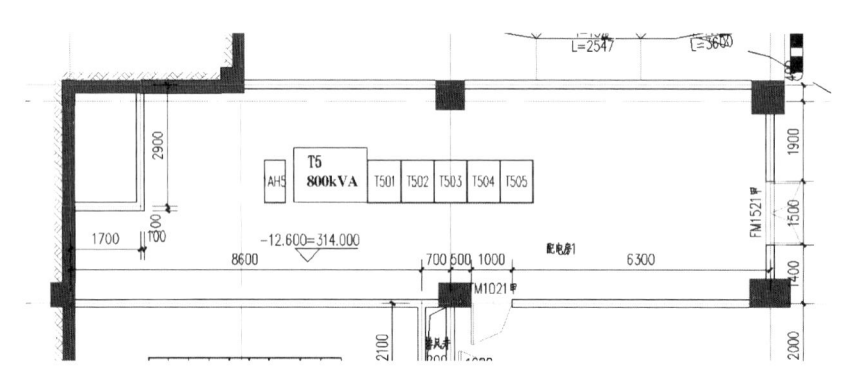

图 8-6　建筑优化图之三

建议将该配电房进行适当缩小,可增设一个停车位。如图 8-7 所示。

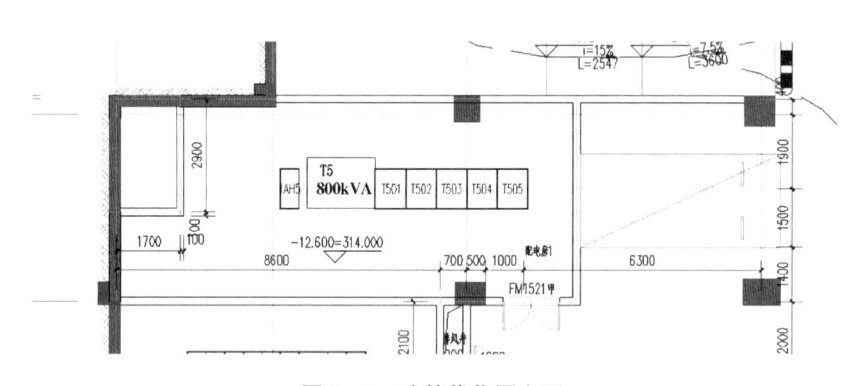

图 8-7　建筑优化图之四

类似的例子,还有平面图⑧轴—⑨轴交ⓒ轴—ⓓ轴处,电井面积过大,而风井面积过小。建议可以适当地减少电井的面积,扩大风井的面积。

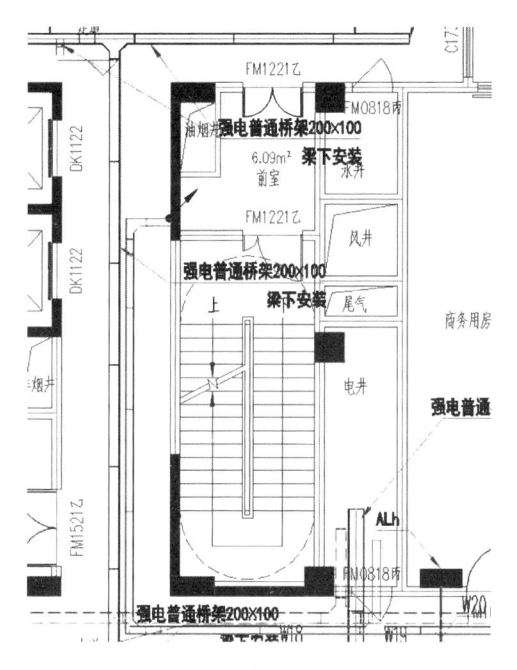

图 8-8 建筑优化图之五

其他类似问题,建议依此进行优化。此项优化,可以增加停车位 2 个。
④原设计图纸中,部分梁、柱、楼板等结构尺寸过大。以图 8-9 为例。

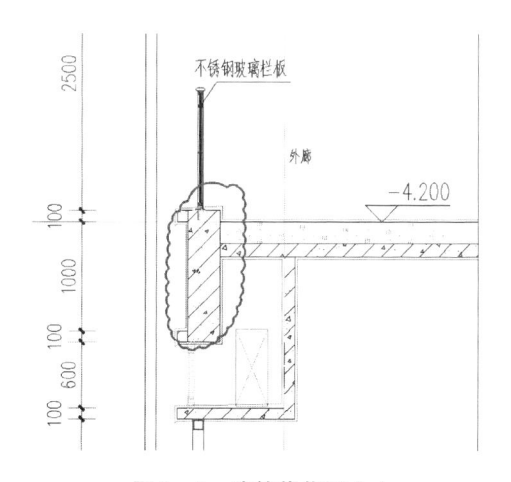

图 8-9 建筑优化图之六

建议修改图纸,节约施工成本。如图 8-10 所示。

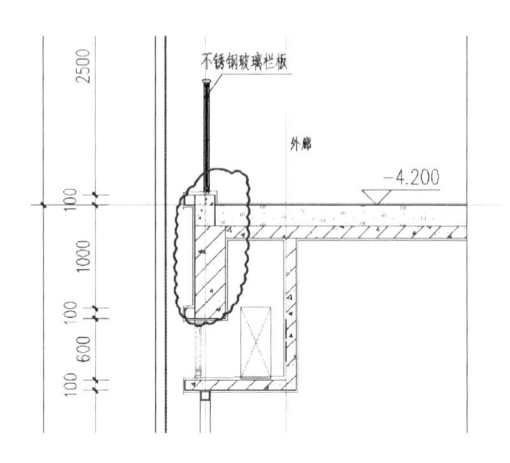

图 8-10　建筑优化图之七

其他类似问题，建议依此进行优化。

⑤原设计图纸中，部分设备用房管线交叉。以图 8-11 为例，⑦轴交Ⓔ轴—Ⓓ轴处的功能房间，负三层为风机房，负一层为湿式报警阀室，一层为生活水泵房，二层为弱电机房。

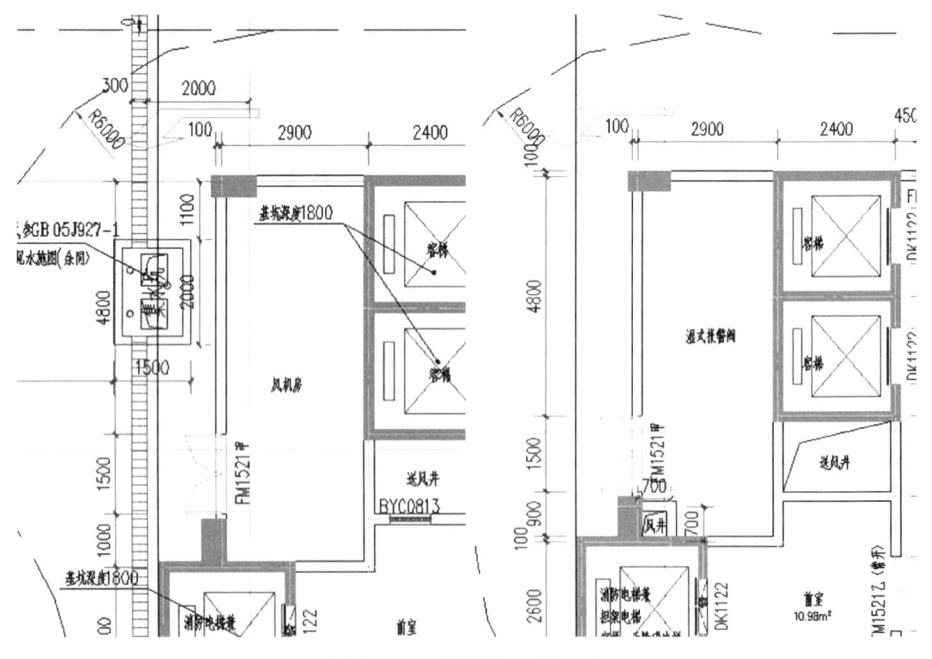

图 8-11　建筑优化图之八

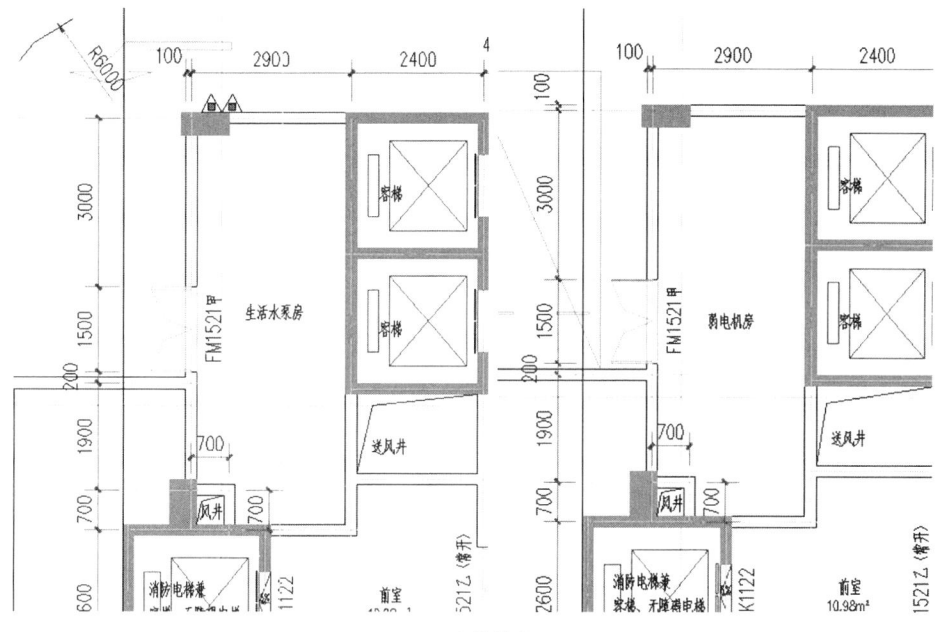

图 8-12　建筑优化图之九

建议优化完善施工图纸,以节约施工成本。

2.建筑设计修改意见

原设计图纸表达深度不够,缺少大样图和详图,部分设计图纸存在错误,可能造成误工,增加施工成本。建议依据下文进行图纸完善。

(1)图纸表达深度不够

①缺少部分墙身大样图、部分节点大样图,卫生间大样图、门窗大样图和门窗统计表。

②平面图中部分门、窗、洞口、卷帘门缺少定位尺寸、门窗信息。

③平面图中一些功能房间(如消防水池、消防水泵房、柴油发电机房、配电房等)的设备配套的土建做法不明确,墙面、地面、顶面构造做法不明确。以配电房2为例,原设计图纸中缺少电缆沟的做法和标高、尺寸及定位信息,缺少高压进线穿墙预埋套管的做法和尺寸定位信息,缺少配电设备基础的做法和尺寸定位信息,缺少电缆桥架穿墙、楼板的预留洞口信息等。

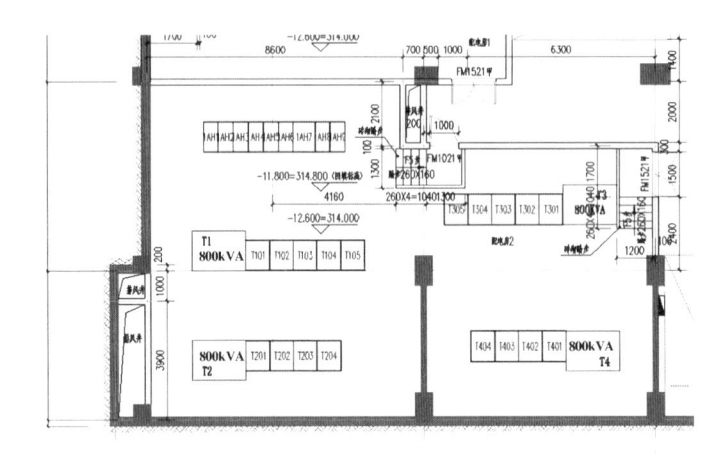

图 8-13 建筑施工图深度不足示意图

④平面图中缺少节点大样的索引、楼电梯详图的索引、功能房间的详图索引及细部节点的标高、尺寸信息等。

⑤屋顶平面缺少排水组织线、雨水斗、出屋面做法等节点大样。

⑥关于图纸深度表达不够的问题,建议设计院各专业设计工程师依照《建筑工程设计文件编制深度规定》进行图纸完善。

(2)图纸存在错误

①部分设备专业图纸存在管线交叉,可能增加施工成本和后期运营成本。以图 8-14 为例。

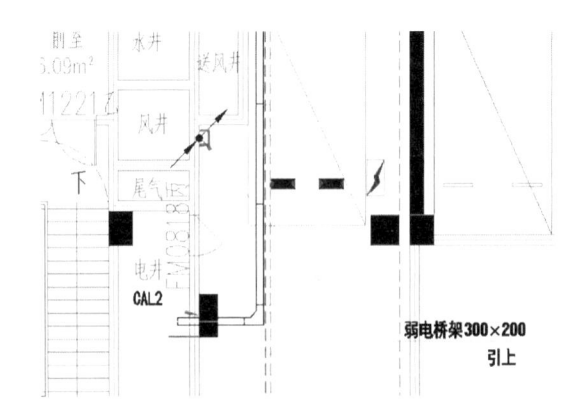

图 8-14 建筑表达错误示意图之一

原设计图纸一层平面图中,⑧轴—⑨轴交Ⓓ轴—Ⓕ轴处风井,电气专业设置了弱电桥架通向上层,通风专业在此设置了正压送风管,弱电桥架和正压送风管会交叉碰头。

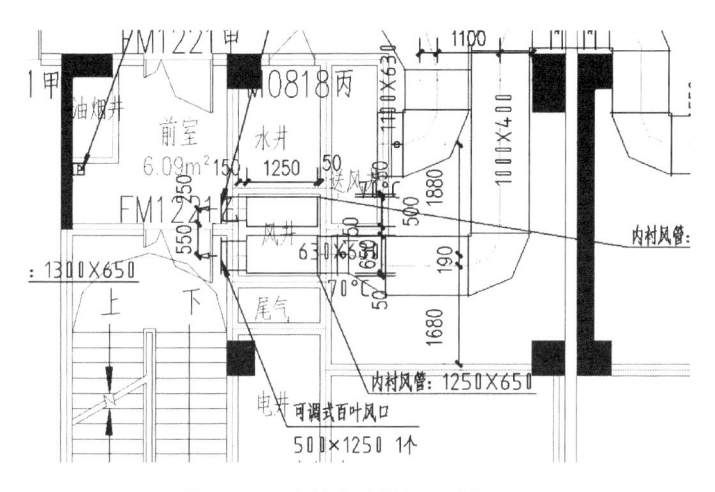

图 8-15　建筑表达错误示意图之二

②部分大样图、详图、构造做法、尺寸、标高等,各专业之间的表述不一致,节点构造做法不经济,需要优化。以图 8-16 为例。

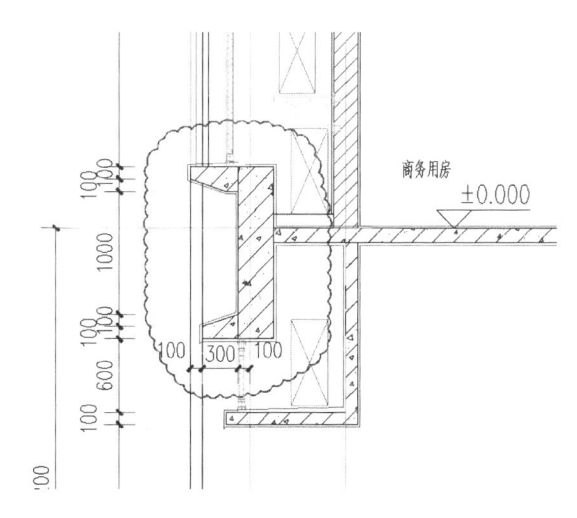

图 8-16　建筑表达错误示意图之三

此节点构造大样,建筑专业设计钢筋混凝土共高 1400mm,既不经济,也不合理,而结构专业针对此节点没有对应的设计图纸,可能会造成施工误差,增加成本。

③平面、立面、剖面中,部分尺寸、标高等标注错误。

④关于图纸错误的问题,建议设计院各专业设计工程师进行图纸校审工作。

⑤总图消防设计中关于消防车道的布置,存在一定风险,建议尽快与当地消防主管部门进行沟通。

二、结构专业

1. 结构设计存在的问题

(1)图纸存在的问题

①基础施工图说明中对于挡土墙的抗渗等级与建筑施工图要求不一致,需核实。

结构施工图说明:

> 12. 本工程地下室挡土墙、室外部分地下室顶板均采用抗渗混凝土,抗渗等级为P6,所有地下室挡土墙、负二层顶板、地下室顶板混凝土均采用

建筑施工图说明:

> 1. 地下车库防水等级为二级,地下室发电机房、配电房、弱电机房、消防水池等房间及种植顶板防水等级为一级,防水混凝土的抗渗等级为P8,厚度不应小于250mm,裂缝宽度不得大于0.2mm,

②挡土墙混凝土等级与上部结构总说明中不一致,需核实。

基础说明:

> 5. 基础混凝土强度等级:独立基础(DJ*)为C30、条基(TJ)为C30、钢筋混凝土挡墙C35(与塔楼墙肢相接处砼强度同塔楼墙肢)、未注明的垫层C20。

上部说明:

| 地下室外墙 | C30 | 采用防水混凝土,抗渗等级为P6 |

③基础说明和结构设计总说明中关于地基基础设计等级不一致,需核实。

基础说明：

　　2. 本图环境相对标高以建筑施工图为准。
　　3. 本工程地基基础设计等级为甲级。

上部说明：

　　2. 地基基础设计等级：乙级；建筑桩基设计等级：乙级。

④结构设计总说明中荷载取值中应注明恒载是附加恒载，楼梯附加恒载取值偏大，需核实。

房间用途	电梯用房	阳台	疏散楼梯
恒荷载	2.0	2.0	8
活荷载	7.0	2.5	3.5

⑤挡墙配筋图部分剖面未在布置图中注明位置关系，负三层至负一层挡墙靠土侧配筋一样，且负三层挡土墙配筋不足，需核实。

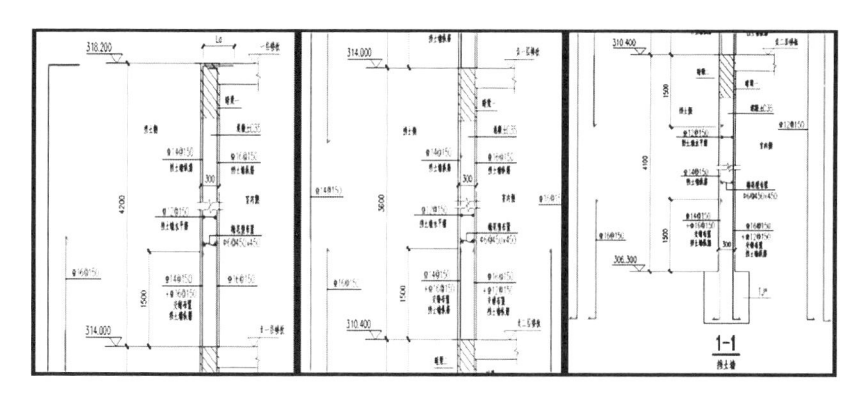

⑥上部结构中缺型钢混凝土梁与混凝土框架柱的连接节点大样，需补充。
⑦框架柱配筋图中部分短柱未进行全加密，需核实。

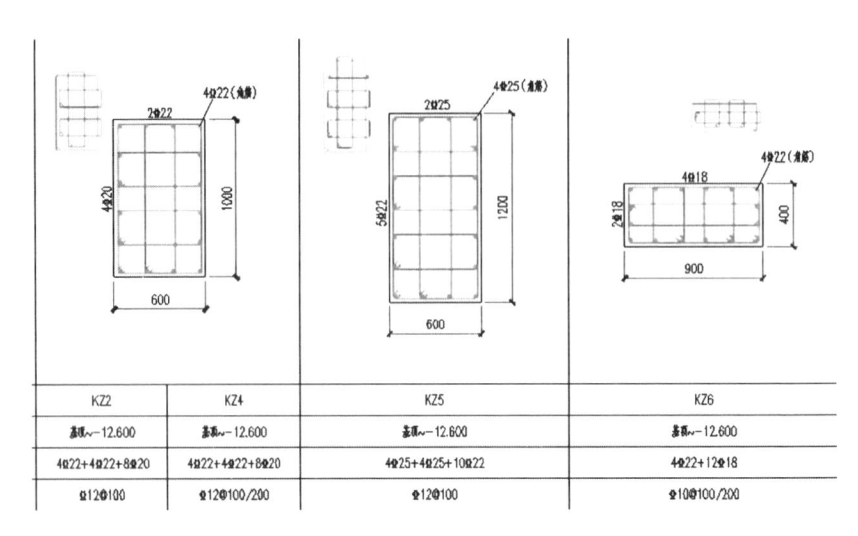

KZ2	KZ4	KZ5	KZ6
基顶~-12.600	基顶~-12.600	基顶~-12.600	基顶~-12.600
4⌀22+4⌀22+8⌀20	4⌀22+4⌀22+8⌀20	4⌀25+4⌀25+10⌀22	4⌀22+12⌀18
⌀12@100	⌀12@100/200	⌀12@100	⌀10@100/200

(2) 计算模型存在问题

①梁上的线性恒载与实际不符,偏大,部分梁施加了线性活荷载;4~13 层均存在这样的情况,需核实。

恒载：

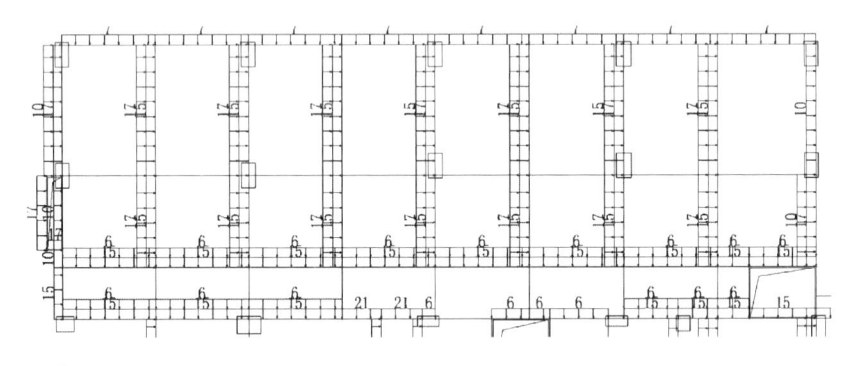

活载：

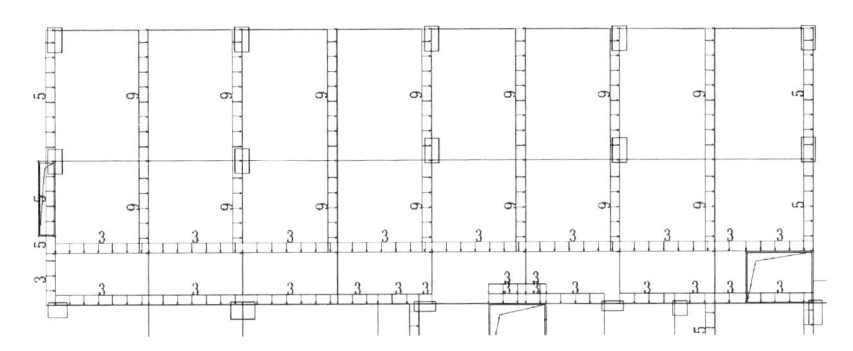

②荷载统计表中未给出屋面附加恒载的计算过程,屋面恒载部分取值11kN/m²,与常规做法取值差异较大,需核实。

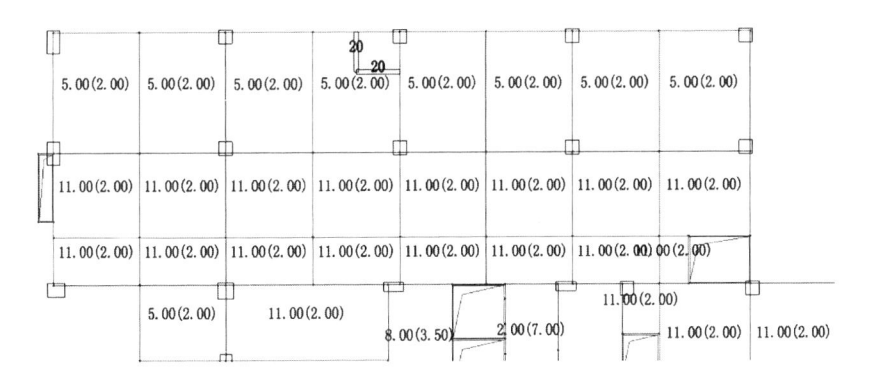

③第二周期为扭转振型,需调整抗侧力构件布置。

注:2019年2月22日提供的新模型中1、2塔楼合并1塔,不设伸缩缝,第一、第二周期均为平动振型,第三周期为扭转振型。

④嵌固端楼面板厚度与施工图不一致,需调整。

注:2019年2月22日提供模型中已经修改板厚为180mm。

⑤框架柱、剪力墙混凝土强度等级全楼采用C55,与施工图不一致,需核实。

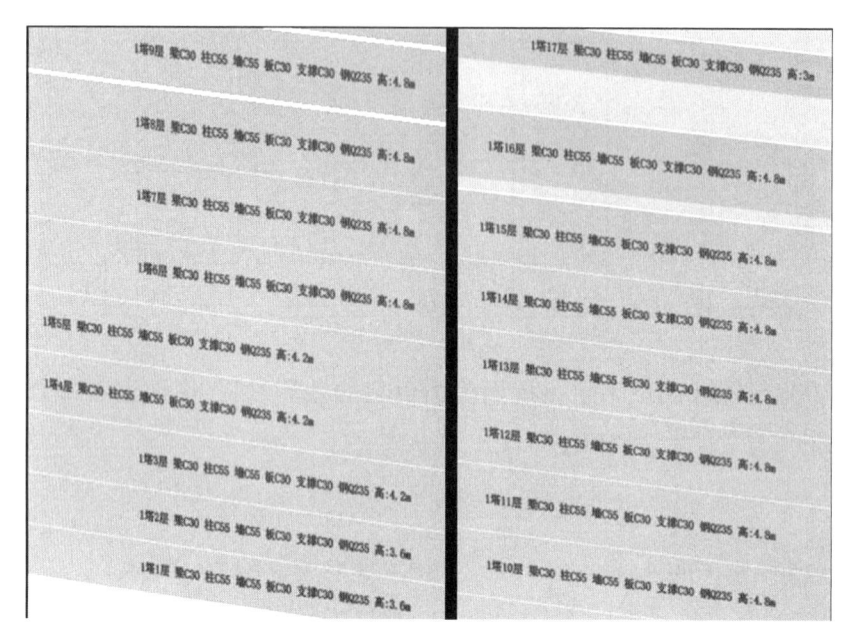

⑥型钢混凝土梁中钢骨材质为 Q235 钢,施工图中为 Q345 钢,需核实。

施工图:

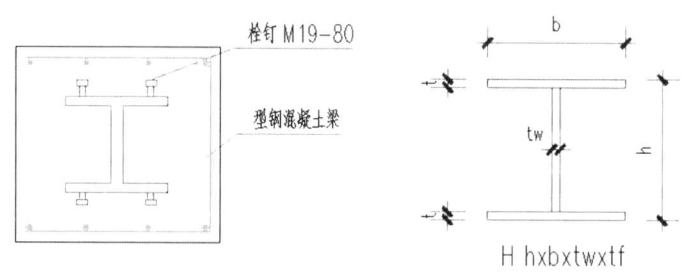

型钢混凝土梁栓钉设置大样
栓钉沿梁长全长布置,间距为200

H型钢截面表示方法一
注:钢梁材质为Q345B。

计算结果:

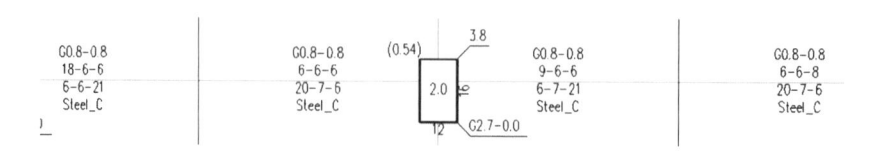

计算结果文件：

```
 6. 构件属性信息          型钢砼梁 框架梁 调幅梁 工字形型钢砼
 7. 长度 (m)              Lb = 3.85
 8. 面外长度 (m)          Lbout = 3.85
 9. 截面参数              (13)B*H*U*T*D*F(mm)=500*400*20*200*300*20
10. 保护层厚度 (mm)       Cov = 20
11. 箍筋间距 (mm)         SS = 100
12. 混凝土强度等级        RC = 30.0
13. 钢号                  STL = 235
14. 主筋强度 (N/mm2)      FYI = 360.0
15. 箍筋强度 (N/mm2)      FYJ = 270.0
16. 抗震措施的抗震等级    NF = 3
17. 抗震构造措施的抗震等级 NF_GZ = 3
18. 内力计算截面数        nSect1 = 9
19. 配筋计算截面数        nSect2 = 9
```

⑦框架转换梁截面抗剪不满足要求，需调整断面或混凝土强度等级。梁 600mm×1400mm，混凝土等级为 C30。

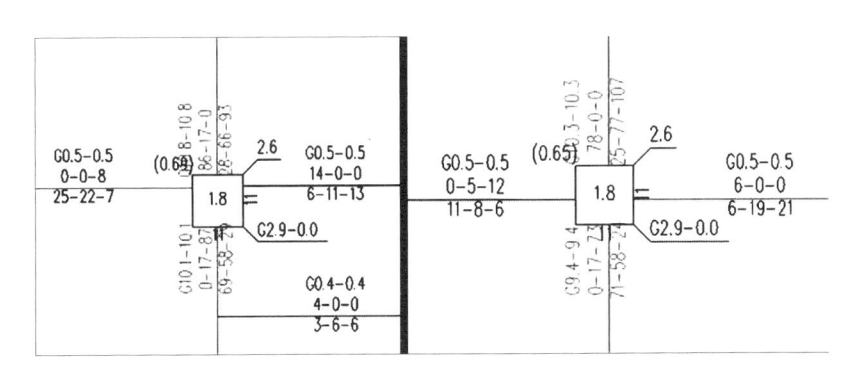

```
N-B=19 (I=5000090, J=5000091)(1)B*H(mm)=600*1400
Lb=1.65(m) Cover= 20(mm) Nfb=3 Nfb_gz=3 Rcb=30.0 Fy=360 Fyv=270
砼梁 框架梁 调幅梁 矩形
livec=1.000  stif=1.239  tf=0.850  nj=0.400
η v=1.100
              -1-    -2-    -3-    -4-    -5-    -6-    -7-    -8-    -9-
-M(kNm)     -3829  -2870  -1913   -957    -40      0      0      0      0
LoadCase     ( 1)   ( 1)   ( 1)   ( 1)   ( 6)   ( 0)   ( 0)   ( 0)   ( 0)
Top Ast      8598   6531   4185   2022   1680      0      0      0      0
% Steel      1.08   0.80   0.51   0.25   0.20   0.00   0.00   0.00   0.00
+M(kNm)         0    413    825   1236   1647   2056   2465   2872   3795
LoadCase     ( 0)   ( 0)   ( 0)   ( 0)   ( 0)   ( 1)   ( 1)   ( 1)   ( 1)
Btm Ast      2807   1680   1734   2636   3565   4523   5512   6537   9258
% Steel      0.35   0.20   0.21   0.32   0.44   0.56   0.68   0.80   1.16
V(kN)        4765   4759   4752   4745   4737   4728   4718   4708   4696
LoadCase     ( 1)   ( 1)   ( 1)   ( 1)   ( 1)   ( 1)   ( 1)   ( 1)   ( 1)
Asv          1077   1075   1074   1072   1069   1067   1064   1061   1058
Rsv          1.80   1.79   1.79   1.79   1.78   1.78   1.77   1.77   1.76
非加密区箍筋面积: 1077
**位置:1 (组合号:1) 截面不满足抗剪要求 V/b/h0=5.85>0.25* β c*fc=3.58  《砼规范》6.3.1
**位置:2 (组合号:1) 截面不满足抗剪要求 V/b/h0=5.84>0.25* β c*fc=3.58  《砼规范》6.3.1
**位置:3 (组合号:1) 截面不满足抗剪要求 V/b/h0=5.83>0.25* β c*fc=3.58  《砼规范》6.3.1
**位置:4 (组合号:1) 截面不满足抗剪要求 V/b/h0=5.83>0.25* β c*fc=3.58  《砼规范》6.3.1
**位置:5 (组合号:1) 截面不满足抗剪要求 V/b/h0=5.82>0.25* β c*fc=3.58  《砼规范》6.3.1
**位置:6 (组合号:1) 截面不满足抗剪要求 V/b/h0=5.80>0.25* β c*fc=3.58  《砼规范》6.3.1
**位置:7 (组合号:1) 截面不满足抗剪要求 V/b/h0=5.79>0.25* β c*fc=3.58  《砼规范》6.3.1
**位置:8 (组合号:1) 截面不满足抗剪要求 V/b/h0=5.78>0.25* β c*fc=3.58  《砼规范》6.3.1
**位置:9 (组合号:1) 截面不满足抗剪要求 V/b/h0=5.77>0.25* β c*fc=3.58  《砼规范》6.3.1
```

```
N-B=437 (I=5000364, J=5000198)(1)B*H(mm)=600*1400
Lb=1.75(m) Cover= 20(mm) Nfb=3 Nfb_gz=3 Rcb=30.0 Fy=360 Fyv=270
砼梁 框架梁 调幅梁 矩形
livec=1.000  stif=1.239  tf=0.850  nj=0.400
η v=1.100
              -1-      -2-      -3-      -4-      -5-      -6-      -7-      -8-      -9-
-M(kNm)     -3549    -2567    -1586     -606        0        0        0        0        0
LoadCase    ( 1)     ( 1)     ( 1)     ( 1)     ( 0)     ( 0)     ( 0)     ( 0)     ( 0)
Top Ast      7768     5765     3426     1680        0        0        0        0        0
% Steel      0.95     0.71     0.42     0.20     0.00     0.00     0.00     0.00     0.00
+M(kNm)         0      438      876     1313     1749     2184     2618     3294     4264
LoadCase    ( 0)     ( 0)     ( 0)     ( 0)     ( 0)     ( 0)     ( 0)     ( 1)     ( 1)
Btm Ast      2500     1680     1844     2808     3801     4828     5893     7640    10680
% Steel      0.31     0.20     0.23     0.34     0.47     0.59     0.72     0.94     1.34
V(kN)        4578     4573     4567     4560     4552     4543     4534     4524     4513
LoadCase    ( 1)     ( 1)     ( 1)     ( 1)     ( 1)     ( 1)     ( 1)     ( 1)     ( 1)
Asv          1026     1025     1023     1021     1019     1017     1014     1011     1008
Rsv          1.71     1.71     1.71     1.70     1.70     1.69     1.69     1.69     1.68
非加密区箍筋面积: 1026
**位置:1 (组合号:1) 截面不满足抗剪要求 V/b/h0=5.62>0.25*β c*fc=3.58    《砼规范》6.3.1
**位置:2 (组合号:1) 截面不满足抗剪要求 V/b/h0=5.61>0.25*β c*fc=3.58    《砼规范》6.3.1
**位置:3 (组合号:1) 截面不满足抗剪要求 V/b/h0=5.61>0.25*β c*fc=3.58    《砼规范》6.3.1
**位置:4 (组合号:1) 截面不满足抗剪要求 V/b/h0=5.60>0.25*β c*fc=3.58    《砼规范》6.3.1
**位置:5 (组合号:1) 截面不满足抗剪要求 V/b/h0=5.59>0.25*β c*fc=3.58    《砼规范》6.3.1
**位置:6 (组合号:1) 截面不满足抗剪要求 V/b/h0=5.58>0.25*β c*fc=3.58    《砼规范》6.3.1
**位置:7 (组合号:1) 截面不满足抗剪要求 V/b/h0=5.57>0.25*β c*fc=3.58    《砼规范》6.3.1
**位置:8 (组合号:1) 截面不满足抗剪要求 V/b/h0=5.55>0.25*β c*fc=3.58    《砼规范》6.3.1
**位置:9 (组合号:1) 截面不满足抗剪要求 V/b/h0=5.54>0.25*β c*fc=3.58    《砼规范》6.3.1
```

调整混凝土等级为 C40，结果如下：

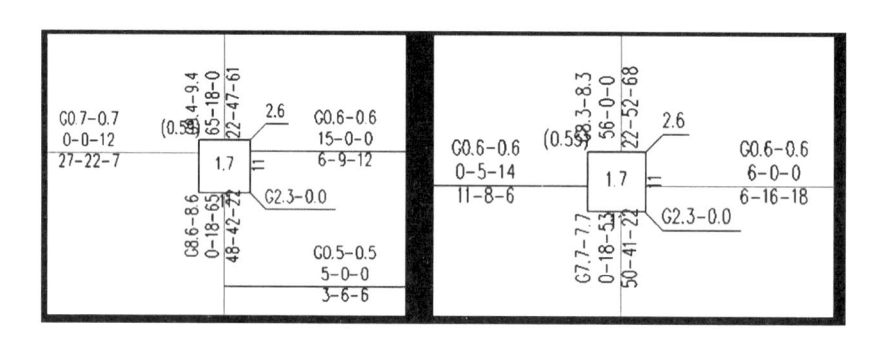

```
          G0.7-0.7    (0.5)G5.4-9.4   2.6   G0.6-0.6              G0.6-0.6   (0.5)G8.3-8.3   2.6   G0.6-0.6
          0-0-12         65-18-0            15-0-0                0-5-14         56-0-0             6-0-0
          27-22-7        22-47-61           6-9-12                11-8-6         22-52-68           6-16-18
                             1.7                                                     1.7
          G8.6-8.6       G2.3-0.0           G0.5-0.5              G7.7-7.7       G2.3-0.0
          0-18-65                           5-0-0                 0-18-53                          6-16-18
          48-42-27                          3-6-6                 50-41-22
```

```
N-B=19 (I=5000090, J=5000091)(1)B*H(mm)=600*1400
Lb=1.65(m) Cover= 20(mm) Nfb=3 Nfb_gz=3 Rcb=40.0 Fy=360 Fyv=210
砼梁 框架梁 调幅梁 矩形
livec=1.000  stif=1.240  tf=0.850  nj=0.400
η v=1.100
              -1-      -2-      -3-      -4-      -5-      -6-      -7-      -8-      -9-
-M(kNm)     -3013    -2285    -1557     -831     -109        0        0        0        0
LoadCase    ( 1)     ( 1)     ( 1)     ( 1)     ( 10)    ( 0)     ( 0)     ( 0)     ( 0)
Top Ast      6458     4959     3314     1796     1796        0        0        0        0
% Steel      0.79     0.61     0.41     0.21     0.21     0.00     0.00     0.00     0.00
+M(kNm)         0      309      618      926     1233     1539     1845     2149     2772
LoadCase    ( 0)     ( 0)     ( 0)     ( 0)     ( 0)     ( 0)     ( 0)     ( 0)     ( 1)
Btm Ast      2195     1796     1796     1938     2601     3273     3955     4647     6102
% Steel      0.26     0.21     0.21     0.24     0.32     0.40     0.49     0.57     0.75
V(kN)        3629     3624     3617     3610     3602     3593     3584     3574     3563
LoadCase    ( 1)     ( 1)     ( 1)     ( 1)     ( 1)     ( 1)     ( 1)     ( 1)     ( 1)
Asv           931      931      927      924      921      918      915      912      908
Rsv          1.55     1.55     1.54     1.54     1.54     1.53     1.53     1.52     1.51
非加密区箍筋面积: 931
```

```
N-B=437 (I=5000372, J=5000373)(1)B*H(mm)=600*1400
Lb=1.75(m) Cover= 20(mm) Nfb=3 Nfb_gz=3 Rcb=40.0 Fy=360 Fyv=210
砼梁 框架梁 调幅梁 矩形
livec=1.000  stif=1.240  tf=0.850  nj=0.400
η v=1.100
              -1-     -2-     -3-     -4-     -5-     -6-     -7-     -8-     -9-
-M(kNm)     -2621   -1905   -1190    -497       0       0       0       0       0
LoadCase    (  1)   (  1)   (  1)   ( 15)   (  0)   (  0)   (  0)   (  0)   (  0)
Top Ast      5590    4091    2507    1796       0       0       0       0       0
% Steel      0.69    0.50    0.31    0.21    0.00    0.00    0.00    0.00    0.00
+M(kNm)         0     320     639     958    1276    1593    1909    2361    3066
LoadCase    (  0)   (  0)   (  0)   (  0)   (  0)   (  0)   (  0)   (  1)   (  1)
Btm Ast      2195    1796    1796    2007    2695    3393    4101    5137    6809
% Steel      0.26    0.21    0.21    0.25    0.33    0.42    0.50    0.63    0.84
V(kN)        3338    3333    3327    3320    3313    3305    3296    3286    3276
LoadCase    (  1)   (  1)   (  1)   (  1)   (  1)   (  1)   (  1)   (  1)   (  1)
Asv           829     827     825     823     820     817     814     811     807
Rsv          1.38    1.38    1.37    1.37    1.37    1.36    1.36    1.35    1.35
非加密区箍筋面积：829
```

2. 结构设计优化建议

(1)荷载优化

1)梁上线性荷载优化：应根据建施图中墙体做法据实计算恒载，荷载的减小有利于减小构件(梁、柱、基础)截面，或减小配筋。

结构施工图说明：

(1)填充墙材料

部位		采用材料	砌筑砂浆
±0.000以下填充墙	与土接触	MU10烧结页岩多孔砖	M7.5水泥砂浆
	内墙	MU3.5烧结页岩空心砖	M5混合砂浆
±0.000以上填充墙	外墙	MU5烧结页岩空心砖	M5混合砂浆
	内墙	MU3.5烧结页岩空心砖	M5混合砂浆

(2)烧结页岩空心砖块容重

1)外墙采用200mm厚的烧结页岩空心砖以建筑节能为准，容重不大于为800kg/m³。

2)100~200mm厚内墙采用烧结页岩空心砖，容重为800kg/m³。

3)100~200mm厚卫生间、厨房、电梯井道部分墙体采用烧结页岩多孔砖，容重为1400kg/m³。

建筑施工图说明：

1. 外墙：

部位	墙体主要构造材料名称（由外向内）	厚度（mm）	密度（kg/m³）	导热系数（w/m·K）	热惰性指标 D=R·S	导热系数修正系数	选用图集及大样
填充墙	水泥砂浆	5	1800	0.93	0.06	1.00	DJBT 069 13J02
	岩棉板（垂直纤维）	40		0.048	0.63	1.30	
	水泥砂浆	20	1800	0.93	0.24	1.00	
	普通烧结页岩空心砖砌块	200		0.54	1.57	1.00	
	水泥砂浆	20	1800	0.93	0.24	1.00	

3. 分隔墙构造类型：

部位	主要构造材料名称（由外向内）	厚度（mm）	密度（kg/m³）	导热系数（w/m·K）	热惰性指标 D=R·S	导热系数修正系数	选用图集及大样
墙体构造	水泥砂浆	20	1800	0.930	0.24	1.00	
	普通烧结页岩空心砖砌体	200		0.540	1.57	1.00	
	水泥砂浆	20	1800	0.930	0.24	1.00	

优化计算：

① 4.8m 层高外墙荷载（页岩空心砌块，干容重取 $8kN/m^3$，湿容重取 $10kN/m^3$，梁高取600mm）

200 厚空心砖高 4.3m $0.2 \times 10 \times 4.2 = 8.40 kN/m$

外墙保温   1kN/m

墙体抹灰 $0.02 \times 20 \times 2 \times 4.2 = 3.36 kN/m$

合计   12.76kN/m

实际取值 12.80kN/m

② 4.8m 层高内隔墙荷载（页岩空心砌块，干容重取 $8kN/m^3$，湿容重取 $10kN/m^3$，梁高取500mm）

200 厚空心砖高 4.3m $0.2 \times 10 \times 4.3 = 8.60 kN/m$

墙体抹灰 $0.02 \times 20 \times 2 \times 4.3 = 3.44 kN/m$

合计   12.04kN/m

实际取值 12.10kN/m

③ 4.2m 层高外墙荷载（页岩空心砌块，干容重取 $8kN/m^3$，湿容重取 $10kN/m^3$，梁高取600mm）

200 厚空心砖高 3.7m $0.2 \times 10 \times 3.6 = 7.20 kN/m$

外墙保温   1kN/m

墙体抹灰	$0.02 \times 20 \times 2 \times 3.6 = 2.88 \text{kN/m}$
合计	11.08kN/m

实际取值 11.10kN/m

④ 4.2m 层高内隔墙荷载（页岩空心砌块，干容重取 8kN/m^3，湿容重取 10kN/m^3，梁高取 500mm）

200 厚空心砖高 3.7m	$0.2 \times 10 \times 3.7 = 7.40 \text{kN/m}$
墙体抹灰	$0.02 \times 20 \times 2 \times 3.7 = 2.96 \text{kN/m}$
合计	10.36kN/m

实际取值 10.40kN/m

⑤ 4.8m 层高卫生间内隔墙荷载（页岩多孔砖，干容重取 14kN/m^3，湿容重取 16kN/m^3，梁高取 500mm）

200 厚空心砖高 4.3m	$0.2 \times 16 \times 4.3 = 13.76 \text{kN/m}$
墙体抹灰	$0.02 \times 20 \times 2 \times 4.3 = 3.44 \text{kN/m}$
用户材料	$0.02 \times 25 \times 4.3 = 2.15 \text{kN/m}$
合计	19.35kN/m

实际取值 19.40kN/m

⑥ 4.2m 层高卫生间内隔墙荷载（页岩多孔砖，干容重取 14kN/m^3，湿容重取 16kN/m^3，梁高取 500mm）

200 厚空心砖高 3.7m	$0.2 \times 16 \times 3.7 = 11.84 \text{kN/m}$
墙体抹灰	$0.02 \times 20 \times 2 \times 3.7 = 2.96 \text{kN/m}$
用户材料	$0.02 \times 25 \times 3.7 = 1.85 \text{kN/m}$
合计	16.65kN/m

实际取值 16.70kN/m

⑦ 4.8m 层高井道内墙荷载（页岩多孔砖，干容重取 14kN/m^3，湿容重取 16kN/m^3，梁高取 500mm）

200 厚空心砖高 4.3m	$0.2 \times 16 \times 4.3 = 13.76 \text{kN/m}$
墙体抹灰	$0.02 \times 20 \times 2 \times 4.3 = 3.44 \text{kN/m}$
合计	17.20kN/m

实际取值 17.20kN/m

⑧ 4.2m 层高井道隔墙荷载(页岩多孔砖,干容重取 14kN/m³,湿容重取 16kN/m³,梁高取 500mm)

200 厚空心砖高 3.7m	$0.2 \times 16 \times 3.7 = 11.84$ kN/m
墙体抹灰	$0.02 \times 20 \times 2 \times 3.7 = 2.96$ kN/m
合计	14.80kN/m

实际取值 14.80kN/m

其余层高参照计算。

2)楼面附加恒载 2kN/m² 有一定优化空间。

楼面附加恒载

地砖	0.60kN/m²
35 厚水泥砂浆找平	$20 \times 0.035 = 0.70$ kN/m²
板下 20 厚抹灰	$0.02 \times 20 = 0.40$ kN/m²
合计	1.70kN/m²

实际取值 1.80kN/m²

3)楼梯荷载优化:梯板附加横荷载应根据建施图做法据实计算,采用 8kN/m² 偏大,配筋满足抗弯、挠度、裂缝等要求即可,力求结构上安全、经济上合理。

楼梯梯板附加恒载

地砖	0.60kN/m²
35 厚水泥砂浆找平	$20 \times 0.035 = 0.70$ kN/m²
板下 20 厚抹灰	$0.02 \times 20 = 0.40$ kN/m²
合计	1.70kN/m²

实际取值 1.80kN/m²

4)对上部结构梁板柱及荷载优化后,基底荷载减小明显。

优化前(D+L):

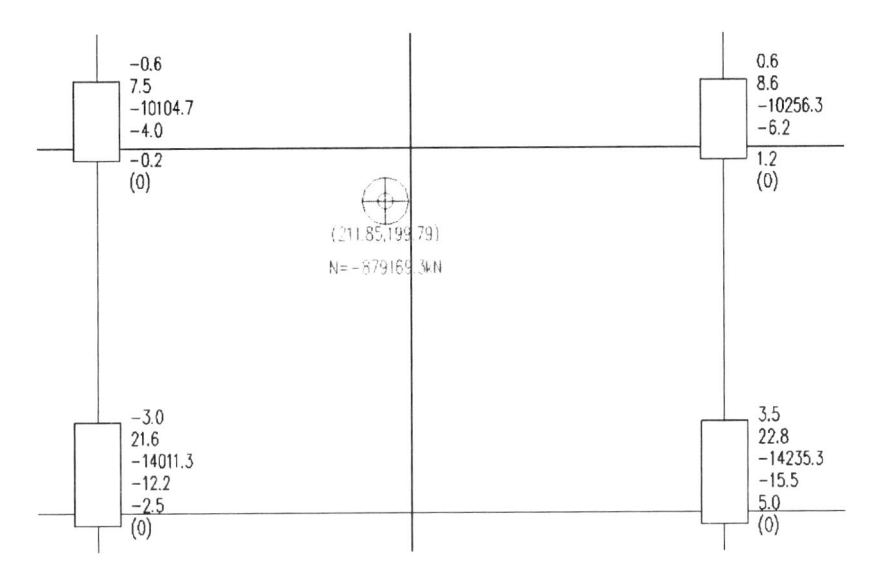

```
        -0.6                                    0.6
        7.5                                    8.6
     -10104.7                              -10256.3
        -4.0                                   -6.2
        -0.2                                    1.2
        (0)                                    (0)

                    ⊕
                (211.85,199.79)
                N=-879169.3kN


        -3.0                                    3.5
        21.6                                   22.8
     -14011.3                              -14235.3
        -12.2                                  -15.5
        -2.5                                    5.0
        (0)                                    (0)
```

优化后(D+L)：

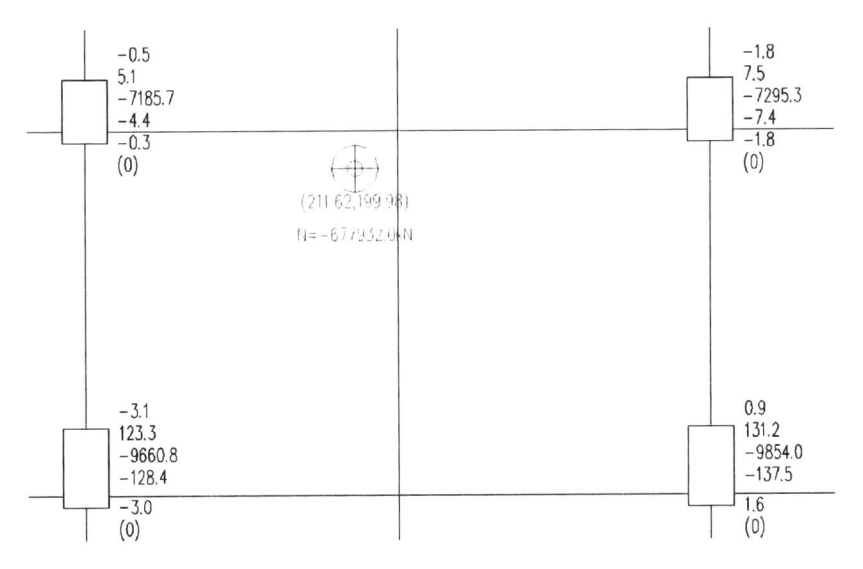

```
        -0.5                                   -1.8
        5.1                                    7.5
     -7185.7                               -7295.3
        -4.4                                   -7.4
        -0.3                                   -1.8
        (0)                                    (0)

                    ⊕
                (211.62,199.08)
                N=-677932.0kN


        -3.1                                    0.9
        123.3                                 131.2
     -9660.8                               -9854.0
        -128.4                                -137.5
        -3.0                                    1.6
        (0)                                    (0)
```

(2) 布置/方案优化

1) 结构布置优化：目前模型计算结果中，与消防水池相连的楼层存在扭转不规则的问题，可采取消防水池与主体结构脱开方式处理，力求各项计算指标满足现行规范要求。

优化前:

最大层间位移角	X向	1/2251 < [1/800] (9层1塔)
	Y向	1/2240 < [1/800] (12层1塔)
最大位移比	X向	1.32 < [1.50] (5层1塔)
	Y向	1.90 > [1.50] (5层1塔)
最大层间位移比	X向	1.04 < [1.50] (10层1塔)
	Y向	1.96 > [1.50] (5层1塔)

优化后:

最大层间位移角	X向	1/2680 < [1/800] (10层1塔)
	Y向	1/2327 < [1/800] (10层1塔)
最大位移比	X向	1.32 < [1.50] (5层1塔)
	Y向	1.90 > [1.50] (5层1塔)
最大层间位移比	X向	1.04 < [1.50] (12层1塔)
	Y向	1.96 > [1.50] (5层1塔)

从前后结果的对比看,对荷载、构件断面等优化后,由于左侧消防水池Y向抗侧刚度相对于右端抗侧刚度过大,扭转不规则依然在2层、3层存在;方法一,将消防水池与主体结构脱开;方法二,加大右端的抗侧刚度,需要设置较多剪力墙,经济不合理。

2)型钢混凝土梁截面为500mm×400mm,型钢混凝土梁布置楼层层高4800mm,若该层无特殊要求,建议改为普通钢筋混凝土梁,可有较大幅度的投资节约。若有净空要求,可以减小钢骨断面,计算和构造满足要求即可,减少型钢103t。

优化前:型钢混凝土梁 500×400×20×200×300×20

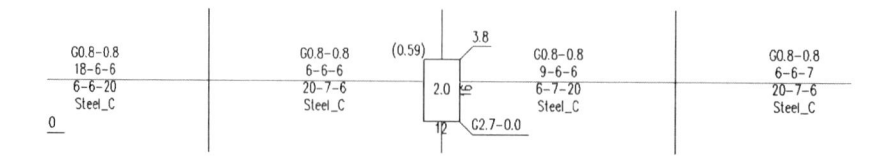

```
                                      3.8
 G0.8-0.8         G0.8-0.8    (0.59)   G0.8-0.8        G0.8-0.8
 18-6-6           6-6-6               9-6-6           6-6-7
 6-6-20           20-7-6       2.0    6-7-20          20-7-6
 Steel_C          Steel_C             Steel_C         Steel_C
 0                                    12  G2.7-0.0
```

```
N-B=33 (I=6000112, J=6000113)(13)B*H*U*T*D*F(mm)=500*400*20*200*300*20
Lb=3.90(m) Cover= 20(mm) Nfb=3 Nfb_gz=3 Rcb=30.0 Rsb=235 Fy=360 Fyv=270
型钢砼梁 框架梁 调幅梁 工字形型钢砼
livec=1.000  stif=1.886
η v=1.100
                -1-    -2-    -3-    -4-    -5-    -6-    -7-    -8-    -9-
-M (kNm)         0      0      0      0      0     -22   -125   -237   -353
LoadCase       ( 0)   ( 0)   ( 0)   ( 0)   ( 0)   (36)   (28)   (28)   ( 8)
Top Ast        600    600    600    600    600    600    600    600    600
% Steel        0.30   0.30   0.30   0.30   0.30   0.30   0.30   0.30   0.30
+M (kNm)       491    409    323    231    139     55      0      0      0
LoadCase       ( 1)   ( 1)   ( 1)   ( 9)   (33)   (33)   ( 0)   ( 0)   ( 0)
Btm Ast       1930    665    600    600    600    600    600    600    600
% Steel        1.21   0.44   0.30   0.30   0.30   0.30   0.30   0.30   0.30
V (kN)        -164   -169   -179   -193   -211   -230   -244   -254   -260
LoadCase       ( 8)   ( 8)   ( 8)   ( 1)   ( 1)   ( 1)   ( 1)   ( 1)   ( 1)
Asv             75     75     75     75     75     75     75     75     75
Rsv           0.15   0.15   0.15   0.15   0.15   0.15   0.15   0.15   0.15
型钢宽厚比: b/tf=7.00 < b/tf_max=23.00         《组合规范》5.1.2、《高规》11.4.1
型钢腹板高厚比: hw/tw=8.00 < hw/tw_max=107.00  《组合规范》5.1.2、《高规》11.4.1
```

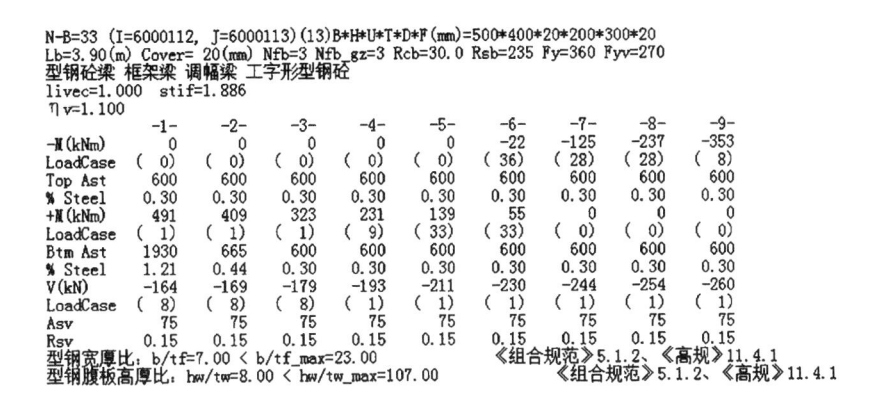

优化后：型钢混凝土梁 $500 \times 400 \times 10 \times 200 \times 200 \times 16$

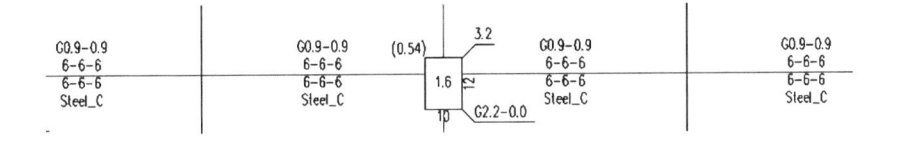

```
N-B=33 (I=6000023, J=6000034)(13)B*H*U*T*D*F(mm)=500*400*10*200*200*16
Lb=3.90(m) Cover= 20(mm) Nfb=3 Nfb_gz=3 Rcb=30.0 Rsb=345 Fy=360 Fyv=210
型钢砼梁 框架梁 调幅梁 工字形型钢砼
livec=1.000  stif=1.890
η v=1.100
                -1-    -2-    -3-    -4-    -5-    -6-    -7-    -8-    -9-
-M (kNm)         0      0      0      0      0     -3    -63   -132   -204
LoadCase       ( 0)   ( 0)   ( 0)   ( 0)   ( 0)   (36)   (28)   (28)   (28)
Top Ast        600    600    600    600    600    600    600    600    600
% Steel        0.30   0.30   0.30   0.30   0.30   0.30   0.30   0.30   0.30
+M (kNm)       274    237    196    150    104     58     11      0      0
LoadCase       ( 1)   ( 1)   ( 1)   ( 1)   (33)   (33)   (41)   ( 0)   ( 0)
Btm Ast        600    600    600    600    600    600    600    600    600
% Steel        0.30   0.30   0.30   0.30   0.30   0.30   0.30   0.30   0.30
V (kN)         -74    -78    -86    -98   -115   -131   -144   -153   -159
LoadCase      (28)   (28)   (28)   ( 1)   ( 1)   ( 1)   ( 1)   ( 1)   ( 1)
Asv             89     89     89     89     89     89     89     89     89
Rsv           0.18   0.18   0.18   0.18   0.18   0.18   0.18   0.18   0.18
型钢宽厚比: b/tf=5.94 < b/tf_max=19.00         《组合规范》5.1.2、《高规》11.4.1
型钢腹板高厚比: hw/tw=16.80 < hw/tw_max=91.00  《组合规范》5.1.2、《高规》11.4.1
```

3）基础高度优化：独立基础、条形基础的高度应根据上部荷载大小按照抗弯、抗冲切、抗剪、嵌岩深度等要求进行核算，不能片面地根据荷载大的确定所有的基础高度。基础高度减小后，配筋也会相应减小，力求结构上安全、经济上合理。

优化前代表性柱：

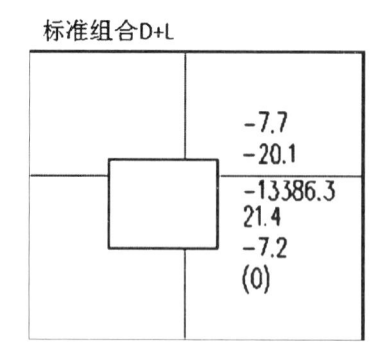

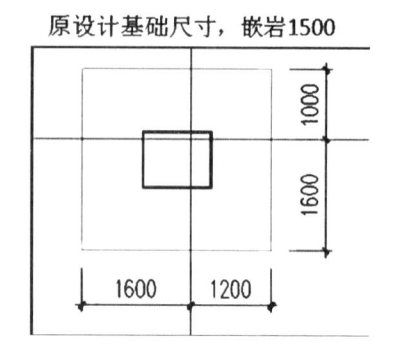

```
标准组合D+L                    原设计基础尺寸,嵌岩1500
        -7.7
        -20.1
        -13386.3
        21.4
        -7.2
        (0)
                              1600  1200    1000  1600
```

原设计采用嵌岩1500mm,太过保守,构造配筋18@100,经济不合理,按原柱底荷载计算,只需嵌岩1200mm(抗剪控制),各项指标都满足要求,构造配筋16@100,经济效益明显。

优化后代表性柱的柱底荷载:

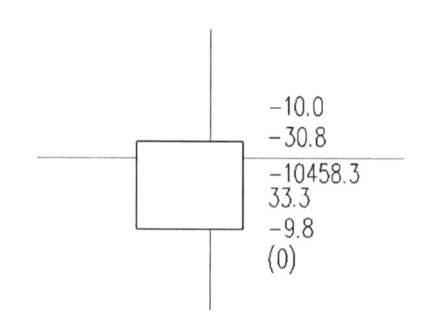

```
        -10.0
        -30.8
        -10458.3
        33.3
        -9.8
        (0)
```

根据优化后荷载计算,基础尺寸(长宽高)为2400×2200×1200,各项指标均满足规范要求,构造配筋16@100,经济合理。仅此一个基础可以减小混凝土4.5m³左右,减少钢筋80kg。

4)楼面板厚度优化:楼面板厚度(嵌固端楼面板除外)应根据均布荷载的大小予以区别对待,取用合理的板厚,对于荷载较小的板厚可减小至110mm,力求结构上安全、经济上合理。

标准层优化前的计算结果:

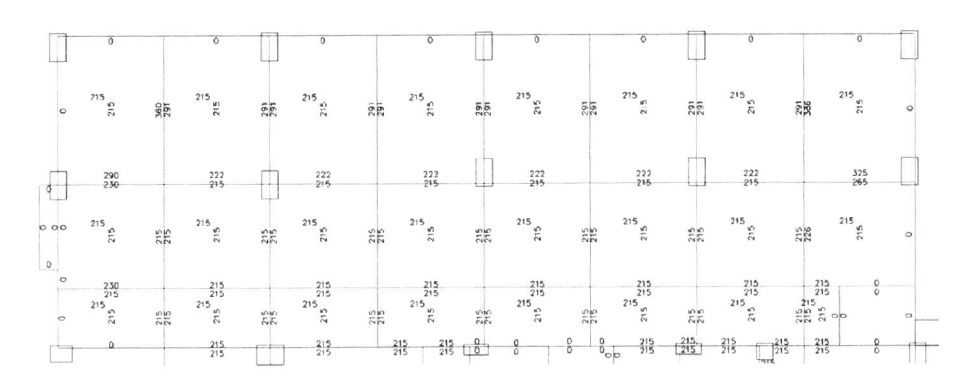

标准层优化后的计算结果：

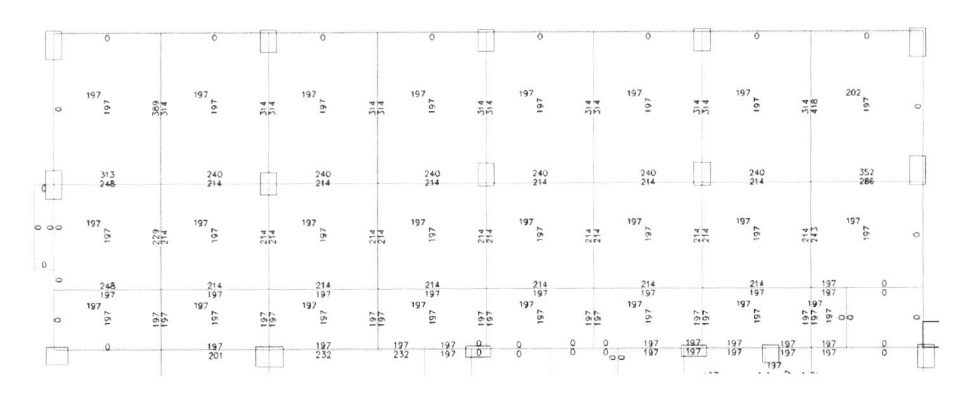

5）楼面板钢筋优化：除嵌固端楼面板外的楼面板，配筋形式可以由拉通配筋修改为分离配筋，分布钢筋满足构造措施即可，力求结构上安全、经济上合理。对于温度应力集中明显的 2~5 层中部板和洞口附近的板，局部采取加强钢筋处理。

6) 梁断面优化：

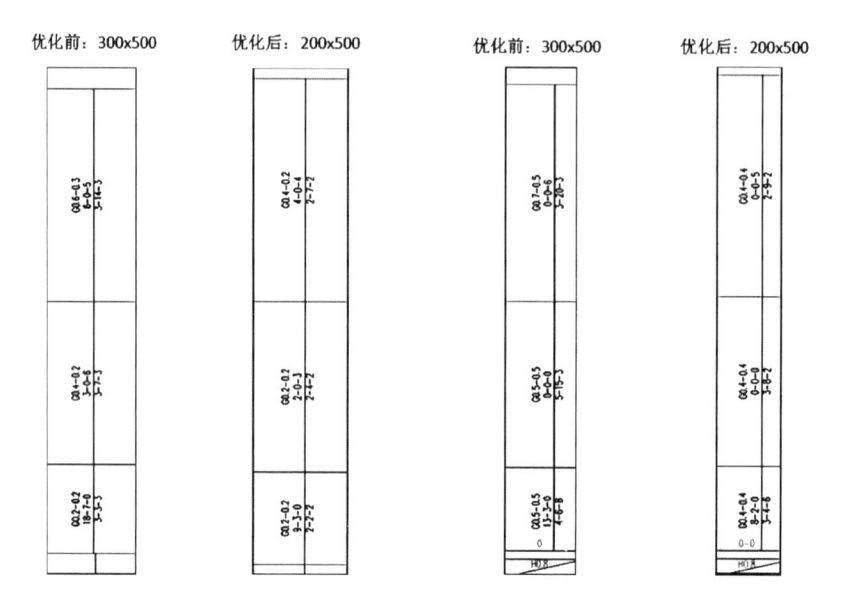

优化前：300x500　优化后：200x500　　优化前：300x500　优化后：200x500

7) 框架柱断面优化：框架柱断面可以适当减小，以轴压比不超过 0.85 为原则；柱子断面应随楼层增高进行断面减小，典型楼层为 4～12 层。

底层框架柱子优化结果示意图：

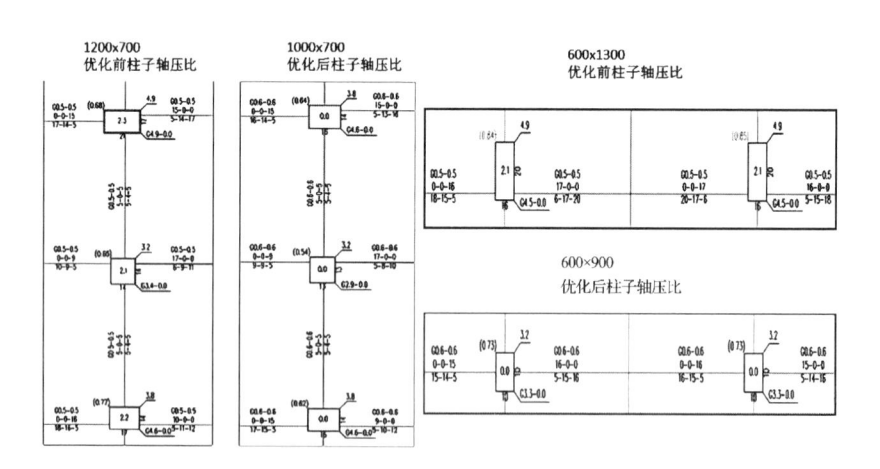

1200x700　　　　1000x700
优化前柱子轴压比　优化后柱子轴压比

600x1300
优化前柱子轴压比

600×900
优化后柱子轴压比

其余楼层框架柱在避免柱子断面和混凝土等级不同时变的前提下逐渐减小。

8)楼梯梯板优化:

①原设计楼梯梯板:净跨3640,板厚180,板厚不合理,构造钢筋过大,有优化的空间。

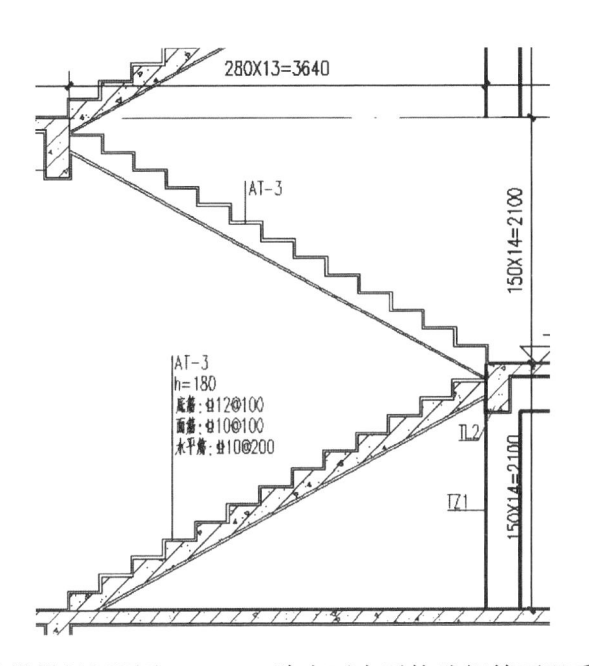

优化后,楼梯梯板板厚取140mm,踏步下水平构造钢筋可以采用8@200,计算结果如下:

```
板段配筋计算结果:

计算板段-1(斜梯段): 截面B×H = 1000×140
        截  面:         左             中             右
        弯  矩(M):    -0.000         26.708         0.000
        剪  力(V):     24.296        -0.000        -24.296
        截面验算: Vmax=24.30kN < 0.7βhftbh0=120.12kN 截面满足
        上部计算纵筋(As'):  0.000          0.000          0.000
        下部计算纵筋(As):  280.000        664.570        280.000
        上纵实配: E8@150(335,0.24%)              E8@150(335,0.24%)
        下纵实配: E12@110(1028,0.73%) E12@110(1028,0.73%) E12@110(1028,0.73%)
        挠度限值: [f] = 21.88mm
        验算结论: fmax=21.54mm < [f]=21.88mm(4377/200), 满足。
        裂  缝(w):     0.000         0.093          0.000
        裂缝限值: [ω] = 0.30mm
        验算结论: ωmax=0.093mm < [ω]=0.30mm , 满足。
```

②原设计楼梯梯板板厚为140mm、200mm也有优化空间,这里不再累述。

三、给排水专业

1. 室内消火栓系统

(1) 设计现状

本项目室内消火栓系统加压泵选型为（Q＝40L/s，H＝120m，N＝75kW/台×2），室内消火栓设置在13F以下采用减压稳压消火栓。

(2) 设计弊端

①室内消火栓系统加压设备扬程较高。根据《消防给水及消火栓系统技术规范》（GB 50974－2014）中第10.1.7条规定，按安全系数取1.2，末端消火栓压力0.35MPa计算所得，消防水泵扬程应为P＝1.05MPa，原有设计选型扬程为1.2MPa，导致末端管网压力过大，减压稳压型消火栓设置增多。

②车库环网内均设置减压稳压型消火栓，投资增多且不利于后期管理维护，且造成系统不稳定以及故障率增加，降低了系统的可靠性。

(3) 优化建议

①重新复核计算消火栓系统水泵扬程，调整设备选型，可将扬程降低0.15MPa，水泵电机由75kW降低至55kW。

②单个减压稳压型消火栓造价较普通型消火栓贵300～500元，建议将车库区域消火栓环网单独成环，环网上设置减压阀组，消火栓换为普通型消火栓。

2. 自喷系统

(1) 设计现状

自喷系统设计采取的减压措施均是使用减压阀降低工作压力。

(2) 设计弊端

①湿式报警阀前的减压阀采用可调式减压阀，不满足现有设计规范，存在安全隐患。

②支管减压阀未明确采用何种减压阀，且应设置减压阀组，方可保证供水的安全性。

3. 优化建议

①减压阀改设为比例式减压阀,并设置为减压阀组,保证供水的可靠性。

②支管减压阀更换为减压孔板,减压孔板较减压造价更低,为减压阀组造价的 1/5 ~ 1/8 且可不设置两路保证。

四、电气专业

1. 变配电室及变压器设置

(1) 设计现状

负一层设置配电房 1(内装 1×630kVA 变压器),供商业用电;负一层设置配电房 2(内装 4×800kVA 变压器),供塔楼用电;负二层设置配电房 3(内装 1×800kVA 变压器),供车库用电。

(2) 优化建议

①已按不同功能设置变压器,若运营方无特别要求,建议配电房 1 和配电房 3 可以合为一个配电房,节省高压电缆、低压联络铜母排的初始投资成本,同时也会降低后期的运营维护成本。

②根据建筑功能布局,塔楼的使用功能后期可能改为商务酒店,若考虑提升酒店品质,暖通专业会设置中央空调,基于此前提,建议单独设置空调变压器(非空调季节可停用),有利于非空调季节的减容申请,也可以节省设备损耗。

2. 柴油发电机

(1) 设计现状

负二层设置柴油发电机房(内装 1×600kW 柴油发电机),消防一级负荷和非消防一级负荷均采用末端切换方式。

(2) 优化建议

对于非消防一级负荷(生活水泵、车库普通照明、弱电机房、客梯等),建议采用在低压出线处设置双电源开关,做前端切换,减少双电源开关的个数和消防电缆的长度,降低初始投资成本。此项优化,可以减少 1 个低压配电柜、6 个双电源开关、电缆(5×16 约 50m,4×35+1×16 约 50m,4×50+1×25 约 150m)。

3. 设备选型

(1) 设计现状

①低压断路器(框架、塑壳、微断等)选用为国内高端品牌的产品。

②消防风机选用 KB0 系列控制与保护开关电器。

(2) 优化建议

①目前设计的低压断路器采用的是国内高端品牌产品,根据项目使用需求,本项目可采用同功能中低端产品,以降低初始投资。

②按国标图集 16D303-2 第 134 页选择三段式的电动机保护和控制电器(断路器+接触器+热继电器),替代 KB0 系列控保开关,可以降低初始投资成本。

4. 线缆选型

(1) 设计现状

①火灾自动报警系统均选用 WDZBN 型的线缆。

②配电箱的导线选择 WDZB-BYJ。

(2) 优化建议

①除消防联动控制线和连锁启泵线外,其余均采用 WDZCN 型线缆。

②根据 DBJ 50-164-2013 表 5.2.2,导线阻燃级别可降一级,选择 WDZC-BYJ,如此可降低初始投资成本约 10%。

五、暖通专业

1. 设计现状

该项目塔楼 4~13 层共计 10 层内走道需设置排烟措施,根据《建筑防烟排烟系统技术标准》(GB 51251-2017)的相关规定设计了竖向排烟系统,每层内走道设排烟支管以及 6 个常闭多页电动排烟口,支管出竖井处设置了常开型 280°排烟防火阀。每层共计 7 个电动排烟阀门。

2. 设计弊端

(1) 每套系统电动排烟阀门过多,每层 7 个,10 层共计 70 个,每个都需要电动控制,末端点位过多容易造成系统不稳定以及故障率增加,降低系统的可靠性。

（2）电动排烟阀门过多造成投资增加。

3. 优化建议

由于每层内走道均为独立防烟分区，可以采用竖井出口处设置常闭电动排烟阀+普通百叶排烟口的形式，由竖井出口处的排烟阀统一控制各层的排烟情况。这样不仅可以大大减少电动排烟阀(口)的数量，既简单可靠，又可以节约建安投资。

第九章

某石化基地（一期）房屋建筑地基基础设计安全性评价

第一节 安全性评价的目的

某石化基地（一期）工程拟建区域，分布深厚的回填土层，且中风化砂岩层中存在泥岩夹层，其分布不均，厚度不等，地质条件复杂，为确保工程项目地基基础设计合理、安全及可靠，并满足正常使用，对其设计进行安全性评价。

第二节 安全性评价的依据

(1) 基地建设项目有关设计资料，包括设计图纸及计算书
(2) 基地建设项目工程地质勘察报告（详细勘察）及施工勘察
(3) 现行有关规范及标准
《建筑地基基础设计规范》（GB 50007−2011）

《建筑桩基技术规范》(JGJ 94 – 2008)
《建筑基桩检测技术规范》(JGJ 106 – 2014)
《建筑地基基础设计规范》(DBJ 50 – 047 – 2016)
《建筑桩基础设计与施工验收规范》(DBJ 50 – 200 – 2014)
《建筑地基基础工程施工质量验收规范》(DBJ 50 – 125 – 2011)
《旋挖成孔灌注桩工程技术规程》(DBJ 50 – 156 – 2012)

第三节　工程概况

某石化基地(一期)房屋建设项目,位于重庆市涪陵区李渡新区,距涪陵火车北站南约200m。总占地面积约65.57亩。一期建设总建筑面积65,000m²,包括2栋职工倒班公寓、1栋综合办公楼、1栋综合服务楼及门卫,详见图9 – 1及表9 – 1。

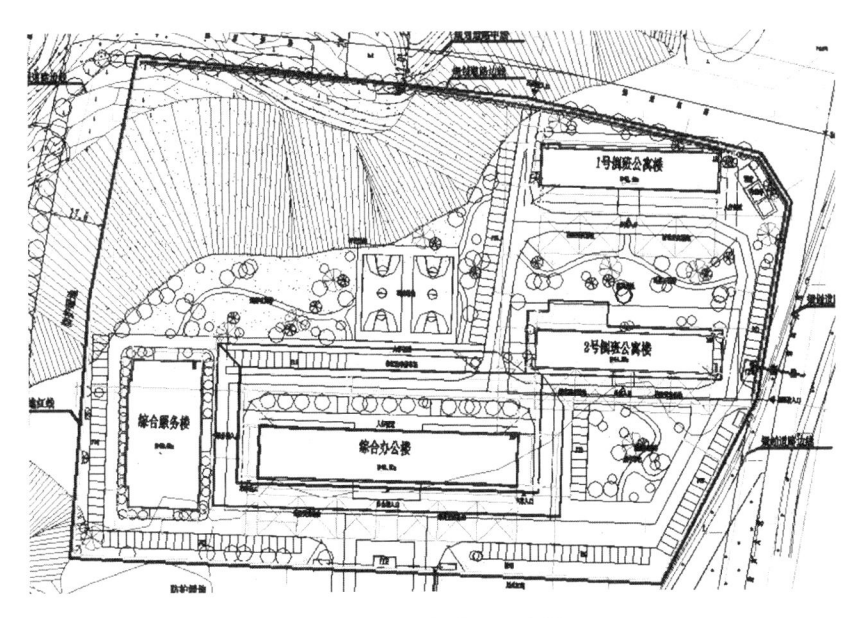

图9 – 1　工程总平面布置

表 9-1 建筑物特征

拟建物名称	层数	高度(m)	正负零标高(m)	结构类型	基础形式	安全等级
综合办公楼	12F/-1F	50.60	±0.00=343.80 -1F=339.00	框—剪	桩基	二级
1号公寓楼	15F/-2F	51.45	±0.00=346.25 -2F=339.35	框—剪	桩基	二级
2号公寓楼	16F/-2F	54.85	±0.00=345.25 -2F=339.35	框—剪	桩基	二级
综合服务楼	4F	18.60	±0.00=343.80	框架	桩基	二级
门卫	1F		±0.00=342.10	砖混	扩展基础	三级

第四节 场地工程地质情况

一、地形地貌——详细勘察阶段

拟建场地位于重庆市涪陵区李渡新区,距涪陵火车北站南约200m。场地原始地形属丘陵斜坡地貌区,为风化剥蚀"U"形沟谷(见图9-2),从东向西倾斜,南北两侧高,中间低,中部为冲沟底端,向西倾斜,纵向比降总体不大。

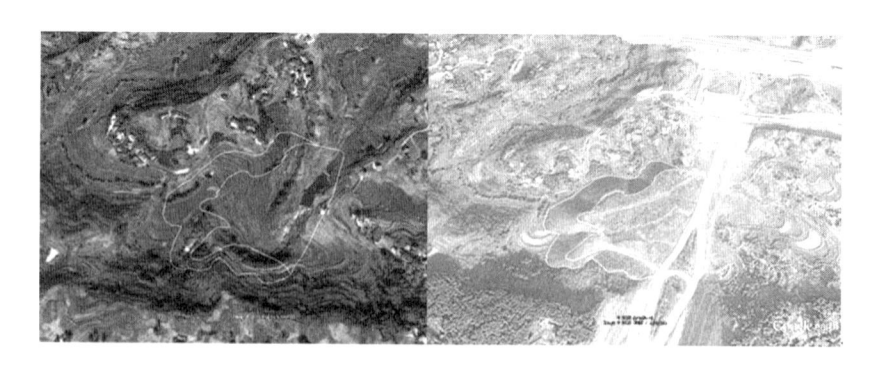

图 9-2 场地原始地形与现状地形对比

场地已经过人工改造,在北西侧形成了最大高度约45m的高填边坡,坡度约38°,边坡外场地内整体较平缓,基本按标高345m大致整平,南西侧存在坡度约30°。

东侧与已建成的迎宾大道基本齐平,红线范围现为一平台,地形坡度 0°~5°,最高点高程为 349.27m,最低点高程 343.53m,相对高差 5.74m。北侧边坡坡顶高程为 345.76m,坡脚最低高程为 309.34m,相对高差 36.42m,坡角 31°~35°;西侧边坡坡顶高程为 343.35m,坡脚最低高程为 299.02m,相对高差 44.33m,坡角 33°~38°。

二、现场地形地貌的实际情况

从现场实际踏勘的情况来看,详细勘察阶段西北侧的高边坡基本填平;从图 9-3 场地道路布置图来看,在西侧和北侧均规划有公路,现场在此部位的填方工作也基本完成,因此,场地可基本不考虑西北边坡对场地的不利影响。

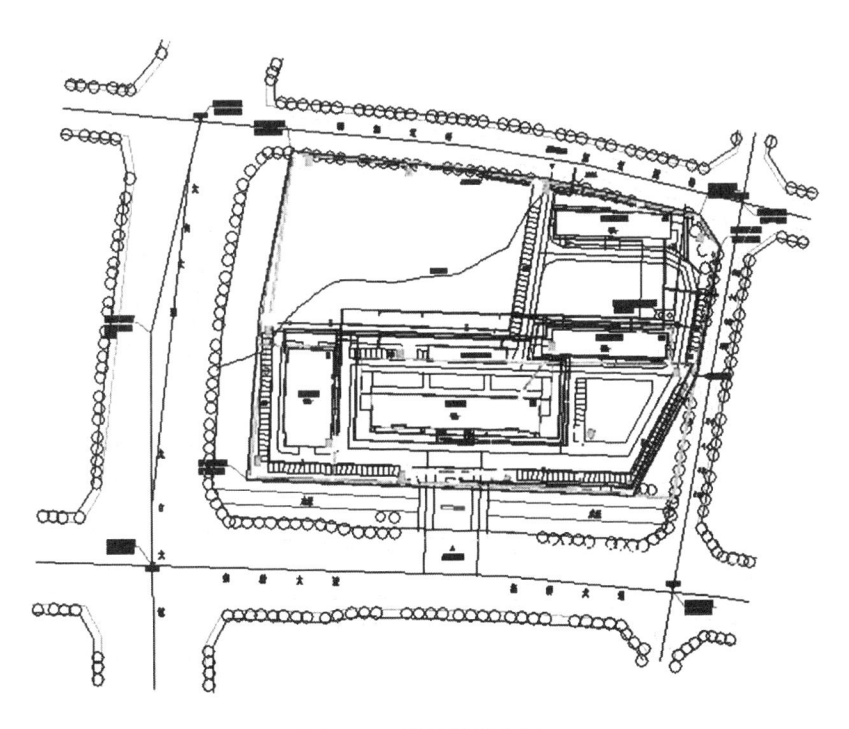

图 9-3 场地道路布置

三、气象及水文

勘察区气候属亚热带季风湿润气候区,具有冬暖夏热,春秋多变,降水丰沛,分配不均,空气湿润等特点。根据气象局资料,区内最大年降水量为1544.3mm (1981年),最小年降水量为783.2mm(1992年),多年年平均降水量为1163.3mm,降水集中在每年的5~9月,降水量约占全年降水量的65%;多年最大日平均降水量为104mm,日最大降水量为204.6mm(2007年7月12日)。多年平均气温为18.4℃;极端最低气温为-2.5℃(1977年1月29日),极端最高气温为44.5℃,(2006年8月12日)。平均相对湿度为81%,绝对相对湿度17.6毫巴,多偏北风,年平均风速为1.9m/s,年最大瞬时风速达20m/s。

拟建场地区内无地表水体,场地北侧高填方下端为原始地貌,多为水田沟谷和废弃村户,勘察期间水田水丰富,据原始地形调查和资料收集,结合钻孔基岩面揭露,该场地原为一个"U"形冲沟,冲沟向西倾斜,冲沟主向为冲北东向南西向,在场地西侧,分别有北侧和南侧冲沟向中部汇聚,根据现场调查的情况,原始场地西侧冲沟为梯田,田内皆有水。区内地表水及地下水主要受大气降雨补给,大气降雨主要沿原冲沟至东向西排泄出场地。

四、地质构造

拟建场区地处箐口背斜东翼,基岩为侏罗系中统沙溪庙组(J_2s)泥岩、砂岩,泥岩以薄—中厚层状构造为主,砂岩以中厚层状为主,岩层呈单斜产出,岩层层面为硬性结构面,结合程度一般,岩层产状280°∠20°。

五、地层岩性

根据地表调查及钻探揭露,边坡内的地层岩性有:第四系人工填土层(Q_4^{ml}),第四系残坡积粉质黏土(Q_4^{el+dl}),侏罗系中统沙溪庙组砂岩(J_2s-Ss)、泥岩(J_2s-Ms),其岩性分述如下。

1. 第四系全新统人工填土层(Q_4^{ml})

素填土:褐色、紫褐色、灰白色、松散、稍湿,主要由砂泥岩块石夹黏性土构成,砂泥岩块石3~35cm,局部达2.5m,夹砂岩孤石,块石含量20%~60%,填土级配差,均匀性差,为机械无序抛填,堆填时间约3年。该层覆盖整个场地,从东向西逐渐变厚,厚5.90m(ZX2)~49.60m(ZC2)。

2. 第四系全新统坡残积层(Q_4^{el+dl})

粉质黏土:褐红色,硬塑~可塑状,干强度中等,韧性中等,无摇振反应,刀切面稍有光滑,从钻孔反映,该层主要分布于场地北侧和西侧坡脚,仅在钻孔ZX27、ZX28、ZC6、ZC17、ZC20、ZC21 和 ZC24 揭露,本次钻孔揭露该层厚0.80m(ZC24)~2.80m(ZC6),由于块石堆积和钻孔工艺,该层可能存在钻孔揭露不全面的问题,部分地区未揭露,基础桩基施工需配合超前施工钻探验证。

3. 侏罗系中统沙溪庙组(J_2s)

泥岩:紫红色,泥质结构,中厚层状,主要成分为黏土矿物,局部含砂质较重,强风化层岩芯较破碎,呈碎块状、块状;中风化层岩体较完整,呈短柱状~柱状,节长一般5~35cm,敲击声不清脆,无回弹,岩质软。该层主要与砂岩呈互层状分布,以薄层出现为主,揭露厚度小,为砂岩层的夹层,揭露厚度为0.80m。

中粒砂岩:灰白色,中粒结构,厚层状构造,钙质胶结,主要成分为长石石英,强风化层岩体较破碎,呈碎块状、短柱状;中等风化层岩体较完整,呈柱状~长柱状,节长20~35cm为主,最长达90cm,锤击声较清脆,有轻微回弹,岩质较硬。据钻孔揭露,该层为本场地主要岩层。钻孔揭露最大厚度为22.70m。

粗粒砂岩:黄色,灰褐色,中粗粒结构,中厚层状构造,钙泥质胶结,主要矿物成分为长石、石英,岩石颗粒间孔隙率大,孔间胶结物和长石成分多风化成泥质,遇水和暴晒易风化成颗粒状粗砂,俗称"泡沙岩",岩芯呈块状、短柱状,易风化,岩石强度低,岩芯节长2~6cm,为强风化。该层主要分布于基岩表层,仅部分钻孔有揭露。

六、基岩顶界面及基岩风化带特征

场地覆盖层第四系土层主要为人工填土(素填土)和少量的粉质黏土,基岩埋深2.00~49.60m,基岩面分布高程294.01~336.90m。场地基岩面总体上呈现出北侧高,向西南逐渐降低,东高西低的形态,基岩面平缓,倾角5°~22°为主。

基岩各风化带程度主要由岩石的主要矿物成分、胶结物、岩体的结构面发育情况和原始地形控制,勘察深度范围内基岩强风化层厚度均较薄,为0.30~4.90m,局部强风化层相对较厚,强风化层岩体破碎,岩质软,轻击即碎,局部手捏即碎。中等风化层岩体较完整,局部较破碎,岩芯呈短柱状~柱状,节长5~45cm为主。

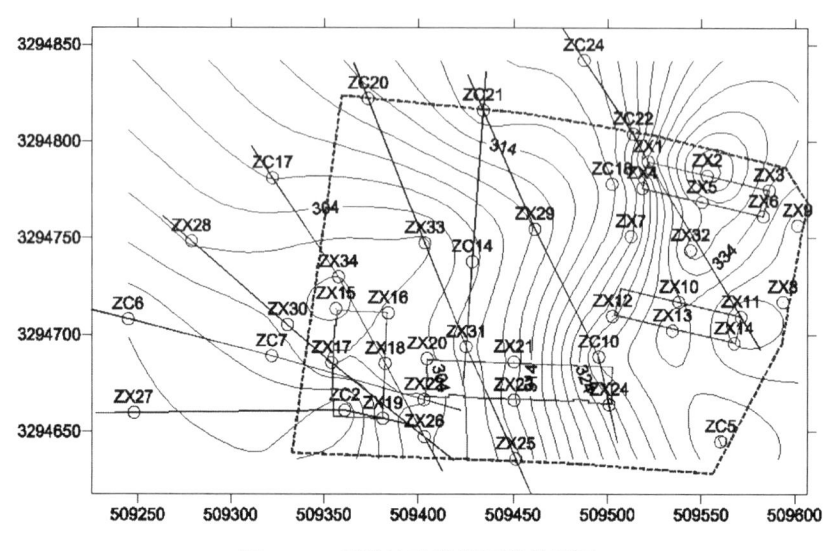

图9-4 场地钻孔基岩面等值线图

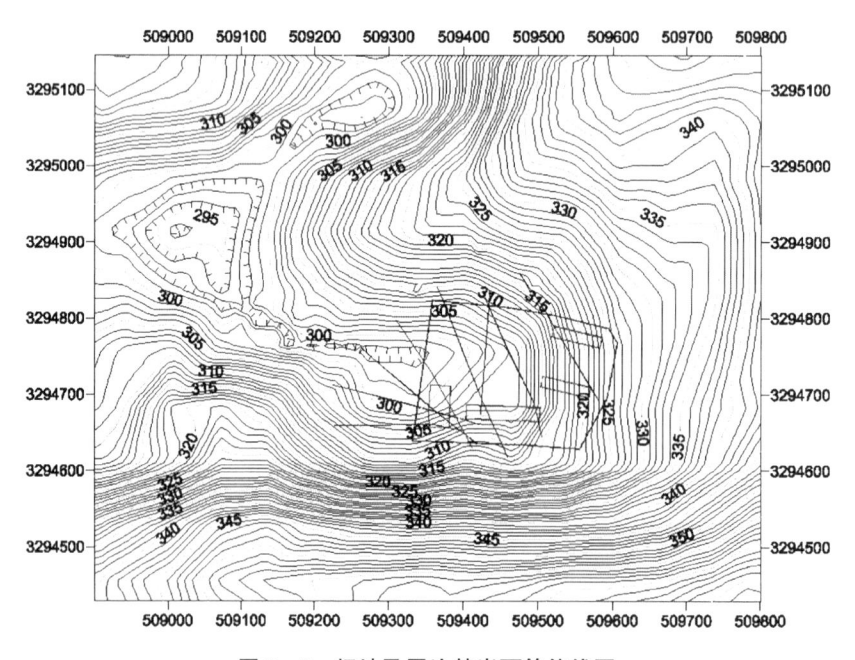

图9-5 场地及周边基岩面等值线图

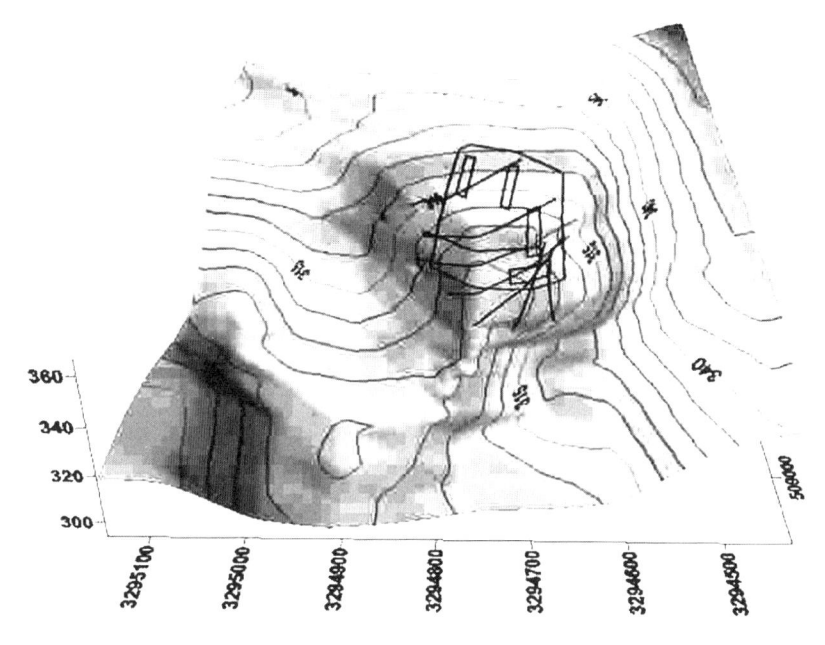

图 9-6 场地原始地形立体图

七、水文地质条件

场区原始地貌为一个"U"形冲沟,南北高,中间低,东高西低,故场地主要地下水补排关系为从南北两侧地表水直接补给地下水,向地下水向中间汇聚,从西侧排出。

场区土层内基本无水,地下水位深度基本在填土底部,原始冲沟区域,在原始冲沟上端,受施工影响,水量较小或无水,整体含水量较弱,下游存在上层滞水,有地表水补给,且受地势影响,局部存在地下水。故整个场地无整体地下水位,但场地西南侧雨季可能富含地下水,场区内地下水变化较大,水文地质条件较复杂。

八、不良地质现象

勘察区内及相邻地带未发现滑坡、崩塌、泥石流等不良地质现象及地质灾害,钻孔深度范围内也未见人防碉室、河道等对工程不利的埋藏物。拟建场地为高回填区,填土结构松散,变异性大,目前边坡无大的变形,场地西侧靠近 ZX30 孔边缘有 1~3 条微小裂缝,裂缝最大宽度 1cm,为张裂缝,裂缝较小,但进一步发展可能拉裂垮塌;边坡边缘块石散乱无序,易垮塌,可见大块石垮塌及滑移现象。

图 9-7 场地边坡示意图

根据地面调查,边坡内及相邻地带未发现滑坡、崩塌、泥石流等其他不良地质作用及地质灾害,钻孔深度范围内未见人防碉室等对工程不利的埋藏物。

九、岩土参数建议值

根据野外鉴别及室内试验成果统计结果,结合重庆地区经验,综合建议岩土体参数见表 9-2。

表 9-2 岩土(体)参数建议

岩土名称	重度 (KN/m³) 天然	重度 (KN/m³) 饱和	天然直剪 内聚力 (kPa)	天然直剪 内摩擦角 (°)	岩石单轴抗压强度标准值 (MPa) 天然	岩石单轴抗压强度标准值 (MPa) 饱和	承载力标准值 (kPa)	基底摩擦系数	岩土与锚固体黏结强度标准值 (kPa)	抗拉强度 (MPa)	天然变形模量 (10⁴MPa)	天然泊松比	水平抗力系数 (MN/m³)	水平抗力系数的比例系数 m (MN/m⁴)
素填土	20.2	20.5	—	28.0 (压实填土)	—	—	—	0.35 (压实填土)	—	—	—	—	—	—
粉质黏土	19.2	20.0	30.9	11	—	—	160	0.25	—	—	—	—	—	10
强风化泥岩	25.0	—	250	20	—	—	200	0.40	—	—	—	—	—	45
强风化砂岩	24.5	—	500	30	—	—	350	0.50	—	—	—	—	—	60
中风化泥岩	25.5	—	513	27.6	5.89	3.62	1846	0.45	320	0.141	0.0465	0.35	100	—
中风化砂岩	25.2	—	2119	35.6	33.1	23.7	7426	0.60	1100	0.750	0.487	0.19	90	—
裂隙面	—	—	50	18	—	—	—	—	—	—	—	—	250	—

十、场地稳定性及适宜性评价

1. 场地地震效应评价

根据《中国地震动参数区划图》(GB 18306 – 2001)和《建筑抗震设计规范》(GB 50011 – 2010),场区建筑抗震设防烈度为6度,设计基本地震加速度值为0.05g,抗震设计分组为第一组。场地工程抗震设防类别为标准设防类,即丙类。

2. 场地稳定性及适宜性评价

根据地面调查,勘察区内及相邻地带未发现滑坡、崩塌、泥石流等不良地质现象及地质灾害,钻孔深度范围内也未见人防硐室、河道等对工程不利的埋藏物;但存在深回填区和环境土质边坡,场地现状基本稳定;当对场内回填土进行加固处理和对环境边坡进行治理之后,场地整体稳定,才适宜拟建建筑物的建设。

3. 环境边坡稳定性分析评价与支护措施建议

场地现状位于高填方平台上,场地北西侧为高填边坡,边坡最大高度为44.70m(剖面19),边坡类型为土质填土边坡,边坡安全等级为一级。

边坡由素填土组成,边坡北侧主要为原始沟谷地形,边坡现状坡角为26°~36°,坡顶高程340.52~349.99m,坡脚高程299.02~321.33m,边坡最大高度44.70m。

边坡下伏基岩面埋藏较深,土岩接触面较缓,边坡主要破坏模式为土体内部发生圆弧形滑动和边坡体内大块石和碎块石松动垮塌和掉块。根据调查,边坡目前无任何护坡方式,土体结构松散,边坡坡度较大,边坡处于基本稳定状态,局部块石松散孤悬,容易垮塌。

建议先对该边坡填土采用强夯法压实处理,建议采取分阶放坡处理,建议放坡坡率值:素填土取1∶1.50~1∶2.00后,对坡面采取框架格构护坡。

若采取分阶放坡,局部会出现超出用地红线的情况,需要落实征地,若无放坡条件时,则在红线处采取桩板挡墙支挡,桩基以中等风化中粒砂岩为持力层。

另外,场地北侧有规划道路,边坡支护方式可结合道路设计规划,若道路修建将回填,场地在道路修建之后施工,则将不存在边坡,若场地在道路修建之前施工,则需按照上述建议治理边坡。

十一、岩土层地基承载力评价

场地内第四系填土层厚度变化大,结构较松散,承载力低;粉质黏土零星分布,厚度较小,承载力较低。

场地内基岩强风化段厚度变化较大,风化网状裂隙发育,岩体破碎,岩体力学强度较低,根据地区经验,强风化泥岩地基承载力特征值取300kPa,强风化中粒砂岩地基承载力特征值取400kPa,强风化粗粒砂岩地基承载力特征值取500kPa。

中等风化基岩段在场地内分布广,且较稳定,力学强度较高,岩石物理力学性质统计结果,结合岩体完整程度,中等风化基岩承载力较高,能满足上部荷载的要求。

第五节 地基基础设计情况

该石化基地(一期)建设项目,由中石化汉江工程设计有限公司(中石化集团汉江石油管理局勘察设计研究院)完成设计,地基基础设计情况如下。

一、1号公寓楼

1号公寓楼地上15层,地下2层,采用框架剪力墙结构,基础主要采用两桩承台及柱下单桩加承台的形式,桩型为钻孔灌注桩,混凝土等级C30,桩径分别采用0.8m、1m和1.2m,单桩竖向承载力特征值分别为4000kN、6300kN和9000kN,桩端持力层为中风化砂岩,嵌岩深度不小于1.6m,桩长约24m,桩位布置见图9-8。

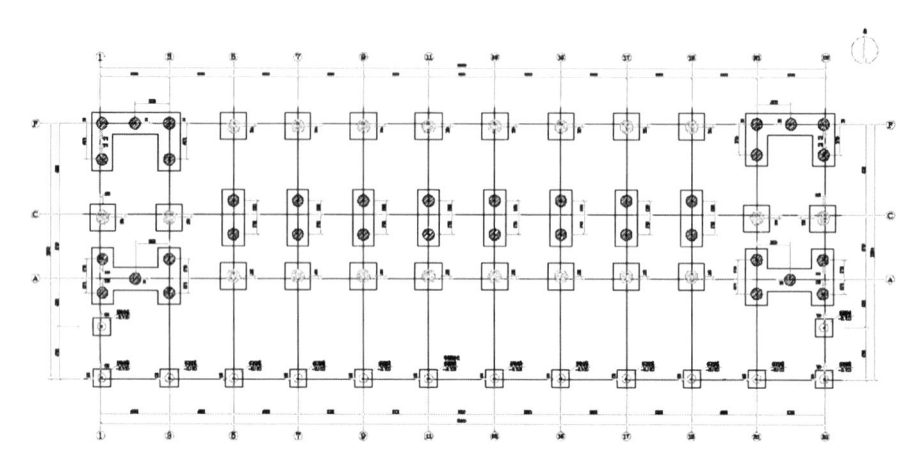

图 9-8　1号公寓楼桩位布置

二、2号公寓楼

2号公寓楼地上16层,地下2层,采用框架剪力墙结构,基础主要采用两桩承台及柱下单桩加承台的形式,桩型为钻孔灌注桩,混凝土等级C30,桩径分别采用0.8m、1m和1.2m,单桩竖向承载力特征值分别为4000kN、6300kN和9000kN,桩端持力层为中风化砂岩,嵌岩深度不小于1.6m,桩长约24m,桩位布置见图9-9。

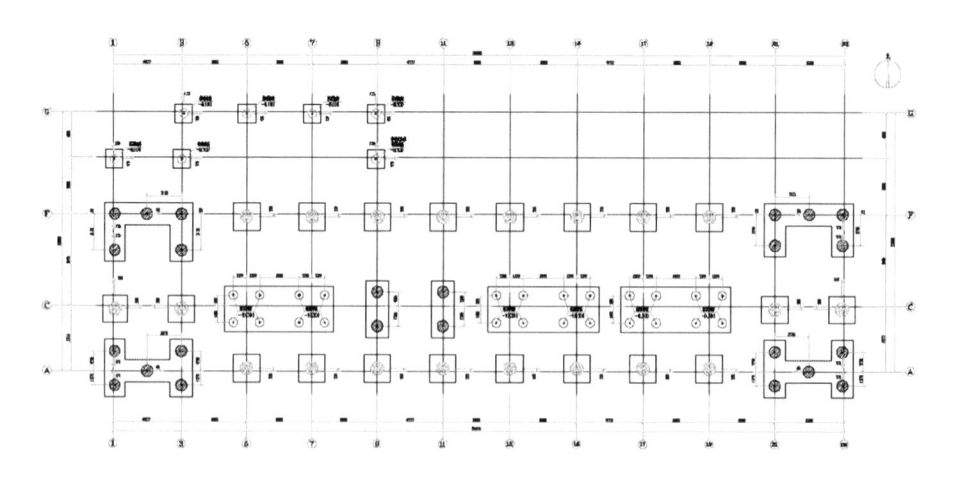

图 9-9　2号公寓楼桩位布置

三、综合办公楼

综合办公楼地上12层,地下1层,基础主要采用柱下单桩加承台的形式,局部采用三桩承台及群桩加大承台的形式,桩型为钻孔灌注桩,混凝土等级C30,桩径分别采用0.8m、1m和1.2m,单桩竖向承载力特征值分别为3600kN、6300kN和9000kN,桩端持力层为中风化砂岩,对0.8m及1.0m桩的嵌岩深度未做说明,1.2m桩的嵌岩深度不小于4m,桩总长24~43m,桩位布置见图9-10。

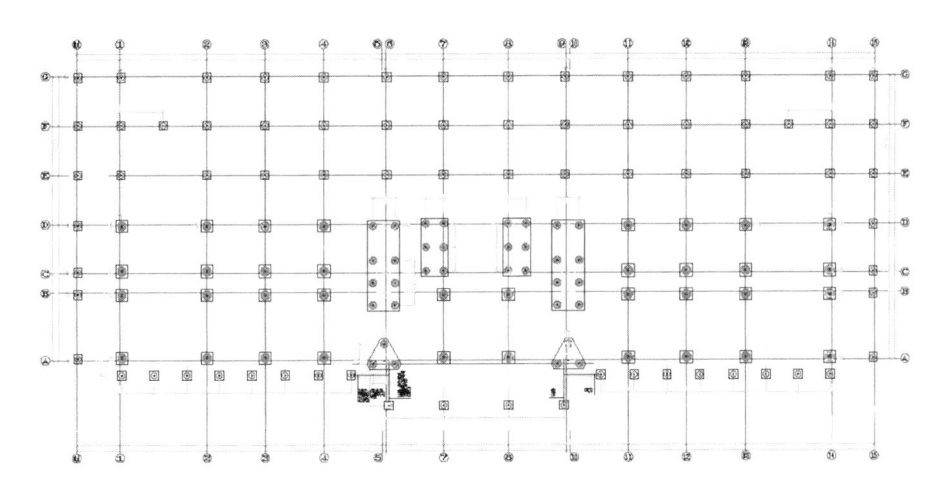

图9-10 综合办公楼桩位布置

四、综合服务楼

综合服务楼地上4层,采用框架结构,基础均采用柱下单桩加承台的形式,桩型为钻孔灌注桩,桩径分别采用0.8m和1m,单桩竖向承载力特征值分别为2300kN和4200kN,桩端持力层为中风化砂岩,嵌岩深度2m,桩总长41~52m,桩位布置见图9-11。

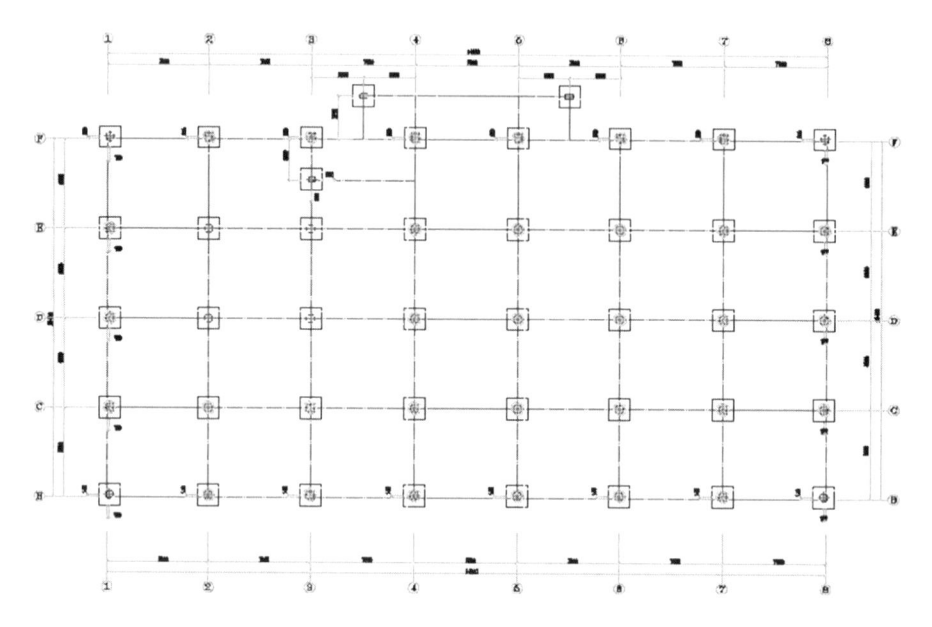

图 9–11　综合办公楼桩位布置

第六节　对地基基础设计情况的复核

根据地勘资料、现行国家及重庆地方规范，并结合现场实际情况，赛迪咨询针对设计图纸、计算书中有关地基基础方面的设计情况进行了复核及验算，具体内容如下。

一、1 号公寓楼

1. 计算书中的问题

（1）在计算桩的承载力时，计算书中未明确是按哪个钻孔进行计算的。

（2）在计算桩的承载力时，桩径 0.8m、1m 和 1.2m 的桩均是按嵌入中风化砂岩 2m 考虑的，施工图中对以上 3 种桩的嵌岩深度规定为不小于 1.6m，施工图与计算书不一致，且偏于不安全。

（3）在计算桩的承载力时，对于桩身承载力的计算方法有误，应按相关规范作出修改。

(4)在计算桩的负摩阻力时,土层平均竖向有效应力及正摩阻力的计算有误,取值 30kPa 与地勘报告中的 20kPa 不符,且应弄清极限值、标准值及特征值之间的关系。

2. 施工图中的问题

(1)场地存在中风化泥岩夹层,虽然地勘单位完成了施工勘察,但没有覆盖到每根桩的位置,对中风化泥岩夹层的分布及厚度情况并未完全弄清,因此,设计以中风化砂岩做持力层存在一定的风险。

(2)设计说明中对桩型的描述为摩擦端承桩,与计算书中按嵌岩桩来考虑不符。

(3)施工图中对 0.8m、1m 和 1.2m 这 3 种桩的嵌岩深度规定为不小于 1.6m,与计算书中的计算假定不符。

(4)桩身纵向钢筋的规格,图中未标注。

(5)本区域广泛分布深厚回填土,其对施工的影响在设计中未予以说明。

(6)设计依据中应加入重庆地方相关设计、施工及验收规范。

(7)设计图中与本工程无关的内容,建议删除,如桩端的扩大头等内容。

(8)对于基岩浅埋区域,ZY3、ZY9、ZY12、ZY13 等钻孔位置,宜对设计进行调整,可取消桩基,使基础或地下室底板直接坐落于基岩上,这样可以节省投资。

二、2 号公寓楼

1. 计算书中的问题

(1)在计算桩的承载力时,计算书中未明确是按哪个钻孔进行计算的。

(2)在计算桩的承载力时,桩径 0.8m、1m 和 1.2m 的桩均是按嵌入中风化砂岩 2m 考虑的,施工图中对以上 3 种桩的嵌岩深度规定为不小于 1.6m,施工图与计算书不一致,且偏于不安全。

(3)在计算桩的承载力时,对于桩身承载力的计算方法有误,应按相关规范作出修改。

(4)在计算桩的负摩阻力时,土层平均竖向有效应力及正摩阻力的计算有误,取值 30kPa 与地勘报告中的 20kPa 不符,且应弄清极限值、标准值及特征值之间的关系。

2.施工图中的问题

(1)场地存在中风化泥岩夹层,虽然地勘单位完成了施工勘察,但没有覆盖到每根桩的位置,对中风化泥岩夹层的分布及厚度情况并未完全弄清,因此,设计以中风化砂岩做持力层存在一定的风险。

(2)设计说明中对桩型的描述为摩擦端承桩,与计算书中按嵌岩桩来考虑不符。

(3)设计说明对以上3种桩的嵌岩深度规定为不小于1.6m,与计算书中的计算假定不符。

(4)桩身纵向钢筋的规格,图中未标注。

(5)本区域广泛分布深厚回填土,设计要求强夯后再施工的规定与现场实际情况不符,其对施工的影响在设计中未予以说明。

(6)设计依据中应加入重庆地方相关设计、施工及验收规范。

(7)设计图中与本工程无关的内容,建议删除,如桩端的扩大头等内容。

三、综合办公楼

1.计算书中的问题

(1)在计算桩的承载力时,计算书中未明确是按哪个钻孔进行计算的。

(2)在计算桩的承载力时,桩径0.8m、1m和1.2m的桩均是按嵌入中风化砂岩2m考虑的;施工图中对0.8m及1.0m桩的嵌岩深度未作说明,1.2m桩的嵌岩深度不小于4m,施工图与计算书不一致,对0.8m及1.0m桩偏于不安全。

(3)在计算桩的承载力时,关于桩身承载力的计算内容缺失。

(4)在计算桩的负摩阻力时,正摩阻力的计算有误,取值30kPa与地勘报告中的20kPa不符,且应弄清极限值、标准值及特征值之间的关系。

2.施工图中的问题

(1)场地存在中风化泥岩夹层,虽然地勘单位完成了施工勘察,但没有覆盖到每根桩的位置,对中风化泥岩夹层的分布及厚度情况并未完全弄清,因此,设计以中风化砂岩做持力层存在一定的风险。

(2)设计说明中对桩型的描述为摩擦端承桩,与计算书中按嵌岩桩来考虑不符。

(3)设计对 0.8m 及 1.0m 桩的嵌岩深度未作说明,1.2m 桩的嵌岩深度不小于 4m,施工图与计算书不一致,与计算书中的计算假定不符。

(4)桩身纵向钢筋的规格,图中未标注。

(5)本区域广泛分布深厚回填土,其对施工造成的影响在设计中未予以说明。

(6)设计依据中应加入重庆地方相关设计、施工及验收规范。

(7)设计图中与本工程无关的内容,建议删除,如桩端的扩大头等内容。

(8)1 号、2 号公寓楼地下室均设置了基础连系梁,综合办公楼地下室未设基础连系梁,请核实地下室底板是否按倒无梁楼盖进行了计算。

四、综合服务楼

1. 计算书中的问题

(1)在计算桩的承载力时,计算书中未明确是按哪个钻孔进行计算的。

(2)在计算桩的承载力时,关于桩身承载力的计算内容缺失。

(3)在计算桩的负摩阻力时,正摩阻力的计算有误,取值 30kPa 与地勘报告中的 20kPa 不符,且应弄清极限值、标准值及特征值之间的关系。

2. 施工图中的问题

(1)综合服务楼所在区域仅 ZC2 一个钻孔,施工勘察在此区域未有钻孔,从 ZC2 钻孔及临近的综合办公楼施工勘察钻孔 ZY30、ZY31、ZY35 及 ZY43 的情况分析,初步估计该区域无中风化泥岩夹层,但仍建议补充施工勘察,以完全弄清中风化泥岩夹层的分布及厚度情况。

(2)设计说明中对桩型的描述为摩擦端承桩,与计算书中按嵌岩桩来考虑不符。

(3)本区域广泛分布深厚回填土,其对施工造成的影响在设计中未予以说明。

(4)设计依据中应加入重庆地方相关设计、施工及验收规范。

(5) 设计图中与本工程无关的内容,建议删除,如桩端的扩大头等内容。

第七节　安全性评价结论

通过对本工程地基基础设计的全面检查复核,结论如下。

(1) 本工程1号公寓楼、2号公寓楼、综合办公楼及综合服务楼基础方案采用嵌岩桩方案,是合理且可靠的。

(2) 因场地存在厚度不等,埋深不同的泥岩夹层,须在施工前对此完全清楚,有必要时,需调整设计,以确保安全。

(3) 对于基岩浅埋区域,如1号公寓楼ZY3、ZY9、ZY12、ZY13等钻孔,宜对设计进行调整,可取消桩基,使基础或地下室底板直接坐落于基岩上,这样还可以节省投资。

(4) 请设计单位对本报告第六节的相关内容进行复核,并根据复核情况作出适当的调整。

(5) 设计说明应按旋挖桩的有关特点进行调整。

(6) 对本工程的其余建议,详见本章第八节的相关内容。

第八节　合理化建议及下一步工作的建议

一、关于地质勘察方面

(1) 场地存在厚度不等、埋深不同的泥岩夹层,其规律性不强,较为复杂,详见表9-3,其对设计影响大,应在施工前,按桩及基础布置逐一调查清楚,也可以请地勘单位提供泥岩夹层的等高线图和等厚线图,为设计提供准确的依据。

表9-3 中风化泥岩夹层情况统计

序号	建筑物名称	钻孔编号	上覆中风化砂岩厚度(m)	中风化泥岩厚度(m)	备注
1	1号公寓楼	ZY1	—	—	
		ZY2	1.4	6.3	
		ZY3	3.7	3.2	表层较薄泥岩未考虑
		ZY4	3.9	4.7	表层较薄泥岩未考虑
		ZY5	—	3.9	
		ZY6	4.3	3.7	表层较薄泥岩未考虑
		ZY7	—	—	
		ZY8	8.4	5.5	
		ZY9	3.8	4.8	表层较薄泥岩未考虑
		ZY10	4.1	3.3	
		ZY11	—	—	
		ZY12	11.9	4.9	
		ZY13	4	3.9	表层较薄泥岩未考虑
		ZY14	4.5	3.5	
2	2号公寓楼	ZY15	6.9	4.6	下部尚有1m厚泥岩
		ZY16	11.3	2	下部尚有0.8m厚泥岩
		ZY17	4.6	4.4	下部尚有1.6m厚泥岩
		ZY18	10.6	3.3	下部尚有0.8m厚泥岩
		ZY19	6.4	4.3	下部尚有1.8m厚泥岩
		ZY20	11.5	1	
		ZY21	9.7	1.5	
		ZY22	12.8	3.1	下部尚有2m厚泥岩
		ZY23	6.3	4.5	
		ZY24	8.3	1.7	
		ZY25	9.3	4.1	下部尚有3.1m厚泥岩
		ZY26	13.2	2.6	下部尚有0.9m厚泥岩

续表

序号	建筑物名称	钻孔编号	上覆中风化砂岩厚度(m)	中风化泥岩厚度(m)	备注
2	2号公寓楼	ZY27	4.5	4.3	下部尚有2.3m厚泥岩
		ZY28	10.1	0.7	
		ZY29	12.1	1.1	
3	综合办公楼	ZY30	—	—	
		ZY31	—	—	
		ZY32	4	1	
		ZY33	4.3	1.5	
		ZY34	—	—	
		ZY35	—	—	
		ZY36	7.4	6.4	
		ZY37	11.9	3.8	
		ZY38	3.1	1.4	
		ZY39	—	—	
		ZY40	—	—	
		ZY41	12.9	3.1	
		ZY42	17	1.7	
		ZY43	—	—	
		ZY44	—	—	
		ZY45	—	—	
4	综合服务楼	ZC2	—	—	无施工勘察

注：以上ZY编号钻孔资料均为施工勘察资料，ZC编号钻孔资料为初设阶段勘察资料。

（2）地勘报告中关于地下水方面，是按原始的地形地貌进行描述的，现场实际地形地貌已经发生很大的变化，应请地勘部门按此给予补充说明，并给出设计地下水位的设计标高（其对地下室结构的设计影响较大）。

（3）综合服务楼应补充施工勘察工作。

二、关于地基基础设计方面

(1) 应综合考虑中风化泥岩夹层的厚度、埋深、上部中风化砂岩层的厚度以及承载力等具体情况,同时考虑施工的便利性,从而灵活确定桩的持力层及桩端的位置。

(2) 对于基岩浅埋区域,应对设计进行调整,可取消桩基,使基础或地下室底板直接坐落于基岩上,这样还可以节省投资。

(3) 宜考虑重庆地方标准在设计、承载力检验、施工等方面的应用。

(4) 对于嵌岩桩,当受设备或现场条件限制无法进行单桩竖向抗压承载力静载试验时,可根据终孔时桩端持力层检验情况,并结合成桩后桩身完整性检验报告、混凝土强度检测报告进行核验。

(5) 补充旋挖桩的有关要求。

三、关于旋挖桩施工方面

(1) 场地存在的深厚回填土,对难以避免的塌孔问题,可以采用钢护筒或混凝土回灌的方法解决。

(2) 孔口应设置护筒,并满足设计要求(此要求为规范强制性条文)。

(3) 其余要求可参见《重庆旋挖成孔灌注桩工程技术规程》(DBJ 50-156-2012)中的相关内容。

四、其他方面的建议

(1) 综合服务楼地面层,建议按钢筋混凝土现浇楼板设计,可以避免回填土固结沉降而带来的地面开裂问题。

(2) 当地勘察单位给出的地下水位标高超过地下室的埋深时,需对地下室的底板及侧壁进行复核。

(3) 根据工程现场的实际情况,可以在道路、管线基础范围采用换土垫层的方法,在地表形成硬壳层,以减小固结沉降带来的影响,管线间的接头可考虑采用柔性接头。

(4) 场地雨排水设施应考虑完善,以减少地表水渗入回填土带来的不利影响,同时可以考虑对地表以下土体,用振动压路机进行碾压,使其在一定深度内形成土质密实的相对隔水层。

(5)1号、2号公寓楼及综合办公楼均设有地下室,应结合现场的实际情况及周边环境,对其开挖方法进行说明,在受场地限制时可以考虑进行基坑支护。

第十章

福建某会展中心项目设计咨询

第一节 设计咨询的目的

福建某会展中心项目拟建区域分布有厚度较大的软弱土层,层厚 7.30～27.30m,平均厚度 15.82m 且分布不均匀。地基基础设计采用冲钻孔灌注桩,桩径 1000～1200mm,不同区域最短桩长 33～48m。会展中心共布置桩 1800 多根,工程投资较大,远超该项目概算。为降低投资,确保工程地基基础设计经济合理、安全且可靠,并满足正常使用,对其设计进行安全性、经济性评价。

第二节 技术咨询评价的依据

一、业主提供的资料

(1)会展中心项目有关设计资料,包括设计图纸及计算书
(2)会展中心项目工程地质勘察报告(详细勘察)

二、现行有关规范及标准

《建筑地基基础设计规范》(GB 50007 – 2011)
《建筑桩基技术规范》(JGJ 94 – 2008)
《建筑基桩检测技术规范》(JGJ 106 – 2014)
《岩土工程勘察设计规范》(GB 50021 – 2001)(2009 版)
《建筑结构荷载规范》(GB 50009 – 2012)
《混凝土结构设计规范》(GB 50010 – 2010)
《福建省建筑地基基础技术规范》(DBJ 13 – 07 – 2006)
《福建省建筑结构设计若干规定》(闽建科〔2012〕37 号)

第三节　工程概况

会展中心项目位于平潭综合实验区火车站片区鹿原路与麒麟大道交汇处西南侧,项目分为 3 个部分:南面为展览展示中心,东北面为酒店,展览展示中心与酒店中部为会议中心。该项目用地面积 133,335.00m²(200 亩),总建筑面积 149,039.73m²,其中地上建筑面积 101,034.59m²,地下建筑面积 48,005.14m²,建筑占地面积 53,334.00m²,绿地面积 13,345.13m²。拟建物的设计情况详见表 10 – 1。

拟建区域分布有厚度较大的软弱土层,层厚 7.30 ~ 27.30m,平均厚度 15.82m 且分布不均匀。地基基础设计采用冲钻孔灌注桩,桩径 1000 ~ 1200mm,不同区域最短桩长 33 ~ 48m。会展中心共布置桩 1800 多根,工程投资较大,远超该项目概算。为降低投资,确保工程地基基础设计经济合理、安全且可靠,并满足正常使用,对其设计进行经济性评价。

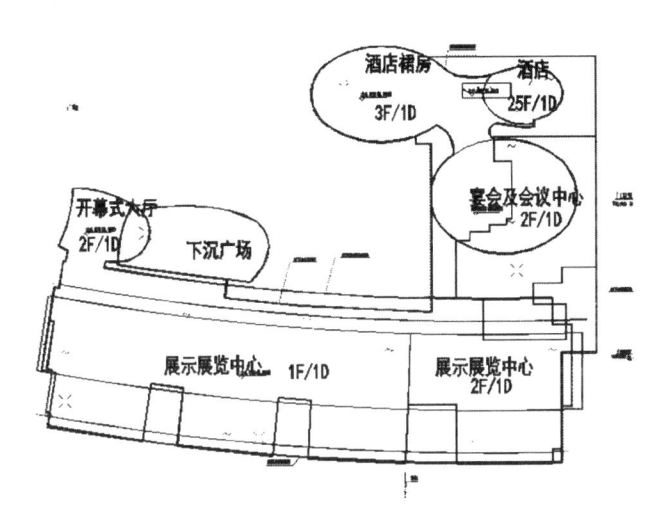

图 10-1 项目建筑物平面布置

表 10-1 建筑物工程特征

建筑物名称	室内地面设计高程(m)	层数(层) 地上	层数(层) 地下	建筑物高度(m) 地上	建筑物高度(m) 地下	结构类型	基础形式
高层酒店	5.50(±0)	25	-1	99.5	7.0	框架—核心筒	桩筏
酒店裙房	5.50(±0)	3	-1	25.3	7.0	框架—钢结构屋面	桩筏
宴会及会议中心	5.50(±0)	2	-1	25.3	6.05~7.05	框架—钢结构屋面	桩筏
展示展览中心	5.50(±0)	1~2	-1	23.9	5.45~5.8	框架—中心支撑	桩筏
开幕式大厅	5.50(±0)	1	-1	23.9	5.45	支撑钢拱壳	桩筏
纯地下室	5.50(±0)	—	-1	—	5.8	框架	桩筏

第四节 场地工程地质情况

一、地形地貌

该项目位于福建省平潭综合实验区火车站片区鹿原路与麒麟大道交汇处。原始地貌属海陆相交互沉积地带,现为耕地,地势平坦,地坪高程 1.74~3.87m(以孔口高程计,下同)。北侧为麒麟大道,场地红线距离道路 70~90m,之间为公园绿地;南侧为规划路,现为耕地;西侧为鹿原路,场地红线距离道路 7~25m;东侧为规划长兴路,现为耕地。场地南侧有一口池塘,深 3~4m,水深 2~3m,勘察时正在回填施工。总之,该场地工程环境条件较好。

图 10-2 场地卫星照片

二、气象及水文

平潭夏长冬短、温热湿润、夏凉冬暖、霜雪罕见,春温低于秋温,多年平均气温为 19.6℃,最冷日平均气温为 10.2℃,最热日平均气温为 27.9℃;多年平均日照 1919.7 小时,雨热同季,旱雨季节分明,多年平均降水量为 1172mm,蒸发量为 1300mm,为本省少雨区之一;季风明显,夏季以偏南风为主,其余季节多为东北风,风力年平均风速为 6.9m/s,湾海地区全年大风 7 级以上日数为 125 天,是本省强风区之一;高温干旱,常受热带风暴影响,年平均 6.3 次气象灾害主要是台风、大风暴雨;干旱等夏季大旱出现概率高达54%,为全省之首。

三、地质构造

通过对场地区域所属断裂带分析与断裂活动产物形成年代鉴定,平潭断裂活动年代以第四纪中更新晚期为主,即在12万~27万年前有过明显活动,至全新世(1.0万年)趋于稳定。根据国标《建筑抗震设计规范》(GB 50011-2010)(2016年版)4.1.7的解释,可不考虑活动断裂影响。

四、岩土层特征及分布

1. 人工耕作层及填土层

耕植土①-1:绝大部分地段均有分布,位于表层(局部上覆素填土①-2),层顶高程1.74~3.85m;底面埋深0.50~3.20m,底面高程-1.12~3.05m,厚度0.50~3.20m(平均1.21m),分布稍欠均匀。褐黄、灰褐、灰色,松散,稍湿~湿,主要由黏性土组成,局部含砂量较高,由人工耕作形成,含少量植物根须及有机质。

素填土①-2:少部分地段分布,大多位于表层,局部上覆耕植土①-1。顶面埋深0~1.30m,顶面高程1.12~3.87m;底面埋深0.70~3.10m,底面高程-0.62~2.30m,厚度0.70~3.10m(平均1.62m),分布不均匀。灰褐、褐黄、灰色,松散~稍密,稍湿~湿,主要由黏性土组成,回填时间2~5年,车载回填,未经专门压实处理,尚未完成自重固结,均匀性较差。

2. 第四系全新统海陆相交互沉积层(Q_4^{mc})

粉细砂②-1:全场分布,层顶埋深0~8.60m,层顶高程为-6.09~2.77m;层底埋深12.70~38.40m,层底高程-35.71~-9.93m,厚度5.70~19.10m(平均13.63m),分布不均匀。黄、灰黄色,稍密~密实,以中密为主,饱和,分选性差,级配差,磨圆度较差。根据颗分结果,粒径大于0.075mm的颗粒质量既有超过总质量的85%,也有超过总质量的50%,二者无明显规律,故定名为粉细砂。该层个别试样颗分结果为中砂,在此不另外分层与定名。

淤泥或淤泥质土②-2:全场分布,层顶埋深0.70~19.10m,层顶高程为-16.42~2.13m;层底埋深20.5~44.1m,层底高程-41.42~-17.79m,厚度7.30~27.30m(平均15.82m),分布不均匀。灰黑色,流塑,饱和,主要由黏粉粒组成,局部含砂量较高,也有局部含较多贝壳,无摇振反应,切面较光滑,有光泽反应,干强度较高,韧性高,含少量有机质,略具腥臭味。根据先期固结压力(土工试验成果)估算,该层属欠固结土。

3. 第四系全新统冲洪积层(Q_4^{al+pl})

粉质黏土③-1:少数钻孔揭露到该层,顶面埋深20.50~39.30m,顶面高程-36.83~-17.79m;底面埋深26.30~43.10m,底面高程-40.46~-23.59m,厚度0.90~10.80m(平均4.22m),分布不均匀。黄、褐黄、灰黄色,可塑~硬塑状,湿,成分主要为黏粉粒和石英质砂粒,无摇振反应,切面较光滑~稍光滑,稍有~有光泽反应,干强度较高,韧性较高。

中砂③-2:主要揭露于场地西北面、东北侧、西南侧地段,其余地段零星分布。层顶埋深23.70~41.80m,层顶高程-39.37~-19.85m;层底埋深26.80~45.50m,层底高程-42.78~-23.55m,厚度0.70~9.60m(平均2.86m),分布不均匀。黄、灰黄色,饱和,中密~密实,粒径大于0.25mm的颗粒质量超过总质量的50%,黏粉粒含量20%~40%,颗粒多呈棱角形,级配一般,磨圆度较差。根据颗分试验结果,个别试样为细砂或粗砂,在此不作单独分层。

4. 第四系花岗岩残积土层(Q^{el})

残积黏性土④:少数钻孔揭露到该层,顶面埋深23.60~41.80m,顶面高程-39.06~-20.92m;底面埋深29.10~44.30m,底面高程-41.56~-26.42m,厚度1.70~8.10m(平均4.06m),分布不均匀。黄、灰黄、褐黄色,可塑~坚硬,湿,母岩为花岗岩,粒径大于2mm的石英质颗粒含量小于5%,长石已风化成黏土矿物,微具原岩残余结构,无摇振反应,切面稍有光滑,干强度中等,韧性较差,浸水易崩解、软化。钻探时在少数钻孔揭露到微风化花岗岩孤石,未揭露到洞穴、软弱夹层等不利工程地质条件。根据颗粒分析,该层少数试样为残积砂质黏性土,在此不另外单独分层与定名。

5. 燕山晚期岩浆岩风化层[$\gamma_5^{2(3)c}$]

全风化花岗岩⑤:少部分钻孔揭露到该层,顶面埋深26.30~44.30m,顶面高程-41.56~-23.60m;底面埋深30.60~47.80m,底面高程-45.17~-27.90m,

厚度0.90~8.40m(平均3.76m),顶面起伏及厚度差异较大,分布不均匀。黄、灰黄、褐黄色,坚硬,湿,成分主要为长石、石英,长石已基本风化成黏土矿物,杆长修正后标贯击数 30 击≤N<50 击,原岩结构特征清晰,岩石风化剧烈,岩体极易破碎,散体状结构,岩芯呈硬土状,RQD=0,属极软岩,岩体基本质量等级为Ⅴ级,泡水易崩解、软化。钻探时在个别钻孔揭露到微风化花岗岩孤石,在 ZK74 还揭露到碎块状强风化残留体,未揭露到洞穴、软弱夹层、临空面等不利工程地质条件。

散体状强风化花岗岩⑥-1:绝大部分钻孔均揭露到该层,顶面埋深27.00~47.80m,顶面高程-45.17~-24.29m;底面或孔底埋深30.60~64.50m,底面或孔底高程-61.67~-27.89m,厚度(或钻探进入该层深度)1.30~21.90m(平均7.64m),顶面起伏及厚度差异较大,分布不均匀。黄、灰黄、褐黄、黄白色,坚硬,湿,主要矿物成分为石英、长石,长石已大部分风化成黏土矿物,杆长修正后标贯试验击数 N≥50 击,岩芯手捏即散或可折断,岩石风化强烈,岩体极易破碎,散体状结构,岩芯呈砂砾状,RQD=0,属极软岩,岩体基本质量等级为Ⅴ级。钻探时在少数钻孔揭露到微风化花岗岩孤石,未揭露到洞穴、软弱夹层、临空面等不利工程地质条件。

碎块状强风化花岗岩⑥-2:各钻孔均揭露到该层,部分钻孔未揭穿,顶面埋深27.80~64.50m,顶面高程-61.67~-25.14m;底面或孔底埋深29.10~78.30m,底面或孔底高程-75.66~-26.44m,钻探时进入该层(或厚度)0.80~28.30m(平均11.88m),顶面起伏及厚度差异较大,分布不均匀。黄、褐黄、灰黄色,主要矿物成分为石英、长石,长石部分风化成黏土矿物,标贯测试表现为反弹,岩石风化剧烈,岩体极易破碎,碎裂状结构,岩芯呈碎块状,RQD=0,属软岩~较软岩,岩体基本质量等级为Ⅴ级,在干湿交替的环境条件下易碎裂软化。钻探时少数钻孔揭露到微风化花岗岩孤石,未揭露到洞穴、软弱夹层、临空面等不利工程地质条件。

中风化花岗岩⑦:部分钻孔揭露到该层,顶面埋深34.80~71.30m,顶面高程-68.68~-32.09m,钻探时进入该层4.20~13.70m,顶面起伏较大。灰白、灰黄、褐黄、肉红色,岩石成分主要为长石、石英及少量暗色矿物,节理裂隙较发育,裂隙面大多呈闭合状,并见有铁锰质渲染现象;岩体较破碎~较完整,钻探岩芯多呈短柱状、柱状,少数为块状,岩芯 RQD 大多为 60%~80%,局部为 20% 左右,嵌镶碎裂或裂隙块状结构,属较硬岩,岩体基本质量等级为Ⅲ~Ⅳ级。勘察时未揭露到洞穴、临空面、破碎岩体或软弱岩层等不利工程地质条件。

五、不良地质作用

本工程场地及其周边地势平坦开阔,场地内及周边附近不存在滑坡、崩塌、泥石流等地质灾害;场地基岩由花岗岩构成,不存在岩溶作用;场地周围无大面积开采地下水的活动,场地内未发现地面沉降、塌陷、地裂缝等地质灾害。

勘察时少部分钻孔揭露到微风化花岗岩孤石,不排除在其余地段的孔间花岗岩风化层中存在中(微)风化岩孤石的可能性。

六、水文地质条件

该场地地下水较丰富,对地下室基坑施工影响较大,需要采取截排水措施。勘察期间为平水期(常水位),测得拟建场地内地下水初见水位埋深 0.41~2.58m,高程 0.34~1.59m;稳定水位埋深 0.27~1.46m,高程 1.28~1.71m。据了解,该场地地下水的历史最高水位高程约为 2.5m。根据场地所处位置、区域的气候特征、周边排水条件,参考区域水文地质资料,估计场地所在区域的地下水位年变化幅度为 1~2m。根据地下室周边设计室外地坪标高,从长远考虑,建议该场地的最高水位,即地下室的防水及抗浮设计水位按设计室外地坪标下 0.5m 考虑,建议取高程 4.9m。

该场地地下水对混凝土结构具弱腐蚀性。对钢筋混凝土结构中的钢筋:在长期浸水条件下具微腐蚀性,在干湿交替条件下具中等腐蚀性。根据省标《岩土工程勘察规范》(DBJ 13-84-2006)第 12.8.6 条判定,地下水对钢结构具中等腐蚀性。该场地地下水位以上的土层对砼结构及钢筋砼结构中的钢筋均具微腐蚀性;该场地未受污染,根据该地区类似土层的已有测试资料,地下水位以上的土层 pH>5.5、氧化还原电位为 400~200mV、视电阻率 >100Ω·m、极化电流密度 <0.02mA/cm^2,依 2009 年版国标《岩土工程勘察规范》(GB 50021-2001)第 12.2.5 条判定,该场地地下水位以上的土层对钢结构具弱腐蚀性。

七、场地岩土参数建议值

表 10-2 岩土参数建议值

岩土层名称	地层代号	天然重度 γ (kN/m³)	压缩模量 Es $E_{s0.1-0.2}$ (MPa)	压缩模量 Es $E_{s0.2-0.4}$ (MPa)	变形模量 E_0 (MPa)	抗剪强度指标标准值 直接快剪 c_c (kPa)	抗剪强度指标标准值 直接快剪 φ_c (°)	抗剪强度指标标准值 固结快剪 c_{cq} (kPa)	抗剪强度指标标准值 固结快剪 φ_{cq} (°)	地基承载力特征值 f_{ak} (kPa)	冲钻孔灌注桩 极限侧阻力标准值 q_{sik} (kPa)	冲钻孔灌注桩 极限端阻力标准值 q_{pk} (kPa)	负摩阻力系数 挤土桩 ξ_n	负摩阻力系数 非挤土桩 ξ_n	抗拔系数 λ_i
耕植土	①-1	17.5	3.5			12	12			70	20		0.30	0.20	0.60
素填土	①-2	17.5	4.0			12	15			75	20		0.30	0.20	0.60
粉细砂	②-1	19.0	7.0	10.0	15	6	23			180	50		0.35	0.25	0.55
淤泥或淤泥质土	②-2	17.5	2.0			10	2			60	18		0.20	0.15	0.75
粉质黏土	③-1	19.0	6.0	9.0	13	35	16	36	18	210	35				0.70
中砂	③-2	19.0	10	15	20	5	26			230	65				0.55
残积黏性土	④	18.5	9.0	12.5	17	21	23	22	25	210	40				0.70

续表

岩土层名称	地层代号	天然重度 γ (kN/m³)	压缩模量 Es		变形模量 E_0 (MPa)	抗剪强度指标标准值				地基承载力特征值 f_{ak} (kPa)	冲钻孔灌注桩		负摩阻力系数		抗拔系数 λi
			$E_{s0.1~0.2}$ (MPa)	$E_{s0.2~0.4}$ (MPa)		直接快剪		固结快剪			极限侧阻力标准值 q_{sik} (kPa)	极限端阻力标准值 q_{pk} (kPa)	挤土桩 ξn	非挤土桩 ξn	
						c_c (kPa)	φ_c (°)	c_{cq} (kPa)	φ_{cq} (°)						
全风化花岗岩	⑤	19.5		40	30	26	28			300	70	2000			0.65
散体状强风化花岗岩	⑥-1	21		70	60	32	33			500	90	3000			0.60
碎块状强风化花岗岩	⑥-2	22.5		100	90	35	35			700	130	6200			0.55
中风化花岗岩	⑦	25								3200	180	11000			0.65

八、地震效应

根据国标《建筑抗震设计规范》(GB 50011 – 2010)(2016 年版)附录 A 及"闽震[2016]20 号文",拟建场地位于福建省平潭县中楼乡,抗震设防烈度为 7 度,设计地震基本加速度为 0.10g,设计地震分组为第三组。

该场地分布的饱和粉细砂②–1 不会产生液化,设计可不考虑砂土液化问题。该场地全场分布有淤泥或淤泥质土②–2。根据波速测试结果,其 Vs 值大于 90m/s。参照 2009 年版《岩土工程勘察规范》(GB 50021 – 2001)第 5.7.11 条解释,结合厦门地区经验,可按无震陷考虑;本工程拟采用桩基础,也是抵抗软土震陷的一种加固措施,故也可不考虑软土震陷问题。

第五节 地基基础设计情况

该中心项目由中建西南设计研究院完成设计,地基基础设计情况如下。

一、酒店

酒店地上 25 层,地下 1 层,采用框架—核心筒结构。基础采用桩筏基础,桩型为冲钻孔灌注桩,混凝土等级 C40,塔楼下桩直径 1.5m,桩长约 58m,持力层为中风化花岗岩,进入持力层不小于 1.5m,单桩竖向承载力特征值分别为 14,000kN。其他区域直径 1.0m,持力层为碎块状花岗岩或中风化花岗岩,进入持力层分别不小于 4m、1m,单桩竖向承载力特征值为 4700kN。筏板整体厚度 2.0m,筏板顶标高 –7.0m(相对标高)。桩位布置见图 10 – 3。

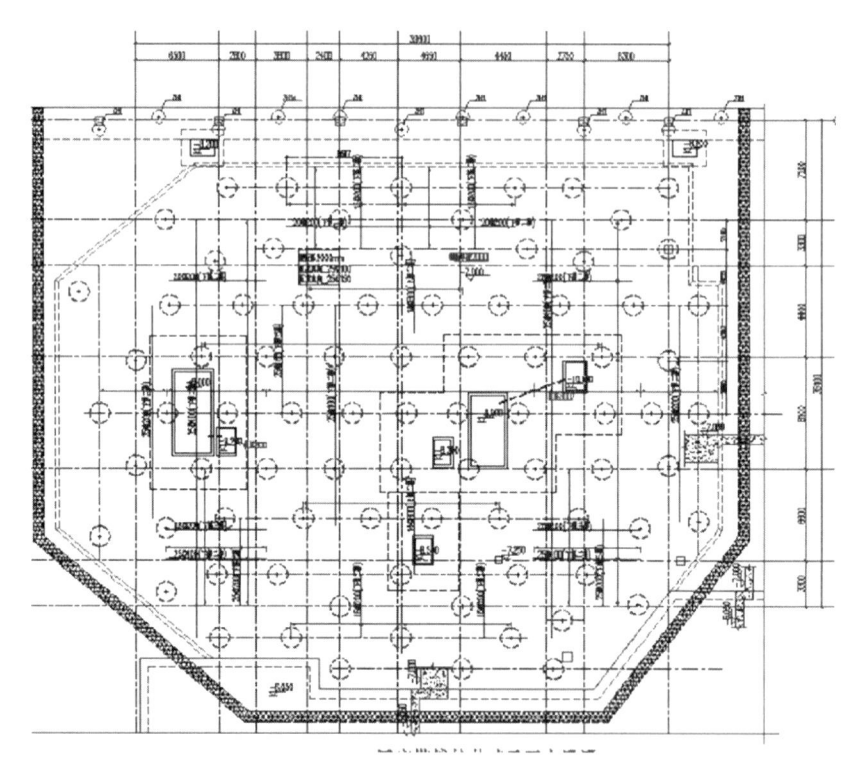

图 10-3 酒店塔楼桩位布置

二、酒店裙楼

酒店裙楼地上 3 层,地下 1 层,采用混凝土框架结构,屋面为钢结构网架。基础采用桩筏基础,桩型为冲钻孔灌注桩,混凝土等级 C40,桩径有 1.0m、1.2m 两种,持力层为碎块状强风化花岗岩,进入持力层分别不小于 4m,单桩竖向承载力特征值分别为 4700kN、6200kN。抗拔承载力有 1800kN、2100kN、2800kN 共 3 种。筏板整体厚度 0.7m,筏板顶标高 -7.0m(相对标高)。桩位布置见图 10-4。

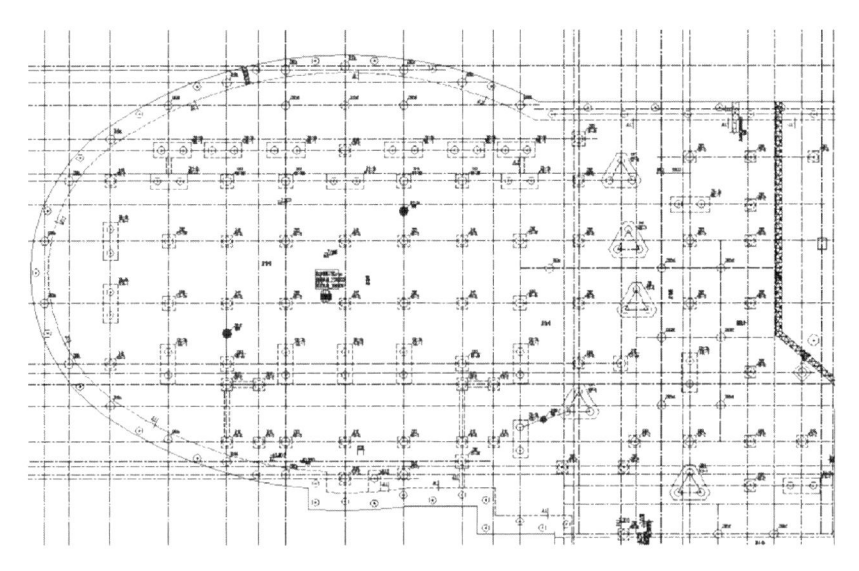

图 10-4　酒店裙楼桩位布置

三、宴会及会议中心

宴会及会议中心地上2层,地下1层,下部采用混凝土框架结构,屋面为钢结构网架。基础采用桩筏基础,桩型为冲钻孔灌注桩,混凝土等级C40,桩径有1.0m、1.2m两种,持力层为碎块状强风化花岗岩,进入持力层分别不小于4m,单桩竖向承载力特征值分别为4700kN、6200kN。抗拔承载力有1000kN、1800kN、2100kN、2800kN共4种。筏板整体厚度0.7m,筏板顶标高-7.05~-6.05m(相对标高)。桩位布置见图10-5。

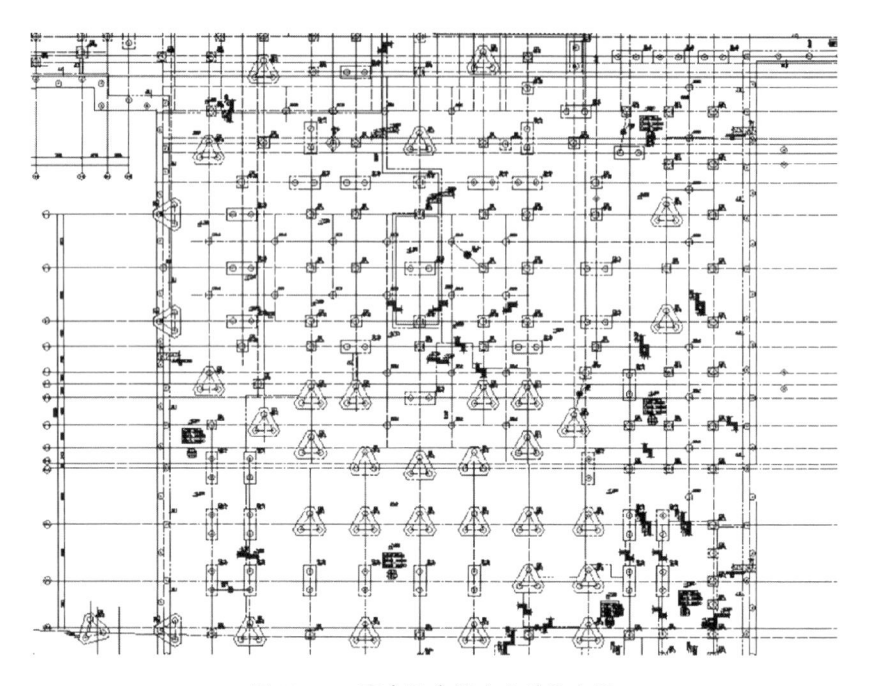

图 10-5 宴会及会议中心桩位布置

四、会展中心

会展中心分为单层会展中心和双层会展中心，左侧为三个单层会展中心，右侧为一双层会展中心，地下均 1 层。地下为钢筋混凝土框架，地面以上主体采用钢框架结构 + 中心支撑，屋面为管桁架。基础采用桩筏基础，桩型为冲钻孔灌注桩，混凝土等级 C40，桩径有 1.0m、1.2m 两种，持力层为碎块状强风化花岗岩，进入持力层分别不小于 4m，单桩竖向承载力特征值分别为 4700kN、6200kN、7100kN。抗拔承载力有 1000kN、1800kN、2800kN 共 3 种。筏板整体厚度 0.7m，筏板顶标高 -5.75 ~ -5.45m（相对标高）。桩位布置见图 10-6 和图 10-7。

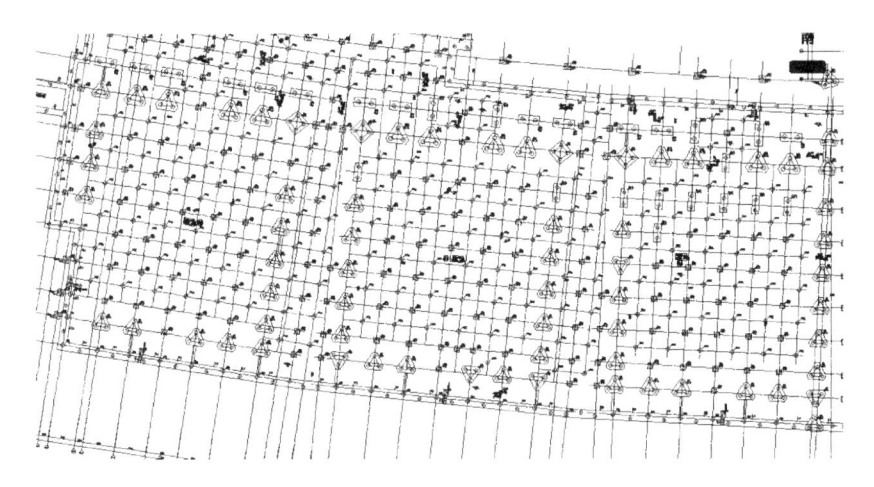

图 10-6　单层会展桩位布置

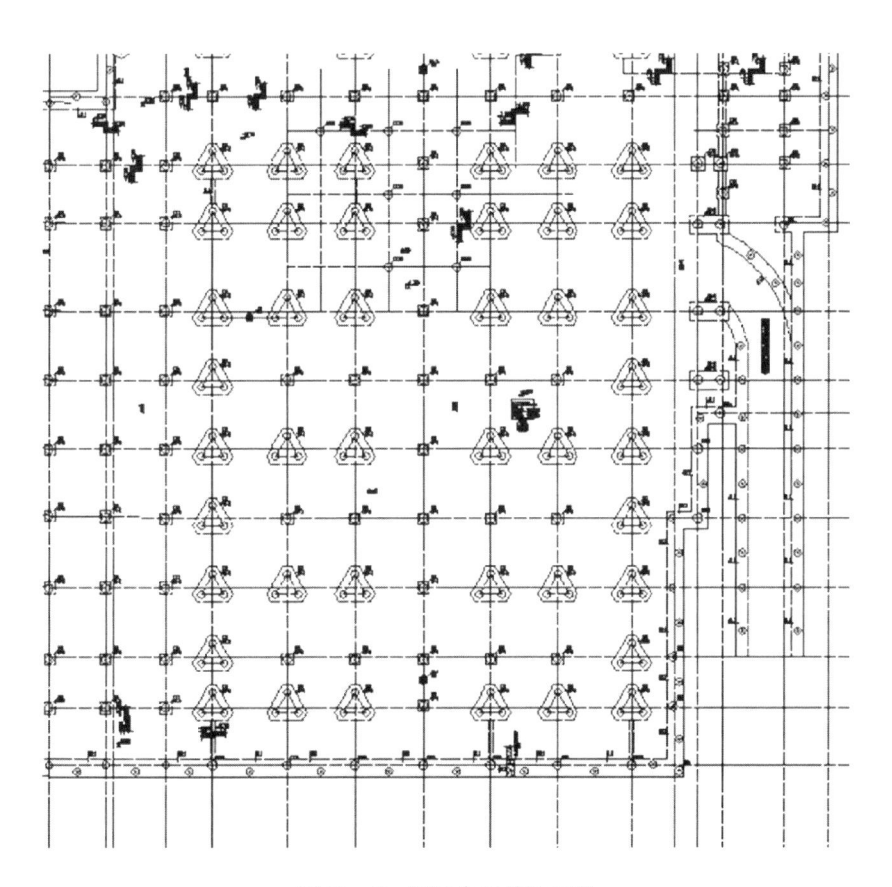

图 10-7　双层会展桩位布置

五、开幕式大厅及下沉广场

开幕式大厅为单层建筑,地下1层。地面以下为钢筋混凝土框架,地面以上为钢拱壳结构。下沉广场为地下一层结构。基础均采用桩筏基础,桩型为冲钻孔灌注桩,混凝土等级C40,桩径1.2m,持力层为碎块状强风化花岗岩,进入持力层分别不小于4m,单桩竖向承载力特征值为7100kN。抗拔承载力有1800kN。筏板整体厚度0.7m,筏板顶标高-5.8~-5.45m(相对标高)。桩位布置见图10-8。

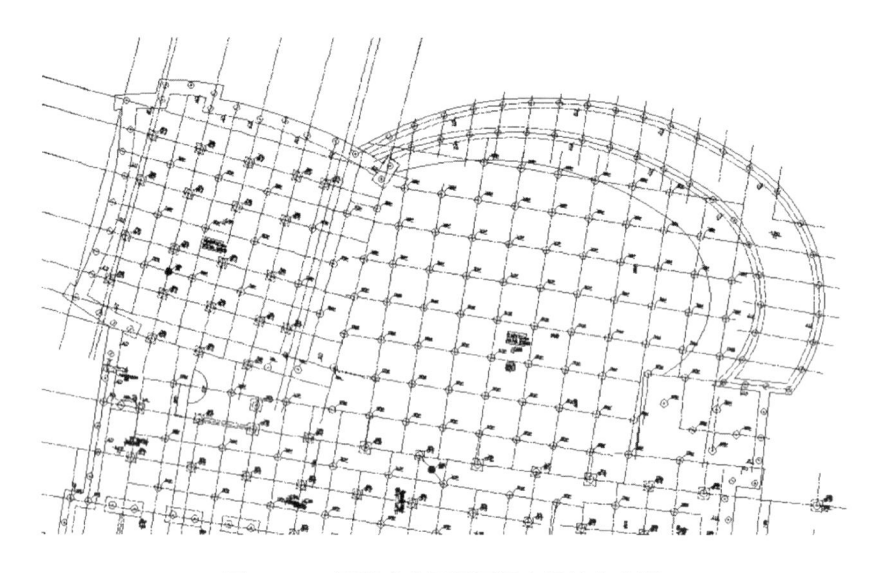

图10-8 开幕式大厅及下沉广场桩位布置

第六节 对地基基础设计情况的复核

根据地勘资料、现行国家及福建省地方规范、福建省住建厅相关文件,并结合现场实际情况,赛迪咨询针对设计图纸、计算书中有关地基基础方面的设计情况进行了复核及验算,同时鉴于目前缺乏上部结构荷载计算书、桩基计算书也不完整(缺少第13、第15、第21~23),目前仅根据现有资料,对会展中心各区域复核后,具体评价内容如下。

一、酒店

(1) 计算书中单桩承受上部标准荷载 12,200kN,塔楼下共有 82 根桩,则酒店上部荷载共计超过 1.0×10^6 kN,根据经验,上部荷载有一定的优化空间。

(2) 根据计算书,直径 1500mm 桩承受上部荷载为最大为 12,200kN。图纸中对该型桩竖向承载力要求为 14,000kN,基桩承载力有一定富余,可进一步优化布置。

(3) 直径 1.0m 的桩用于抗拔试验的桩 ZH-1a,纵向钢筋为 32 根直径 25mm 的 HRB400 钢筋,但该型桩仅此一根,直径 1.0m 的其他桩纵向钢筋分别为 16 根直径 22mm 和 24 根直径 25mm 的 HRB400 钢筋。以 ZH-1a 桩试验结果来评估其他桩承载力,代表性较差。

(4) 根据规范,抗拔承载力控制条件为两种。一是桩的承载力特征值,即桩与周围土、岩之间的摩擦力 + 桩身自重;二是桩身抗拔承载力,即桩不被拉断或桩身出现的裂缝不大于规范要求,满足正常使用的要求。桩身抗拔承载力取二者之间的较小值,理想情况是二者匹配。根据计算书可知,直径 1.0m 的抗拔桩,桩的承载力特征值大于 2000kN,但图纸中桩抗拔承载力要求为 1000kN,显然抗拔桩是以桩身抗拔承载力为控制因素。此种情况下,减小桩径,使桩基承载力特征值和桩身抗拔承载力相匹配,是更为经济的方案。

二、酒店裙楼

(1) 在计算桩的承载力时,计算书中未明确具体的钻孔位置。该项目场地范围内,基岩顶面变化较大,根据基岩顶面高差,合理划分区域,进行桩基承载力计算,一则保证安全,二则更为经济。

(2) 该部分地下室底板底标高 -7.7m,地下水位较高,而上部恒载较小,桩基整体承受抗浮。根据图纸,该区域抗拔桩主要选用直径 1.2m 的 ZH2 型桩。根据第六节酒店(4)条内容,可知抗拔桩主要有桩基承载力特征值和桩身抗拔承载力二者中较小因素控制。而桩基承载力特征值主要是由桩与土、岩摩擦力提供,桩身抗拔主要由钢筋提供。二者抗拔能力匹配、桩长不变的情况下,摩擦力大小和桩的直径呈线性关系。而桩的造价和桩的体积有关,在相同桩长下,造价与桩的直径呈平方关系。因此抗拔桩采用配筋率相对较高的小直径桩比采用配筋率低的大直径桩更具经济性。相同桩长下,两根直径800mm的桩提供的摩擦力是一根直径1200mm桩的1.33倍,但两根800mm桩的混凝土方量是一根直径1200mm混凝土方量的0.885倍。建议将该区域抗拔桩改为小直径桩。

(3)根据计算书,计算桩身抗拔承载力,裂缝采用0.2mm控制。本工程桩常年处于地下水位以下,且地下水腐蚀性为弱,且控制因素为SO_4^{2-}离子,Cl^-离子为微腐蚀,根据相关知识可知,SO_4^{2-}离子主要影响混凝土,但对钢筋影响较小,因此裂缝控制可采用0.3mm。

(4)除对桩径进行优化外,建议桩基根据优化后的桩重新布置,减小筏板跨度,优化筏板厚度。

三、宴会及会议中心

(1)在计算桩的承载力时,计算书中未明确具体的钻孔位置。

(2)该部分地下室底板底标高-7.75~-6.75m,整体承受抗浮。根据图纸可知,该部分桩主要采用直径1.0m的ZH1、直径1.2m的ZH2和ZH2a的桩作为抗拔桩,其中ZH1的抗拔力为1000kN,与桩的抗拔承载力特征值不匹配。建议优化桩径和桩基布置。

(3)抗拔计算时裂缝控制可采用0.3mm。

四、会展中心

(1)在计算桩的承载力时,计算书中未明确具体的钻孔位置。

(2)二层会展中心底板底标高-6.45m,在非会展期间整体承受抗浮,会展时按荷载计算,竖向压力也较小,因此桩基为抗拔控制。该区域桩基布置同会议中心,建议优化桩径和桩基布置。

(3)单层会展中心底板底标高-6.15m,在非会展期间整体承受抗浮,会展时按荷载计算,竖向压力也较小,因此桩基为抗拔控制。该区域桩基主要采用

ZH2b 型桩,该型桩竖向抗压承载力高,但抗拔承载力采用 1800kN。根据该区域钻孔计算,该桩抗拔承载力特征值约 3000kN。显然桩身抗拔承载力与之不匹配,建议优化桩径。根据计算该区域若选用直径 800mm 的桩,抗拔承载力特征值不小于 2000kN。

(4)抗拔计算时裂缝控制可采用 0.3mm。

五、开幕式大厅及下沉广场

(1)在计算桩的承载力时,计算书中未明确具体的钻孔位置。

(2)开幕式大厅底板底标高 -6.15m,下沉广场底板底标高 -6.50m,整体承受抗浮,桩基为抗拔控制。该区域桩基布置同单层会展中心,建议优化桩径和桩基布置。

(3)抗拔计算时裂缝控制可采用 0.3mm。

第七节　评价结论

通过对本工程的地基基础设计方面的全面复核,结论如下。

(1)根据福建省住建委的规定,该区域地质条件不适合直接使用 PHC 桩,若地基处理后再使用 PHC 桩,则工期与经济性均难以保证,因此本工程采用冲钻孔灌注桩是合理且安全的。

(2)根据设计单位计算书及图纸,该项目按现方案进行施工,可以满足规范安全要求。

(3)本工程项目地质变化较大,特别是基岩层面高差变化较大,桩基计算采用一个土层分布是不经济的。

(4)对抗拔控制为主的区域,采用大直径、低配筋率桩是不经济的。

(5)桩身抗拔计算,裂缝计算按 0.2mm 控制是不经济的。

(6)对于酒店塔楼部分,根据经验,该部分桩承载力有一定的优化空间。

第八节　合理化建议及下一步工作

一、地勘方面

(1)各层土缺乏对土状态描述指标,如含水率、黏性土塑性指标、塑性指数、塑限、液限,砂性土缺乏密实度等。

(2)各层土缺乏原状指标,如标贯、十字剪切、静力触探指标,特别是原位试验钻孔处,图纸应补充。

(3)淤泥及淤泥质土指标与福建省地标中建议值比,明显偏低,建议补充试验数据表。

二、地基基础设计

(1)目前的咨询评估工作基于已经收到的设计院图纸和部分计算书,因计算书中桩基计算书不全,且缺乏上部结构计算书,故而仅就桩基部分进行初步评价,待资料完善后,进行更详细的优化评估。

(2)桩基计算应根据持力层分布高差变化,分区域选取典型钻孔计算,分区域给出桩长,一则可以保证安全,二则更具经济性。

(3)抗浮计算应根据地下室底标高不同,分别计算。

(4)抗拔控制为主的区域应采用配筋率相对较高的小直径桩(原因见第六节酒店及酒店群楼中内容)。根据计算,在提供相同拔力的情况下,直径800mm的桩较直径1200mm的桩造价减少约50%。

(5)抗拔桩在本工程区域裂缝控制可采用0.3mm,相同配筋下,桩身抗拔承载力设计值有较大提高。以 ZH－1b 型桩为例,裂缝取 0.2mm 控制时桩身抗拔承载力约2000kN,裂缝取 0.3mm 时承载力约 2400kN,桩身抗拔承载力提高约20%。

(6)建议塔楼下桩基荷载计算考虑浮力影响,同时鉴于筏板2m,桩基可按均布荷载承担上部荷载。塔楼边缘抗拔桩应选用承载力匹配的桩,或根据桩承载能力与底板抗剪、抗冲切能力优化桩基布置。

（7）鉴于除酒店塔楼桩基桩身承载力较高，而桩土之间作用提供的承载力有限，可考虑采用后注浆冲钻孔灌注桩，其对基桩承载力的提高有较大潜力，根据规范初步估计可提高 40% ~ 50%。根据经验每根桩单价提高 10% ~ 20%。因此具有一定的经济性。